JN297559

「なんで英語やるの?」の戦後史

《国民教育》としての英語、その伝統の成立過程

寺沢拓敬

研究社

引用に関する注記

引用は以下の原則に従う

- 旧字体・旧かなづかいは新字体・新かなづかいに修正
- 送りがなは引用文のまま
- 現代とは異なる漢字表記であっても、明らかな誤記以外は、修正・注記を割愛（例: 科目／課目）

凡　　例

- [　　]: 引用者による補足
- ...(3点リーダー): 引用者による省略
- 強調部分: 引用者による強調は、原則として上点で行う。

まえがき

　書名に面食らった人がいるかもしれません。『「なんで英語やるの？」の戦後史』とは、やけにくだけたタイトルだな、と。若い読者の方もいるかもしれませんので（私もじゅうぶん若いですが）、念のため申し上げると、この書名は、故・中津燎子さんの1970年代のベストセラー『なんで英語やるの？』へのオマージュです。

　本書が取り扱う問いをもう少し正確に言うと、「なんで全員が英語やるようになったの？」です。いま、みなさんのまわりには、高齢の方や特殊な事情にある方を除いて、英語を一度も学んだことがないような人はいないと思います。こうした状況がどうして生まれたのかということを論じたのが本書です。

必修教科・英語はいつ生まれた？

　そもそもいつから、全員が英語をやるルールになったかご存じでしょうか。ただ、「全員が英語をやる」という言い方は少しあいまいなので、「英語が義務教育で必修教科になっている状態」と定義しておきます。義務教育の中学校で外国語が必修教科になったのは次のいつでしょうか。

(A) 戦前
(B) 1945〜1952（本土占領期）
(C) 1952〜1970年代前半（高度経済成長期）
(D) 1970年代後半以降

　まず、(A) ですが、戦前は小学校までが義務教育だと知っている方は難なく除外できるでしょう。ただ、戦後のどの時期かとなると、ほとんどの人があまりイメージできないと思います。インターネット上では時々「終戦直後、日本を占領していたGHQが、日本をアメリカ化するために、英語を必修に

した」という珍説もまことしやかに論じられていたりするので、(B) だと答える人もいるかもしれません。そうでなくても、なんとなく、(C) と答える人も多いのではないでしょうか。

　正解は、(D) の「1970年代後半以降」です。では、具体的に何年頃のことかご存じでしょうか。実は、中学校で英語（正確には「外国語」です）が必修教科になったのは、21世紀に入ってから、2002年のことなのです。

　ということは、大ざっぱに言って、1990年代以降に生まれた若い方でもない限り、みんな選択教科として英語を学んでいたことになります。「そんなバカな！　私は中学入学と同時に英語を強制的に学ばされたんだ」と思う人も多いと思いますが、制度上はたしかに2001年まで「学んでも学ばなくてもどちらでもよい教科」だったのです。

　もちろん、ほとんどの人に選択の余地はなかったわけなので、事実上は必修教科に違いありませんでした。ただ、「事実上の必修教科」ということは、ある時に「明日から必修だよ！」と言って決まったわけではない、ということです。なんとなく中学生全体が英語を学ぶのが当然になっていって、いつのまにか、北から南まで全国のすべての中学生が英語を学ぶ状況が現れた、ということになります。この「事実上の必修化」が、いつ、どのように、そしてなぜ生まれたのか、本書はこの謎に挑みました。

英語必修化の謎に挑む

　この問題の検討にどんな意味があるのでしょうか。大別して、次の2つの意義があると思います。ひとつは、「謎解き」としてのおもしろさです。みんなが英語を学ぶようになったと聞くと、ある時期を境にして中学生やその親たちがみな「英語を学びたい」「学ばせたい」と思い始めたかのように思うかもしれません。あるいは、英語教師や国・文部省が、「全員が学ぶのが望ましい」という方針を打ち出したように感じるかもしれません。しかし、実際には、どうやらそんなことはまったくなかったようなのです。生徒も関係者も国も「英語は選択教科が妥当だ」と思っていたのに、中学校の現場は徐々に「必修化」に進んでいったのです。どうしてこんな不思議なことが起きたのでしょうか。こうした謎を解くという醍醐味がひとつめの意義です。

英語の教育目的を根本から考える

　一方、もうひとつの意義のほうが、教育研究としては重要です。その意義とは、事実上の必修化の起源を知ることは、現代の英語教育の目的を考えるうえで重要なヒントになる、ということです。現在当たり前のように全員が英語を学んでいます。しかし、この「当たり前」の状況に関して、いざ「なぜ？」と問われたとき、多くの人は答えに詰まるのではないでしょうか。「なぜ全員が英語を学ぶことになっているのか」は、英語教育論にとって、かなり大きな難問です。実際、『日本人の9割に英語はいらない』（成毛眞著、2011）という本が話題になったりして、一部には「全員が英語を学ぶこと」に対する不信感が渦巻いています。「なんで全員が英語やるの？」という問いに対し、「そういう決まりだからだ」ではなく、きちんとした誠実な回答を行うには、戦後のある時期に、なぜ中学生みんなが英語を学ぶようになっていったのか、その起源をきちんと理解しなければなりません。その意味で、英語教育の目的を再考するうえで、この問題は重要な意味を持つのです。

　この本は、私の博士論文を一般向けに書き直したものです。博士論文をもとにしていると言っても、読み通すのに、とくに専門知識が必要なわけではありません。私の実証方法は、いたってシンプルなもので、誰でもちょっと努力すれば手に入るような資料をできるだけたくさん集めて、それを論理的につなぐ、というものです。したがって、英語教育や教育社会学の本ではよく見かける、統計学的な話も一切出てきません。必要なのは、四則演算（＋－×÷）と、少々長い文章の論理を追う忍耐力くらいでしょうか。当然（？）ながら、英語教育論の本ですので、英語そのものの知識も必要ありません。

　なお、本書は、英語教育の目的を総合的に検討する過程で、いくつものサブテーマも検討しています。たとえば、
　・近年の小学校英語をめぐる論争（第2章6節）
　・ビジネスにおける英語の必要性（第4章）
　・英語教育における教養（第8章）
　・（戦後前期の）英語教育と「科学」の関係（第9章）
などです。「なんで英語や（らせ）るの？」にそれほど関心がない方でも、上記のテーマには、興味を持ってもらえるものがあるかもしれません。そのよ

うな場合、興味のある章だけをピックアップして読んでいただければ、それなりに楽しめると思います。

　それでは、英語を全員が学ぶようになった謎を一緒に明らかにしていきましょう。

CONTENTS 目次

まえがき……iii

序章　《国民教育》としての英語教育　1

英語が選択科目だった時代……1
英語教育目的論における「必修化」の起源……4
「なんで英語やるの？」……5
方法論・先行研究・分析方針……7
「英語と日本人」史……8
社会構造を意識した歴史記述……11
人々の「声」を拾い上げることの意味……12
データについて……13
内容分析……15
「後進」地域＝農漁村への注目……16
まとめ――分析方針と構成……19

第Ⅰ部　《国民教育》としての英語教育が生まれるとき　21

第1章　「事実上の必修科目」の系譜　22

1.1　戦前――義務教育からの排除……23
　1.1.1　戦前の英語履修者……23
　1.1.2　岡倉由三郎の「国民教育」観……25
1.2　戦後初期――名実ともに「選択科目」……26
　1.2.1　2つの指導要領試案……26
　1.2.2　履修状況……31
1.3　1950年代――「全生徒が1度は英語を学ぶ」……34

1.3.1　履修状況……………34
　　1.3.2　授業時数の多様性……………37
　　1.3.3　教育条件の地域格差……………40
　　1.3.4　1958 年版『学習指導要領』……………43
　1.4　1960 年代──「すべての生徒が 3 年間学ぶ」……………45
　　1.4.1　1960 年代前半「全国学力調査」……………46
　　1.4.2　1960 年代の地域格差……………48
　　1.4.3　1960 年代以降の指導要領……………51
　1.5　1970 年代以降──「事実上の必修教科」の自明視……………53

第 2 章　「英語＝《国民教育》」をめぐる論争史　　55

　2.1　論争の構図──必修・部分的履修・全廃……………55
　2.2　加藤周一による、英語の必修化反対論……………57
　　2.2.1　「信州の旅から」（1955 年 12 月）……………59
　　2.2.2　「再び英語教育について」（1956 年）……………62
　　2.2.3　実用的価値・非実用的価値・機会均等……………65
　2.3　平泉・渡部論争……………67
　　2.3.1　論争の概要……………69
　　2.3.2　「知的訓練は全員に必要」……………74
　　2.3.3　数学と英語の違い……………79
　　2.3.4　中学英語は必修が前提……………80
　　2.3.5　論争のインパクト──自明化する《国民教育》としての英語……………82
　　2.3.6　まとめ──両者に共有された「初歩レベルでの必修は妥当」……………83
　2.4　『なんで英語やるの？』……………84
　2.5　英語の授業時数削減に対する反対運動……………88
　　2.5.1　「週 3 時間」に反対する根拠……………89
　　2.5.2　「国際化がすすんだ今だからこそ…」……………92
　　2.5.3　なぜ英語は「すべての生徒」に必要なのか……………94
　2.6　小学校英語論争……………96
　　2.6.1　小学校英語論争の概要……………97
　　2.6.2　小学校英語反対者による「中学英語必修」擁護論……………104
　2.7　まとめ──《国民教育》としての英語教育はいつ成立したか……………108

第 II 部 「英語＝《国民教育》」はなぜ生まれたか　　113

《国民教育》化の促進要因・阻害要因……114

第 3 章　高校入試・進学率上昇の影響　　119

3.1　高校入試に英語が導入されるとき……119
3.1.1　英語の試験が導入された背景……121
3.2　雑誌『英語教育』における高校入試への英語導入……122
3.2.1　「選択科目は入試に課してはならない」……122
3.2.2　1950 年代半ばの一大懸案事項……123
3.2.3　入試はどう運用されたか？……127
3.3　「高校入試への英語導入」という説明の限界……129

第 4 章　英語の必要性は増大したか　　132

4.1　「役に立つ英語」……132
4.2　英語の有用性の実態……134
4.2.1　現代における英語の必要性・有用性……135
4.2.2　1950 年代・60 年代の日本……137
4.2.3　世論調査から見る英語学習意欲……137
4.3　「役に立つ英語」論の位置づけ……140
4.3.1　誰にとっての「役に立つ英語」か……140
4.3.2　何のための「役に立つ英語」論か……142
4.4　まとめ──限られた層のみに浸透していた「英語の有用性」……145

第 5 章　関係者の必修化運動　　146

5.1　選択科目は妥当か？　必修科目にすべきか？……146
5.1.1　「必修科目」化肯定論……150
5.1.2　「選択科目」肯定論……152
5.1.3　現状肯定……154
5.1.4　英語教師たちにとっての「必修化」……156

目次

- 5.2 必修化推進運動はあったのか……156
  - 5.2.1 「全英連」の動き……157
  - 5.2.2 日教組教研集会の動き……159
- 5.3 まとめ——「必修化運動」はなかった……162

第6章 人口動態の影響　163

- 6.1 教員不足と必修化……163
- 6.2 1960年代前半における生徒数の大変動……165
- 6.3 ベビーブーマー世代への対応……167
  - 6.3.1 教員採用方針と外国語科のシェア拡大……168
- 6.4 まとめ——「ベビーブーマー」が生んだ事実上の必修化……170

第7章 2つのジレンマ——大衆性と戦後教育思想　172

- 7.1 「社会の要求」という難問……172
- 7.2 英語の学習意義への疑義……174
  - 7.2.1 「英語を学んでもしょうがない」……174
  - 7.2.2 「英語の出来る者は不良の奴」……175
  - 7.2.3 『英語教育』に現れた農山村地域の苦悩……176

第8章 「社会の要求」の読み替えと「教養」言説　181

- 8.1 英語教育における「教養」……182
- 8.2 「新しい日本」と英語教師の役割……187
- 8.3 新学制の開始……191
- 8.4 指導要領試案における「教養」……192
  - 8.4.1 1947年指導要領試案に見る教育目的……193
  - 8.4.2 1951年指導要領試案に見る教育目的……194
  - 8.4.3 指導要領試案「教養上の目標」の欠陥……203
- 8.5 「社会の要求」の読み替えと戦後型教養主義……205
  - 8.5.1 「社会の要求」の読み替え……205
  - 8.5.2 「外国語科の意義は、スキル育成以外の点にある」……209

8.5.3　「初歩段階では教養育成は困難」..................213
　　　8.5.4　教養の下方拡張..................215
　　　8.5.5　「教養の下方拡張」が《国民教育》化を進めた..................218

第9章　正しい英語学習 vs. 社会の要求　223

　9.1　戦後初期〜1960年代の学問的動向..................223
　　　9.1.1　「言語の本質」「語学の本質」..................224
　　　9.1.2　『英語教育』系統の雑誌における「言語／語学の本質」..................226
　9.2　「社会の要求」に優越した「正しい語学」..................229
　9.3　「社会の要求」の意義はなぜ低下したか..................234
　9.4　高度成長期以降の就業構造の大転換——農家の減少..................235

終章　自明性の起源と新たな英語教育目的論の創出に向けて　239

　《国民教育》化に影響を与えた要因..................239
　「英語＝《国民教育》」の成立過程..................240
　「全生徒が英語を学ぶ」という自明性、そして英語教育目的の自律化..................243
　未解決の選択科目の「本義」..................246
　どのような英語教育の目的を構築すべきか..................253
　結論..................256

　あとがき..................259
　文献..................267
　索引..................281

図・表一覧

図 1.1　中学校英語の位置づけの変遷　22
図 1.2　戦前の英語履修者　24
表 1.1　選択制の運用方法（戦後初期）　35
図 1.3　1953 年度の授業時数　38
図 1.4　中 3 の授業時数の推移　38
図 1.5　英語についての家庭の教養（1950 年代・東京都）　41
表 1.2　「義務教育で英語学習は不要」と答えた人の割合　41
表 1.3　各教科の家庭学習時間　42
表 1.4　英語履修率の推移　46
図 1.6　中 3 時の英語履修率　47
図 1.7　1961 年度全国学力調査：教科別授業時数　49

図 2.1　必修・選択・全廃　56
図 2.2　各論者の位置づけ　57
表 2.1　3 種類の「必修化」論　66
表 2.2　平泉試案の論点　70
表 2.3　平泉・渡部論争の争点　74
表 2.4　小学校英語必修化論のロジック 1：診断→処方箋　98
表 2.5　小学校英語必修化論のロジック 2：処方箋→効能　99
表 2.6　小学校英語必修化論の 6 類型　99
図 2.3　「効き目がない」論　102
表 2.7　中学校英語の必修／選択の変遷　109
表 2.8　論争の焦点　110

図 II.1　《国民教育》化に影響を与えた可能性のある要因　114

図 3.1　高校進学率および高校入試への英語導入　120
表 3.1　高校入試への英語の導入論議　124–25
表 3.2　英語試験の運営方法　128
表 3.3　1960 年代前半の高校進学率　130

表 4.1　英語の有用感　136
図 4.1　日本の輸出入額および出入国者数　137
表 4.2　「英語（外国語）学習」の予定・意欲がある人の割合　139
表 4.3　新卒社員に期待する英語　141
図 4.2　「役に立つ英語／実用英語」論の出現時期　144

表 5.1　中学英語の必修化に対する賛否　149–50

図 6.1　公立中学校の生徒数の推移　165
図 6.2　1960 年代前半の英語履修者総数（推計）　166

図 6.3	教科別教員数の推移　168	
図 6.4	外国語科教員のシェア増加と教員数の変化　169	
図 6.5	各教科シェア増加と教員数の変化　170	
表 7.1	地方の困難を扱った記事（1946〜1964）　179	
表 8.1	岡倉由三郎と指導要領試案における「教養」概念　184	
図 8.1	1951年指導要領試案の目標　195	
表 8.2	『英語教育』誌上にあらわれた「英語教育と教養」（1946〜1964）　210–11	
図 8.2	文化教養説の戦前型と戦後型　216	
図 8.3	教科別教員の年齢構成（1963年）　221	
表 9.1	『英語教育』誌上にあらわれた「言語 / 語学の本質」論（1946〜1964）　227	
表 9.2	農業従事者数の推移　236	
図 10.1	《国民教育》に影響を与えた要因　239	
表 10.1	各目的論の特徴　250	

---序　章---

《国民教育》としての英語教育

　「まえがき」でも述べたとおり、中学校の外国語が必修教科になったのは、2002年のことである。正確には、1998年に改訂された学習指導要領において、それまでは選択教科であった外国語が、必修教科に「格上げ」され、それが施行されたのが2002年ということになる。

　教科そのものが選択から必修に変わったと聞けば、カリキュラム上非常に大きな転換のように感じるが、実際のところ、教育現場に与えた影響はほとんどなかった。現に、外国語の必修化によって、中学校教師たちに大きな混乱が生じたなどという話は寡聞にして知らない。2011年に必修化された小学校外国語活動（実態は「英語教育」）に伴う、小学校の現場の混乱ぶりとは、対照的である。ちなみに、2002年の新指導要領施行によって、中学校音楽科でも邦楽（和楽器）が新たに必修になった。こちらも、音楽教師たちの間に相当の混乱が生じたという（宮本 2010）。

　2002年の中学校外国語の必修化は、なぜ何の混乱も生まなかったのか。これは言ってみれば当然の話で、外国語（実態は「英語」）は、2002年のはるか以前から事実上必修教科であり、2002年の指導要領の決定は、「建前」の変更以上の意味はなかったからである。したがって、英語教員は、必修教科になろうが、昨日までと同じ授業を続けていけばよかったのである。現に、当の英語教員のなかにも「中学英語が必修化されたのは2002年」という事実を告げると、驚く人がいるほどである。このように、「中学1年段階において国民全員が英語を学んでいる」という風景は、完全に「自明なもの」として取り扱われている。これが現代の日本社会である。

英語が選択科目だった時代

　このような自明性が、「自明」ではなかった時代はもちろんある。1998年

の指導要領改訂直前に、中学校英語が選択科目[*1]であることは、すでに「名目」以上の意味はなかったが、「事実上」も選択科目だった時代はたしかにあった。

　戦前から終戦直後まで続いた旧学制は、小学校までが義務教育であり、主として中等教育以降の科目であった外国語（英語）は、「国民」全員が学ぶ状況にはなかった。そして、学制改革（1947年）によって中学校が義務教育になって以降も、外国語は「選択科目」が相当とされた。戦後初期の中学校学習指導要領試案は、1947年と1951年に出されているが、いずれも「選択科目が妥当である」という立場が堅持されている。両者とも、英語科に関する試案であるにもかかわらず、英語学習・英語教育の普遍性をことさら声高に叫ばない、ある意味で「慎ましやかな」理想が述べられている。

　たとえば、1947年の試案は、その序文で、「必修科目は社会から求められ受けいれられる公民となるのに必要にして基本的な知識と技能とを与える科目のみに限るべき」であり、英語教育はこれに相当しないと断言しているのである。現代から見れば、驚くような「慎ましやかさ」ではないだろうか。そして、その理由は、学習者のニーズの多様性である。つまり、英語を「非常に必要とする地方もある」一方で、「いなかの生徒などで、英語を学ぶことを望まない者もあるかもしれない」から、選択科目がふさわしいとされていたのである。次章で再度詳しく検討するが、このように、学習者や地域の多様なニーズを尊重することこそ、戦前的な「画一性」を排し、戦後の「民主的」な教育のあり方とされた。その理念に忠実にしたがえば、英語を履修しない生徒が存在すること自体は、本人が望む以上は、「民主的」な状況であり、けっして憂うべき事態ではなかったことになる。

　では、選択科目・英語は、どのように事実上の必修科目になっていったの

[*1] 本書では、原則として「教科」ではなく「科目」という語を用いるが、中学校の外国語科は、時期によって「科目」に含まれる場合と「教科」の場合がある点に注意されたい。1947年の学習指導要領試案では、中学校の外国語は選択科目だとされていたが（一方、国語や社会は必修科目）、1951年以降の学習指導要領試案では、選択教科である。概略的に言えば、1951年より前が「科目」で、以降が「教科」ということになるだろう（ただし、当時の文献を見ても、厳密に使い分けていない識者・行政関係者も多い）。その点で、本書の「科目」の用法は、制度上の呼称というよりも、教育課程を構成する大きな単位のひとつ程度の意味であり、英語における subject の意味に近い。

か。戦後英語教育史に関する著作が多く、自身も英語教師として「戦後」を生きてきた英語教育学者の中村敬は、「英語が必修科目であることの意味」と題した小論において、次のように述べている。

　戦後半世紀は、英語は選択科目であった。この事実を知っている人は意外に少ない。選択科目であるから履修は自由であるはずだが、実際には…公立の学校では英語は事実上の必修科目としてきた。
　なぜ実質必修科目だったのか。その直接的理由は、1955年以降英語を高等学校の入試科目に加える県が増えたからである。それが中学校における英語の選択制度を空洞化した大きな理由の一つだ。一つの制度を正当な手続きを経ないで、既成事実によってそれを空洞化するのは日本人の得意技［である］（中村・峯村 2004: p. 171）

　中村の指摘が示しているとおり、事実上の必修化は、いわば「なし崩し」で始まったものであって、「国民」や教育関係者の明確な合意があったわけではない。では、この「なし崩し」は、いつ、どのように、そしてなぜ生じたのか。本書の問いを一言で言えば、これに集約される。
　一見すると、この問いは容易に回答可能なものに思えるかもしれないが、実際はそれほど簡単ではない。事実上の必修化の場合、制度上の必修化とちがって、ある一時点において「必修化」が始まったと述べることはまず不可能だからである。そればかりか、戦後の英語の履修状況も詳細にわかっているわけではない。というのも、全国的な履修状況を調査した統計は存在しないからである。そして、「必修化」の理由となると、さらに難しい。制度上の必修化であれば、必修化に関して審議会などで多くの議論がなされており、その根拠も明確である。一方、事実上の必修化の場合、「必修化」の根拠は言語化されるとは限らず、そればかりか、明確な意図がないまま全員が学ぶようになっていった可能性すらあり得る。上記の中村の指摘は、「必修化」開始時期や理由について言及したものだが、この小論はエッセイ的なものであり、実証的根拠に乏しい。また、開始時期が「1955年以降」、「必修化」の理由が「高校入試への英語導入」という指摘も、3章で詳細に検討するとおり、必ずしも事態を満足に説明できているわけではない。したがって、当時の資料・史料を詳細に検討したうえで、実証的に答える必要がある。

英語教育目的論における「必修化」の起源

　制度的な裏付けがないまま、ほぼすべての中学生が英語を学ぶ状況はなぜ現出したのか。この問いは、必修教科・外国語科の存在意義の根幹に関わるものなので、一見すると、すでに詳細な研究の蓄積がありそうである。しかしながら、実態は逆で、英語教育研究をはじめとした先行研究には、この種の実証的検討はほとんど皆無である。たとえば、英語教育政策を専門にする代表的な英語教育学者のひとりである山田雄一郎は、その著書『日本の英語教育』（山田 2005b）内、「英語と義務教育」と題した章において、中学校英語の必修科目扱いについて多くのページを割いて論じている。しかしながら、山田の関心は、事実上の必修化がなし崩し的に行われたことの問題点に向けられているのみであり、対照的に、事実上の必修化が、いつ、なぜ、どのように成立したかに関する検討はない。

　歴史的・記述的な視点に基づく研究が乏しい反面、「ほぼすべての中学生が英語を学ばなければならないのはなぜか」という規範的な問い（つまり「べき論」）を論じた著作には、すでにかなりの蓄積がある。たとえば、前述の山田雄一郎は、義務教育における英語教育——すなわち、必修教科としての外国語科——の目的を次のように述べている（山田 2005a）。

> 義務教育の目的は、社会の求めるものに直接応じることではない。義務教育を、職業訓練と同列に扱ってはならない。仮に、英語が国際社会を切り抜けるための武器だとしても、それはあくまでも考慮すべきことであって直接の目的にすべきものではない。義務教育は、学習者が将来必要とするかも知れない諸能力を身に付けるための準備期間である。十分な基礎訓練こそ大切にすべきで、いたずらに断片的知識を増やすことを目的にしてはいけない。（p. 20, 強調引用者）

　このように、山田は、義務教育における英語教育は、「社会の要求」に直接応じるものではなく、「基礎教育」の一環として位置づけるべきだと強調している。そのうえで、しばしば学校教育に要求される「英会話力などという特殊能力」（p. 20）の育成は、義務教育の対象にはなり得ないと言う。

　山田の主張は、義務教育のいわゆる「本質」を規定したうえで、その「本質」から帰結される目的論を述べたものだが、もう少し違った観点のものと

して、同じく英語教育学者の金谷憲の主張があげられる（金谷 2008）。

> 小中学校は義務教育である。義務であると言っておきながら、そこに来ている児童生徒に、何の目的で英語を学んでいるかと聞くのはお門違いというものである。もし敢えてこのことを問えば、一番筋の通った答えは、義務教育のカリキュラムに組み込まれていて英語を学ばないというチョイスはないからであるというものだろう。(p. 140, 強調引用者)

　金谷は、人によって様々な価値判断が必然的につきまとう「何が義務教育の『本質』か」という論点には踏み込まず、制度的な観点から議論を展開している。その点で、真っ向から反対するような異論は出にくい主張である。もっとも、本質論を避けている以上、多くの人にとって物足りない説明であることはまぬがれないだろうが。

　ここで注目すべきは、以上の英語教育目的論には、事実上の必修化の成立過程に関する考慮がほとんど見られない点である（上記の引用部分だけでなく、上掲書全体にあてはまる）。いま現在成立している必修化状況をどのように理解したらよいかは詳細に論じられている一方で、「必修化」がどのような理念に基づいて成立したかという歴史的な点は、ほとんど検討されている様子がない。じじつ、教育目的論に関する多くの文献を見ても、英語教育研究者および英語教育関係者は、「現状として必修であること」がいかに正当なことか訴えるのに多大な情熱を傾けてきた一方で、「事実上の必修化の起源」に関してはほとんど関心を示してこなかった。

「なんで英語やるの？」

　「なし崩し」的に英語が事実上の必修科目となったということは、結果的に見れば、新学制発足当初の「選択科目」としての理念、およびそれに付随する問題を充分に解決しないまま、「事実上の必修化」が進行したことを意味する。こうした事情が、義務教育としての英語教育に対する疑義の温床となった。

　詳細は以降の章で検討するが、「なぜ（ほぼ）すべての国民が英語を学ばなければならないのか」という問いは、事実上の必修化が進行していた1950年代中頃から現在まで、日本社会の英語教育論に底流している重要なテーマ

である。1955年に加藤周一が提起した英語の必修科目化反対論（2.2節参照）や、1950年代後半の日本教職員組合の教育研究全国集会外国語教育分科会における英語選択制肯定論（5.2.2節）は、初期に見られた反・必修化論の代表的なものだろう。

同様に、高度経済成長期以後にもこの種の議論はつきない。1974年には、当時参議院議員だった平泉渉が、英語の事実上の必修科目化に疑問を呈しており、また、同年には、日本の英語教育の目的に、根本的な問いを投げかけたとされる中津燎子著『なんで英語やるの？』が大きな話題となる（同年、大宅壮一ノンフィクション賞受賞）。近年では、水村美苗著『日本語が亡びるとき』（2008年）や成毛眞著『日本人の9割に英語はいらない』（2011年）もこの系譜におさまるだろう。

しかしながら、こうした疑義は、戦前戦中にしばしば見られた英語排撃論でも英語教育軽視論でもない。じじつ、加藤周一も平泉渉も中津燎子も水村美苗も成毛眞も、英語の重要性を十二分に認めていた。ここで問われているのは、国民全員に英語教育を提供する必要がほんとうにあるのか、ということである。このような疑義の背後には、逆説的に言えば、少なくとも多くの人に、すべての子どもが英語を学ぶという状況の当然視があったことを意味している。そして、「必修」が当然視されていたということは、外国語科が提供する知識・技能・態度が「すべての国民」にとって、何らかの意味で不可欠なものとイメージされていたことにほかならない。ここで、このように見なされる教育を《国民教育》と定義するならば、「なんで英語やるの？」という問いかけは、英語教育の《国民教育》としての正当性に対する疑義だと理解できる。

次節で詳しく検討するが、英語教育の《国民教育》としての正当性は、英語教育目的論の重要な構成要素であり、戦後初期から現代まで絶え間なく論じられているテーマである。その反面、この議論は、論者の「私的な教育論」としての性格が強く、実証性・理論性に富んだ学術的な検討が必ずしも十分になされたとは言いがたいのも事実である[*2]。

[*2] 本書の問題関心と、従来の英語教育目的論は、(1)「教育目的」の射程、(2) 実証性、そして (3) 中立性という3つの点で、大きく異なる。

第一に、先行研究はしばしば「なぜ英語をすべての生徒に学ばせるべきか」という論点と、「なぜ英語を学ぶべきなのか」という論点を区別しないが、本書は明確に前者のみを検討対象として、後者は扱わない。というのも、後者は、個人の

以上から、本書は、戦後新学制下において義務教育であった中学校の外国語科（英語）を対象にして、以下の問いを実証的に検討する。

- 英語の事実上の必修化は、いつ、どのように生まれ、そして定着したか
- 事実上の必修化はどのような要因によって成立したか

　前者の問いを本書の第I部、後者を第II部で検討する。そのうえで、すべての「国民」の学習が当然視される教育内容を《国民教育》と定義したとき、英語はいかに《国民教育》化していったか、そして、「英語＝《国民教育》」という「伝統」はどのように生成・定着していったかを考察する。

方法論・先行研究・分析方針

　本論に入る前に、本書の方法論や枠組みなど分析方針について議論しておきたい。ただ、若干テクニカルな議論が続くため、興味のない方は、p. 19 の「まとめ」にすすんでもらえればよい。

　以下ではまず、本書が、先行研究、とくに英語教育史研究とどのように問題を共有し、どう異なるかを論じる。それに基づき、次の2つの方針を、分析の中心に据える。それは、(1) 英語教育内部の事例だけでなく、社会の変化などマクロな変化を意識して歴史を描くこと、(2) 同時に、マクロの変化に対するミクロな反応（人々の声など）も適切にとりあげることである。それ

思想信条の自由に属する問題であるのに対し、本書は《国民》すべてに英語を義務的に学ばせる強制性の根拠・起源を問うたものだからである。
　第二に、従来の英語教育目的論では、一般的に規範的な問いが好まれるが、本書はデータに基づいた実証的な検討を主眼に置く。つまり、安易な「べき論」を控え、極力、《国民教育》としての英語教育の来歴、すなわち「事実上の必修科目＝英語」がどのように生まれ、どう定着していったかの正確な把握を中心に据える。
　第三に、本書の目的は、外国語科（英語）を《国民教育》の構成要素として正当化することではない。従来の英語教育目的論の多くは、主に英語教育関係者によって担われていたこともあり、「正当性がある」という結論ありきで展開されることが少なくなかった。本書は、実証的なデータに基づく以上、正当性の有無に関してはある程度中立的な姿勢をとる。

らを踏まえ、分析に用いるデータ（文献資料）の詳細な説明、および分析方法のひとつである「内容分析」について議論する。最後に、本書が従来の英語教育研究と大きく異なる点（「後進地域」とされてきた農漁村地域への注目）について論じ、本書の意義を述べたい。

「英語と日本人」史

　本書の主たる対象は、戦後の比較的早い時期であるため、英語教育研究で一般的な量的調査・質的調査（survey）ではなく、歴史的な手法を用いる。もちろん、歴史的なアプローチに基づく英語教育研究がまったく行われていないわけではなく、伝統的に「英学史」「英語教育史」と呼ばれる分野ですでに多くの蓄積がある（たとえば、Howatt 2004; 伊村 2003; 桜井 1936; 高梨・大村 1991; 出来 1994; 豊田 1939）。実際、日本にもこの名を冠した学会が複数存在し、すでに長い歴史を持っている（詳細は、「日本英学史学会」「日本英語教育史学会」のウェブサイトなどを参照されたい）。英語教育史研究には、たとえば、特定の地域の先駆的な英語教育実践を掘り起こすものや、辞書や教科書など教材の変遷を検討するもの、あるいは、特定の英語教師の思想の変遷を跡づけるものなど、様々なものがあるが、本書の問題関心——すなわち《国民教育》としての英語教育——と近接するものは、「日本社会」「日本人」というマクロな観点から英語教育の歴史を論じた研究だろう。

　「日本社会」「日本人」と英語の歴史的な連関を論じた著作はすでに数多く、英語教育史研究の一大潮流と言ってもよい。たとえば、手近な書籍データベース（国会図書館やアマゾンなど）で、書名に「日本人」「英語」のいずれもが含まれるものを検索してみれば、いかに多くの「英語と日本人」史研究——と便宜的に呼ぶことにする——が出版されていることがわかるだろう。この「英語と日本人」史は、本書の問題関心上多くの示唆を含むが、反面、限界も多い。それらは大別して3点指摘できる。すなわち、(1) 戦後を対象としたものが少ない、(2) 一般の読者を対象にしたエッセイ風の英語教育史が多く、学術的な評価が困難な場合が多い、(3) 英語教育界内部の「大事件」に依拠しすぎているため、粗い歴史記述になってしまっている、という問題である。

　第3の問題点について、もう少し説明を付け加えておこう。ここで「大事件」への過度の依拠とは、英語教育関係者にとってきわめて象徴的なできご

とに大きなウェイトを置いて各時代を記述する反面、英語教育界の「外部」の事例や中小規模の事例を軽視してしまうことを指す。たとえば、終戦直後の英会話ブームや、1980年代後半以降のJETプログラム（正式名称：外国語青年招致事業）の導入は、英語教育関係者にとってきわめて重大な意味を持つものである。しかしながら、散発的に生じたこれら「大事件」をパッチワークのようにつなぎ合わせて歴史を描くことは、一応の「ストーリーらしさ」は得られるかもしれないが、かなり偏った「英語と日本人」史になりかねない。なぜなら、「大事件」のすき間を埋めるはずの小規模・中規模の事例を軽視することで、結論先行の強引な歴史記述になってしまうからである。また、英語教育界の「内部」にしか注目しないことは、社会構造の変化をはじめとしたマクロな変化との関係を満足に描けなくなることも意味する。

　たとえば、英語教育学者である大谷泰照の提唱する「親英・反英の40年周期」説（大谷2007）は、「大事件」中心の歴史記述の代表例である。この説によれば、英語に対する日本人の態度は、幕末から21世紀まで、肯定的な態度（「親英」）と否定的な態度（「反英」）の間を交互に揺れ動いていた。そして、親英と反英はおよそ20年ごとに入れ替わり、したがって、約40年でひとつのサイクルが完結し、次の親英・反英サイクルに移行するというのが、「40年周期」のゆえんである。大谷は、自説の根拠として、各時代の象徴的な事例を提示し、それらを40年周期に収まるようにつなぎ合わせているが、こうした論証方法はまさに上記の「大事件」中心の歴史記述にあてはまる。

　大谷の各時代の記述を具体的に検討してみよう。大谷（2007）によれば、太平洋戦争中の「反英」の時代は、終戦とともに「親英語」の時代に転換し、空前の「英語ブーム」が巻き起こったと言う。これは20年弱続くが、戦後復興が進み、「日本人」が「自信」を回復すると、一転、「反英」の時代になっていく。これは今までのサイクルよりは少し長く、昭和後半の30年間ほど続くが、バブル崩壊を契機にふたたび「親英」に転換するという。

　まず、問題にすべきは、戦後初期から20年弱を「親英」期と大谷が評価している点である。たしかに、大谷が依拠している英語教育界の「大事件」──『日米会話手帳』に代表される終戦直後の英語ブームや義務教育への英語教育導入──から見れば、このような傾向は取り出せるかもしれない。しかしながら、英語教育内部の小中規模の事例や英語教育外部の事例に注目すると、「親英」の反証は数多く見つかるのである。まず、英語教育内部でも、この時期に「反英」的な特徴はかなり見つかる。前節で触れたとおり、英語学

習が無視ないしは敵視されていたことは、戦後初期の農村での実践記録（櫛津 1950）や、1950年代後半の日教組教研集会（外国語教育分科会）の記録にも確認できる（相澤 2005）。というよりも、当時の英語教師の声を総合的に検討した本書第7章の分析によれば、戦後初期から1950年代は、英語学習に対する疑念が（農村地域を筆頭に）きわめて強かった時代である。

一方、当時の英語教育外の事例を見ても、「戦後初期＝親英」説への反例は多数見つかる。たとえば、戦後初期には、「解放者＝米国」に対する親米感情と表裏一体の形で、「占領者＝米国」に対する反米感情が日本社会に底流していた（cf. 小熊 2002: pp. 273–80; 吉見 2007）。本土占領が終了した1952年の流行語に「ヤンキー・ゴー・ホーム」があったことがそれを物語っている。大谷は、「敗戦の一夜を境にして『一億総英語会話』に急変した」（大谷 2007: p. 90）と述べているが、上記の事例が示すとおり、米国の豊かさへの憧憬を背景とした英語ブームが、すべての「国民」にためらいもなく受け入れられたと考えるのはかなり困難であり、「一億総英語会話」のような記述はレトリックだとしても乱暴に過ぎるだろう。

この後、1960年代以降の親英・反英サイクルについても、上記のような粗い歴史記述が散見される[*3]。以上のように、大谷（2007）を含む多くの「英語と日本人」史がはらむ問題は、英語教育関係者にとって有名な事例に過大なウェイトを置いてしまう点である。この背後には、「英語と日本人」史の著者のほとんどが現役の英語教師であり、馴染みのある英語教育関係の事例を過度に重視してしまうという原因があると考えられる。

[*3] たとえば、大谷は、1950年代末の中学校の英語授業時数の削減を根拠に、1960年代から、英語教育軽視の時代――すなわち「反英」の時代――が始まるとしているが、この時期に何度も英語ブーム（東京オリンピックを契機とした1964年、そして大阪万博をきっかけとした1970年）が巻き起こっているという事実と矛盾している。一方、その後、バブル崩壊に伴う「強い日本」に対する自信喪失によって、1990年代以降に再び「親英」の時代が到来したとするが、この解釈についても反例が容易に見つかる。たとえば、Kawai（2007）が詳細に分析しているとおり、英語が日本社会やビジネス界に浸透するにつれて、英語を日本語・日本文化に対する文化的脅威と見なし敵視する「反英」的世論もしばしば見られるからである。

社会構造を意識した歴史記述

　ただし、上述の問題点を適切に回避した「英語と日本人」史研究も少ないながら存在する。その代表例が、綾部（2009）である。綾部の研究は、戦後英語教育の制度面（とくに学習指導要領）の変化を詳細に検討したものだが、その重要な特徴のひとつが、分析対象を制度・学習指導要領だけに限定しないという方針である。むしろ、当時の社会情勢や政治状況などのマクロ構造との連関を丁寧に検討しながら、制度の転換をダイナミックに描くことが綾部のねらいである。じじつ、綾部自身、同論文の冒頭で、英語教育の制度や実践は、その内部だけで自律的に機能するものではなく、マクロ構造に大きく規定されている（「決定されている」ではないことに注意）と宣言している。こうした理論的枠組みを採用していることもあり、綾部は、従来の「英語と日本人」史ではほとんど引かれることのない事例（例えば、1950年代のいわゆる「逆コース」、1960年前後の安保闘争、20世紀終盤のポストフォーディズム経済体制など）をいくつも援用しつつ、戦後の大きな変動を説得的に論述している。

　しかしながら、マクロ構造を重視した歴史記述という特徴は、同時に、ミクロな反応を捨象してしまうという限界も併せ持つ。現に、綾部は、政治経済状況の変動などマクロ面の変化を詳細に記述する一方で、英語教育関係者がそうした変化にどう反応してきたかをほとんど考察していない。英語教育関係者に該当するのは、英文学者・英語学者・英語教育学者などの知識生産階層から、いわゆる「現場」の中高英語教師まで、はたまた教職員組合や英語教育研究団体、教材出版社など多岐にわたるが、綾部の研究ではこうした人々の動向が分析の俎上に乗っていることは少なく、したがって、マクロの構造変動に対して関係者がいかなる反応を示したのかは不明瞭である。もちろん、Pennycook（2000）で理論的に論じられているとおり、英語教育実践がマクロ構造に「規定」されるという綾部の枠組みは妥当である。しかしながら、「決定」ではなく、あくまで「規定」である以上、マクロな変化という説明からこぼれ落ちる要因があることも確かである。説得力ある「英語と日本人」史を記述するためには、英語教育界固有の動きも適切に考慮する必要がある。

人々の「声」を拾い上げることの意味

　本書が、マクロ構造の変化を重視しつつ、同時に、人々の反応といったミクロの要因を強調する理由として、次の2点が指摘できる。ひとつめの理由は、本書の分析対象がほかでもなく、人々の反応を重視した枠組みを必要としているという点である。なぜなら、《国民教育》としての英語教育には、マクロ構造の変動では説明できない部分が多数含まれるからである。次章以降で明らかとなるように、英語教育が《国民教育》として成立するのは、《国民教育》をとりまく様々な社会的条件がととのう時期よりもずっと早い。したがって、マクロ構造の変化だけで《国民教育》としての英語教育を説明するのはかなり困難であり、むしろそこには、英語教育を《国民教育》の構成要素として推し進めた、外国語科（英語）独自の論理が働いていた可能性が高いのである。この力学を丹念に記述していくことで、本書の問題関心にこたえることができるのである。

　人々の「声」を拾い集めることのもうひとつの意義は、実態をより丁寧に描き出せることである。つまり、統計や文献資料のような生のデータと対峙し、私たちの常識を裏切るような事実も含めて総合的に記述することで、現在の「当たり前」を過去にあてはめただけの、結論ありきの論証方法に陥る危険性が軽減されるのである。

　マクロ構造重視のアプローチにせよ、「英語と日本人」史にせよ、各時代の英語教育関係者の行動・思考を規定する、いわば「時代の空気」が、公理として暗黙のうちに設定されている。たとえば、大谷（2007）は前述のとおり、「親英」あるいは「反英」という「時代の空気」を前提にしていた。また、綾部（2009: p. 149）は、「逆コース」や「経済主義」「新自由主義」のような各時代を象徴するイデオロギーを大前提として、英語教育政策の変遷を描いている。もちろん、このように「時代の空気」として想定されるものはたいてい定説的・常識的なものであるため、一見すると説得力もあり、結果的に分析が成功する場合があることも事実である。

　しかしながら、このような思考法を、「実態」を歪めるものとして距離をとっている社会科学者も多い。たとえば、グレイザー＆ストラウス（1996）は、研究者があらかじめ分析に密輸入してしまう暗黙の前提――「誇大理論」（grand theory）と呼んでいる――が、データの本当の姿を明らかにする障害になると述べ、そうした「誇大理論」に代えて「データ対話型理論（グラウ

ンデッド・セオリー)」を提唱している。同様に、佐藤郁哉もこうした分析を「天下り式・キーワード偏重型」と呼び、失敗した分析の一例にあげている（佐藤 2008: pp. 8–9）。そのうえで佐藤は、このような危険を避けるためには、実際のデータと格闘しながら、理論・知見を構築していくべきだとしている。なお、彼らの議論は質的研究を念頭に置いたものだが、赤川（1999: pp. 38–39）が歴史社会学にも適用しているとおり、歴史研究にも十分あてはまる指針である。

　本書もこうした方針にのっとる。すなわち、英語教育が《国民教育》化していく過程を、英語教育をめぐる人々の「声」をできる限り網羅的に収集し、それらの声との「対話」をとおして、理論を立ち上げていくのである。そして、「時代の空気」のような「誇大理論」をあらかじめ排除した分析をこころがける。

データについて

　では、どのようなデータを、人々の「声」と見なすことができるだろうか。本書では、当時の文献資料に記された英語教育関係者の主張・見解・感情を、「声」と見なす。ただし、当然ながら、当時の多種多様な英語教師の声が偏りなく文字として残っているわけではない。建前に比べて本音は文書化されにくい。また、資料として残りやすいのは「熱意のある」教師の言葉である。たとえば、教育にあまり関心がない、俗に言う「でもしか先生」のような人の場合、教育雑誌の読者投稿欄や研究会等の報告書に発言が載ることもごくわずかだろう。とはいえ、過去のできごとであり、質問紙などで統計をとったりインタビューを行うことは不可能である以上、すくい取れる「声」はごく一部であることを自覚したうえで、次善の策として文献資料を分析するほかないだろう。

　ところで、「声」を「書かれたもの」に限定したとしても、すべての「書かれたもの」を収集することは非常に困難な作業であり、漏れなく集めることは事実上不可能である。出版事情が悪かった終戦直後はまだしも、1950年代以降は英語教育関係の文献だけ見ても非常に膨大な量の出版物が存在するからである。

　しかしながら、学校英語教育が論じられている媒体は、かなり絞りこむことが可能であることも事実である。英語教育関係者によって英語教育関係者

に向けて刊行されている著作物がそれにあたる。以上の理由から、本書では、戦後に出版された様々な英語教育関係の著作物を分析対象にする。とくに分析の中心に据えるのが、英語教師向けの雑誌である。なかでも、雑誌『英語教育』（1952年研究社より刊行開始、現在大修館書店より刊行）の記事に大きく依拠する。具体的に言えば、『英語教育』およびその系譜に属する雑誌を網羅的に検討し、当時の議論の大まかな見取り図を把握しながら、別の文献資料を補足的に参照する、という方針をとる。

もちろん、戦後の英語教育誌には、『英語教育』以外にもいくつかあるが、本書の検討課題にもっとも合致しているものはやはり『英語教育』である。戦後比較的長い間刊行した英語教育雑誌には、たとえば『英語展望』（英語教育協議会）や『新英語教育』（新英語教育研究会）、『英語青年』（研究社）、『現代英語教育』（研究社）などがあり、それぞれ独自の「声」を伝える貴重な媒体である。しかしながら、刊行時期（戦後初期にすでに刊行されているか）、購読層（中学校の英語教師の声が現れているか）、中立性（機関誌など、特定の団体の利害を反映しやすい雑誌ではないか）などを総合的に考慮すると、上記のどの雑誌も『英語教育』ほど適していないのである。

ただし、『英語教育』の刊行開始は1952年と戦後初期をカバーするのには少々遅い。そこで、さらに同誌の事実上の前身にあたる『英語の研究と教授』（1946年6月〜、地平社→愛育社）、『英語教育と教養』（1948年10月〜、金子書房）、『英語教育』（1949年9月〜、金子書房）も詳細な検討の対象に加える[*4]。本書では以後、これらの雑誌を、「『英語教育』系統の雑誌」と呼ぶ。

なお、本書では『英語教育』系統の雑誌記事ほど頻繁に引用しないが、戦後の日本社会を概観する意味で新聞記事の分析も行っている。検討したのは、戦後の発行部数上位2つの全国紙である『読売新聞』および『朝日新聞』である。しかしながら、これら二紙の記事を、戦後から現代までひとつひとつ検討することは事実上不可能である。したがって、何らかの基準をもとに記事を抽出し、分析用データベースを作成する必要がある。本書では、両紙の全国版の朝刊・夕刊の記事のうち、見出しに「英語」「英会話」あるいは「外国語」という語が含まれているものを分析用データベースとして設定した。記事の抽出には、新聞記事データベースである「聞蔵Ⅱビジュアル」（朝日

[*4] 同誌の変遷については、庭野吉弘の研究（庭野 1993, 1997）に詳しい。

新聞）および「ヨミダス歴史館」（読売新聞）を用いた。その結果、『朝日新聞』からは 3740 件、『読売新聞』からは 4968 件が抽出された。この抽出記事にすべて目を通したうえで、本書の問題設定に合致するものを特定し、詳細な分析にまわした*5。

内容分析

　英語教育関係の文献データは、それ自体、当時の関係者の「声」を伝える一次資料として扱うが、同時に、特定の「声」の生起を一単位とした量的分析も行う。この量的分析は、一般的に、「内容分析」（Krippendorff 2004）と呼ばれている手法である。つまり、特定のテーマに関する言及数の増減に基づいて、そのテーマに関する語り方や意識の変化を議論するものである。

　量的な推論をする以上、分母にあたる雑誌の総記事数が重要になるので、ここでごく簡単に確認しておく。各号の記事をひとつひとつ数え上げることはかなり大変な作業だが、幸運なことに、大修館『英語教育』の 50 周年記念号（『英語教育 Fifty』）に、同誌 50 年分のタイトル一覧データが付属している。このデータに加えて、同誌の事実上の前身にあたる 3 誌の記事数も目次に基づいて算出した。その結果、戦後初期には 20 件強だった一号当たりの記事数は、平均して年間 2〜3 件のペースで増加していくことがわかった。一方、1970 年前後を境に記事数の増加はストップし、その後は 60 件前後を維持している。こうした記事数の増加は直接的にはページ数の増加による。たとえば、『英語教育』創刊号である 1952 年 4 月号では B5 判で全 30 ページという薄い冊子だったが、1960 年 4 月号になると全 71 ページであり、その後も何度か増ページを経て、最終的には 100 ページを越えている。本書の主たる関心である 1950 年代・60 年代は記事数が年々上昇していった時期であり、量的分析を行ううえで分母の増加にも考慮が必要である。

　ところで、内容分析として量的分析を行ううえでは、検討対象の「母集団」を明示的に設定しておく必要がある。そうしない限り、たとえば「特定のタ

---

*5 なお、「英語／英会話／外国語」という抽出基準は、現実的な基準のなかでもっとも保守的なものであると考えられる。たとえば、「英語教育」が見出しに含まれることを抽出基準とすると、取りこぼす記事が飛躍的に増大することが予想される。一方、「教育」を基準に抽出すると、英語とは無関係な記事が大量に該当するうえ、教育問題に限定してしまうことになる。

イプの記事が増えた／減った」という事実に、実質的な意味がなくなってしまうからである。こうした点を踏まえ、本書における内容分析の母集団を「終戦から刊行されている『英語教育』系統の雑誌に掲載されたすべての記事」と設定する。そして、すべての記事に目を通し、分析上必要と考えられるものは、再分析に耐えられるように文字化するという作業を行っている。したがって、以下の分析に現れる《国民教育》に関する言及は、筆者に取りこぼしがない限り、『英語教育』系統の雑誌に存在する《国民教育》論をすべて網羅している（つまり、母集団をすべて検討するという意味で、抽出調査ではなく全数調査として理解すべきものである）。

「後進」地域＝農漁村への注目

　最後に、本書が従来の英語教育研究・英語教育史研究と決定的に異なる点をもうひとつあげておきたい。それは、地方——とりわけ農漁村地域——における英語教育実践や関係者の声に光を当て、さらに、単に英語教育の「後進」地域として注目するのではなく、むしろ《国民教育》化の重要なアクターと見なす、という点である。つまり、農村・山村・漁村・へき地といった「周辺的」な地域の言説や実践が、《国民教育》化を促す契機となったという見立てである。ただし、この見立て自体は、前節で述べたとおり、アプリオリに設定したものではなく、実際のデータと対峙していく中で発見したものである。ここでその枠組みを述べてしまうのは、後の議論の先取りになってしまうが、本書の意義および立ち位置を明確にするうえで都合がよいので、概略を以下に紹介したい。

　農漁村や「へき地」をはじめとした「地方」に関する研究自体は、従来の英語教育研究にすでに多くの蓄積がある。戦後初期からこの種の研究はなされており、たとえば、1953年2月の埼玉県中学校英語教育研究会では、埼玉県秩父郡（当時）の中学校による「農山村に於ける英語教育は如何にあるべきか」という研究発表があり（『英語教育』編集部1953c）、ここでの問題提起は「参会者に相当の示唆を投げかけた」（p. 32）という。ただし、日本の英語教育研究において、農漁村や「へき地」は、ほとんどの場合「遅れた地域」として概念化され、いきおい、そうした「遅れ」をいかに解決するかが課題とされてきた。じじつ、いくつかの例外をのぞき[*6]、日本の英語教育を牽引してきたのは都市部における英語教育実践であり、農漁村地域の英語教育は

「解決されるべき問題」として横たわっていた。

　それに対し、本書では、都市のような「先進地域」ではなく、農漁村地域をはじめとした「周辺」部が、《国民教育》化に重要な役割を果たしたという観点をとる。詳細は次章以降で見ていくのでここでは要点をあげるのみにとどめるが、(1) 中学校3年間の英語履修率を100%に近づけた直接の契機は、農漁村地域の短期間における履修率急増である点（とくに 1.4 節）、そして (2) 都市部とちがって、「将来、英語を使うかもしれないため」「受験のため」といった「わかりやすい目的」が英語学習の誘因として働かない農漁村地域にこそ、「なぜ全員が英語を学ぶのか」という問題をきわめて深く考える必要があったという点である（とくに7章）。

　ここで注意すべきは、当時の農漁村地域をとりまく状況が、現代の農漁村のイメージと大きく異なる点である。とくに以下の2点は、現代ではしばしば忘れられがちのこととはいえ、きちんと押さえておく必要がある。ひとつは、当時は農漁村居住者のほうが多数派だった点である。1947年の国勢調査によれば、都市部の人口は全体の33%にとどまり、大半の「国民」は農漁村をはじめとした郡部で暮らしていた。したがって、《国民教育》として英語教育を考えるうえで、農漁村の教育へ目配りをしないことなど、あり得なかった。

　もうひとつは、農村と都市の間に、きわめて大きな文化格差が存在したことである。戦時中の総力戦、敗戦にともなう極度のインフレ、そして戦後の農地改革などにより、都市と農村の経済的格差はある程度解消されていた。終戦直後など、度重なる空襲で荒廃していた都市に比べて、むしろ農村部のほうが物質的に豊かな時期すらあった（橋本 2009: 3章）。しかしながら、文化の地域差は依然として根強く残り、この必然的な帰結として、農漁村地域の文化意識・教育意識もかなり低かった（広田 1999）。外国語学習・英語学習も同様で、農山村地域には外国や外国文化の雰囲気があまり存在せず、また、教員の質をはじめとした教育条件も概して劣悪だった。とくに戦後初期は、資格をもった英語教員が農漁村にはとくに不足していた。さらに、中学校卒業後は農家を継いだり就職（あるいは集団就職）をする生徒も多く、高校入試が英語学習の誘因とは必ずしもならなかった。このような逆境が、以後

---

*6　たとえば、1950年代、宮城県の郡部の学校にも浸透した山家保のオーラルアプローチの実践 (cf. 山家保先生記念論集刊行委員会 2005)。

の《国民教育》を生み出す契機となったと考えられるのである。

　なお、「国民教育」と聞いて、日本教職員組合外国語教育分科会における「国民教育」運動を想起する人もいるかもしれない。この「国民教育」論は、本書の《国民教育》の含意とやや異なるものの、中学校外国語科の正当性を精緻に理論化したものとしてきわめて重要なものである。注目すべきは、日教組外国語教育分科会の「国民教育」論の背後にも、農漁村地域をはじめとした英語教育「後進」地域の苦悩があった点である。この点は、同分科会の記録（詳細は、5.2.2節）にも明記されており、また、同分科会の議論を詳細に検討した研究者も認めている（相澤 2005; 柳沢 2012）。1958年度から1961年度まで外国語教育分科会の報告書執筆を担当した五十嵐新次郎は、当時の議論をつぎのように回想している。

　　［終戦から］間もなく、英語はなぜ必要かという議論が…義務教育の中学校の現場から持ち上がりました。ことに農山村漁村で英語を教えている教師たちの深刻な悩みになって来ました。「先生、なんで英語なんかやるだい。英語なんかいらねえと思うけどなあ」という声が生徒からも父母からも出はじめました。それに対して、どう答えたらよいのか、なおなお生徒や父母を納得させることはもち論、自分自身を納得させるだけの答えが出来ませんでした。…新制中学の英語教師たちは、生徒や父母の声にぶつかって考えはじめました。生徒や父母の声にぶつかって、英語という外国語は、義務教育の中学校教育に果して必要か、必要ならば、なぜ必要なのかということをしっかり、ふまえていなければ、英語を教えるどころではないということがわかって来ました。（五十嵐 1962a: p. 8）

　この五十嵐の発言は、農漁村地域の英語教師の苦悩が、「国民教育」論を編み出す重要な契機となったことを伝えている。しかしながら、外国語教育分科会の「国民教育」論および「四目的」を跡づけた先行研究では、いわゆる「教育課程の自主編成」の面が強調されるせいか、農漁村地域の教師たちの苦悩とその奮闘が描かれないことがしばしばある。たとえば、日教組外国語教育分科会の「国民教育」論をめぐる代表的な研究である林野・大西（1970）や新英研関西ブロック公刊書編集委員会編（1968）には、農漁村地域の英語教師たちの深刻な悩みは描かれていない。もちろん自主編成運動が大きな役割を果たしたことは間違いないが、同様に、一見すると「遅れた」地域の教

師たちが、豊かな理念を紡いだことにも光を当てるべきだろう。これは、「進んだ学校」中心の記述では忘れられがちな教師たちの声を復権することでもある。

まとめ——分析方針と構成

以上、本書の方法論・枠組みなど分析方針の概略を示した。再度ここで整理すると以下のとおりである。

- 資料・史料の総合的な分析による戦後の英語教育目的をめぐる「実態」解明
  —英語教育内の「大事件」だけに注目しない、小中規模の事例や英語教育の外部の事例にも注目した歴史記述
  —マクロ構造の変化の影響だけでなく、関係者の反応をはじめとしたミクロ面の作用も併せて記述
- 「時代の空気」のような「誇大理論」を仮定せず、文献データの探索の中から理論を立ち上げる
- 農漁村のような地域の「周辺的」な英語教育言説・実践に注目する

本書は上記のような分析方針にしたがって各論を展開していく。

また、本書の構成は以下のとおりである。まず、第Ⅰ部は、前述のとおり、英語の《国民教育》化における"how"の側面を検討する部分として位置づけられる。1章で、戦後の英語教育史を概観し、中学校外国語科（英語科）の「事実上の必修化」がいつどのように現れ、発展していったかを明らかにする。戦後をおよそ10年単位にわけ、各時代ごとに、英語履修率のような社会統計的側面と、指導要領等の制度面の特徴を論じる。2章では、戦後期に行われた英語教育論争を詳しく見ていきながら、英語の《国民教育》としての正当性がどのように変遷していったかを検討する。

つづく第Ⅱ部の課題は、英語の《国民教育》化における"why"の検討である。まず、1章・2章の検討を踏まえ、第Ⅱ部冒頭で、《国民教育》化を促したと考えられる要因を提示する。これら仮説的に提示した要因を3章以降の実証分析で検証するという体裁をとる。

3章から6章は、事実上の必修化を促したと考えられる要因（促進要因）の

検討である。具体的には、高校入試への英語導入・高校進学率の上昇（3章）、英語の必要性の増大（4章）、関係者の必修化運動（5章）、そして当時の人口動態（6章）である。

　一方、7章から9章では、新制中学発足当初には外国語科を選択科目たらしめ事実上の必修化にブレーキをかけていた要因（阻害要因）が、その後の時代にどのように後退していったかを検討する。まず、7章で、当時、《国民教育》化の重大な阻害要因であった「社会の要求」「農漁村地域の苦境」という要因を確認したうえで、「教養のための英語教育」という言説（8章）、および、「科学的に正しい英語学習」言説（9章）が、果たした役割を検討する。以上の実証分析の結果を踏まえて、終章では、「英語＝《国民教育》」という「伝統」の起源に関する知見が、現代の英語教育にいかなる問題を突きつけるかを考察し、結論としたい。

第Ⅰ部

《国民教育》としての英語教育が生まれるとき

第 1 章

「事実上の必修科目」の系譜

　第Ⅰ部では、《国民教育》としての英語教育が、戦後、どのように変遷してきたか概観する。さしあたっての目標は、事実上の必修化がいつ始まったのかを明らかにすることである。

　本章で注目するものは大別して2つある。ひとつは、学習指導要領や行政文書にあらわれた制度面の議論である。もうひとつは、英語履修率などの社会統計的側面である。こうした2つの観点から分析を行い、各時代の特徴を描き出すことで、事実上の必修化の系譜を概観したい。

　なお、「概観」と簡単に述べたが、膨大な量の資料を扱うため、本章の記述は必ずしもわかりやすいものではないかもしれない。そこで結論を先取りする形になってしまうが、おおざっぱな見取り図をあらかじめ提示しておきたい。戦後の中学校英語の位置づけがどう変遷してきたか、概略的にあらわしたのが図 1.1 である。

　旧学制下では、周知のとおり、外国語教育は義務教育から排除されていた。つまり、戦前は「英語=《国民教育》」の「前史」にあたるわけだが、この時代の議論を本章の 1.1 節で簡単に検討する。一方、戦後の 1947 年に新制中学が発足すると、義務教育に英語教育が組み込まれた。しかしながら、当時はまだ「名実ともに選択科目」として運用されていた（本章 1.2 節）。この状況は、1950 年代になると一変し、英語は「事実上の必修科目」に移行する（同 1.3 節）。ただし、あくまで「全員が 1 度は学ぶ」

1945　旧学制：義務教育から排除

1947　名実ともに選択科目

1950　事実上の必修科目
　　　　全員が 1 度は学ぶ
　　　　　　↓
1960　　全員が 3 年間学ぶ

1970　「事実上の必修」の自明化

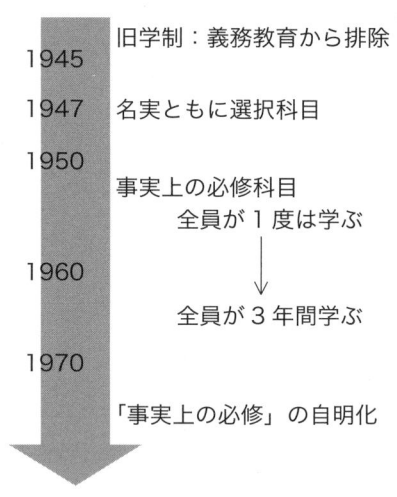

図 1.1　中学校英語の位置づけの変遷

という意味での必修化だった。1960年代になると、英語の《国民教育》化はさらに進展し、「全員が3年間学ぶ」という意味での必修化に進展する（1.4節）。現代的な意味での「事実上の必修科目・英語」がこの60年代にあらわれたことになる。そして、つづく1970年代以降は、英語が事実上必修であることが、社会全体に浸透していき、疑われることのない自明な前提と化していく時期と位置づけられる（1.5節）。

1.1 戦前——義務教育からの排除

1.1.1 戦前の英語履修者

　戦後の変遷を論じる前に、戦前の英語教育の位置づけについて確認しておこう。一言で言えば、戦前の外国語教育は義務教育の埒外にあった。というのも、旧学制下では、義務教育は初等教育（旧制尋常小学校・旧制国民学校初等科）までであり、外国語教育が初等教育で行われることは、いくつかの例外をのぞいてなかったからである。

　戦前の中等教育機関における英語教育を包括的に検討した研究に江利川春雄の研究がある（江利川 2006）。ここでは、江利川の研究にしたがって、外国語科の制度上の位置づけ——とくに必修か否か——を確認しておきたい。旧制中学校において外国語は必修、高等女学校においても基本的に外国語は教えられていたが、随意科目として運用されることも状況や時期によってはあった（とくに太平洋戦争中）。実業学校でも、「正課」であった商業学校を代表として、多くの学校で外国語は教えられていた。師範学校での外国語の位置づけは、時期によって（そして男女の別により）、必修科目と随意科目のあいだを揺れ動いていたが、履修率は全体的に高かった。一方、以上の中等教育機関に比べると全体的な履修率が低かったのが高等小学校（1941〜：国民学校高等科）および実業補修学校・青年学校である。いずれの学校でも、外国語が必修科目扱いになることはなく、履修率も低く抑えられていた。

　各学校の英語履修率についても、江利川の推算（江利川 2006: p. 333）が参考になる。図1.2は、戦前2時点（1926年・1942年）における英語履修者・非履修者の絶対数を、学校種ごとに棒グラフで表現したものである。図が示すとおり、旧学制下でもっとも履修率が高かったのは「必修」だった旧制中学校で（100％）、旧制高等女学校、旧制実業学校、旧制師範学校も履修者の

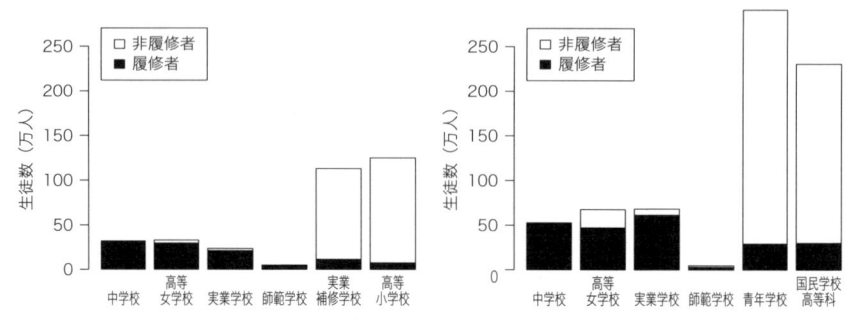

1926（大正15）年度 英語履修者数 / 1942（昭和17）年度 英語履修者数

図1.2　戦前の英語履修者（出所：江利川 2006, 表 8–1 および 2）

多い学校だった。「戦前の外国語教育」と聞いて一般的にイメージされるものは、旧制中学・旧制高校・旧制大学といった、いわゆる「エリートコース」の学校群だろう。しかしながら、英語教育は、そうした「エリートコース」の専売特許ではなく、それ以外の中等教育機関にも、正規の学校科目として英語を学んでいた生徒は多数いた。たとえば、1942 年の図を見ると、実業学校の英語学習者数のほうが、中学校・高等女学校の各学習者数よりも多いことがわかる。

とはいえ、同時に、英語履修者は、中等教育全体から見れば少数派であった。江利川の推算に基づいて再計算すれば、1926 年度の英語履修者は、中等教育機関在籍者の 31.9% にすぎず、この比率は約 15 年後の 1942 年度（31.3%）でも変化はない。徹底した英語教育を受けていた旧制中学校・高等女学校の生徒に限ると、1926 年度が 18.5% で、1942 年度が 14.0% と、さらに割合は小さくなる（ただし、中等教育機関在籍者の総数、つまり分母は、同年度間で 330 万人から 715 万人に大きく増加しているため、履修率が同水準でも、英語履修者数そのものは倍増している）。

1947 年に発足した新制中学校は、基本的に高等小学校の性格を受け継いだ。江利川（2006: pp. 331–32）も述べているとおり、選択科目として出発した新制中学の英語教育も、高等小学校における加設科目としての英語教育と連続する面が強かった。また、地域の実情に応じて加設が決定されるという高等小学校における英語の位置づけも、1947 年版学習指導要領試案でうたわれた、社会の要求に基づいて編成されるべきだとする理念（1.2 節参照）と地続きであったと考えられる。

1.1.2　岡倉由三郎の「国民教育」観

　以上のとおり、新学制が開始するまでは、「一部の者だけに英語を教える」という制度が維持されてきたが、理念的にもこうした状況は支持されていた。たとえば、戦前の英語教育の理念を体系化した古典的文献と評される岡倉由三郎著『英語教育』（岡倉1911）には、英語教育を《国民教育》から「排除」すべきだとする論理が明示的に述べられている。なお、岡倉由三郎は岡倉天心の弟で、東京高等師範学校教授（同書執筆時）を務め、戦前の英語研究および英語教育業界を代表する人物のひとりであり、その発言にはかなりの影響力があった。

　同書において、《国民教育》との連関で英語教育の位置づけを述べているのは、旧制小学校での英語教育の是非に関する部分である。岡倉は、以下のような理由を述べ、小学校での英語教育の必要性を否定する。

> 普通教育の目的は、国民として立つに必要なる知識技能を授けるのであることは、今更言う迄も無いが、其立場から見れば、［小学校教育にとっては］修身、国語、算術、歴史等が最も必要なので、是等の主要学科すら、尚目的通り完全にいって居らぬ様にも思われる。...然るに英語科の如き、目下の様から見て比較的不急なものを加え、時間と労力とを之に割くは、甚だ愚なことで、却って是が為に、国民教育の主要方面が、薄弱に陥いる処がある。（岡倉1911: p.14, 強調引用者）

　もちろんこれはあくまで小学校での英語教育に対する反対の弁だが、近年の小学校英語反対論に見られるような発達論的な根拠ではなく[*1]、英語科の教科内容の特性を根拠にしていることに注目したい。つまり、英語は、「国民として立つに必要なる知識技能」ではないというわけである。

　なお、注意したいのは、岡倉の言う「必要なる知識技能」が、単に日々の

[*1] 1990年代から2000年代に見られた小学校英語反対論でもっとも有名なもののひとつに「小学校は国語をきちんと学ぶ時期で英語は必要ない（あるいは、英語を学ぶと国語に悪影響がある）」という主張があるが、この主張は、逆説的に、「中学以降であれば、国語に悪影響は少ない」を意味している。つまり、学習者の発達段階次第で、英語教育の是非が変わり得るという議論である。この点については、2.6.2節で詳細な検討を行っているので参考にされたい。

生活で英語を読んだり話したりする必要があるかどうか、つまり運用能力の必要性だけを意味しているわけではない点である。岡倉は、現代の英語教育においても頻繁に言及される「英語教育の教養的価値」なる概念を理論化した人物であり、ここでの必要性に関する記述もその点を念頭に置いて解釈する必要がある*2。岡倉の言う「教養」とは、英語（とりわけ英文学）を読むことを通じて「人格修養」を目指すことであった（cf. 小林・音在 2007; 山口 2001）。つまり、岡倉の意図としては、こうした「人格修養」ですら、《国民教育》の範疇外である、ということになる。

1.2　戦後初期——名実ともに「選択科目」

1947年、新制中学が発足し、中等教育が義務教育課程のなかに組み込まれた。戦前・旧学制では義務教育の埒外に置かれていた英語教育が、初めて義務教育のなかに入った瞬間である。しかしながら、新制中学発足当初の1940年代後半は、まだ名実ともに「選択科目」であり、「すべての生徒の学習が当然視される」という意味での《国民教育》としての性格はまだ現れていなかった。本節では、戦後初期——1940年代後半から1950年代初頭——の外国語科（英語）の制度的な位置づけおよび履修状況を見てみよう。

1.2.1　2つの指導要領試案

戦後初期に示された学習指導要領試案（1947年版・1951年版）の記述を参考にしながら、当時の中学校外国語科の位置づけを確認していきたい。

---

*2 なお、竹中（1982）がすでに指摘していることだが、岡倉は『英語教育』内で、「教養的価値」「教養上の価値」という表現を用いていない。英語教育の価値として、「実用的価値」および「教育的価値」という2つの価値をあげている。にもかかわらず、「教養」と連続しているものと見なされるのは、「教育的価値」とは「所謂修養」のことであると、岡倉自身が言い換えているからだろう。進藤（1973）や筒井（2009）によれば、「修養」の意味で「教養」という語が使われ始めるのは大正時代に入ってからなので、明治末期の同書で、「教養的価値」という語が使われていないのも納得がいく。

1947年版『学習指導要領英語編(試案)』

　前述のとおり、中学校英語は選択科目としてスタートした。つまり、当時の外国語科(英語)は、指導要領試案が規定した必修科目(国語・社会・数学・理科・音楽・図画工作・体育・職業)よりも、重要度の一段低い科目に位置づけられていた。当時、選択科目には、外国語のほかに、中学3年次の習字・職業・自由研究があった。これらの中から、選択科目にあてられた時間(年間35時間から140時間)の範囲で履修を行うという指針が示されている(1947年版『学習指導要領一般編(試案)』、第三章——三「新制中学校の教科と時間数」)。戦後初期の外国語科(英語)は、こうした選択科目の枠組みで、構想されていたのである。

　では、外国語が「選択科目」にされた根拠は何だったのだろうか。序章で触れたとおり、それは、「社会の要求」および「生徒の興味」だった。こうした観点は、同指導要領の「序」に端的にあらわれている。以下、実際の文言を見てみよう。

> 義務教育の年限が延長されて、中学校の教育も義務教育の一環として行われることとなった。義務教育における教科目は社会の要求と生徒の興味とにもとづいて編成されるべきであって、必修科目は社会から求められ受けいれられる公民となるのに必要にして基本的な知識と技能とを与える科目のみに限るべきである。英語については、これを非常に必要とする地方もあるであろうが、またいなかの生徒などで、英語を学ぶことを望まない者もあるかもしれない。それで、英語は選択科目となったのである。(強調引用者)

　ここで明確に述べられているとおり、英語が「必修科目」に相当しないとされた最大の理由が、英語の必要性の多様さである。つまり、英語を「必要としない人」や「学ぶことを望まない人」も存在しているという根拠で、選択科目が妥当とされたのである[3]。新制中学校の事実上の母体は、旧制中学

---

[3] 1952年に行われた第9回教育指導者講習会の研究集録(東京教育大学 1952)にも、「英語科が選択制となった理由」という項が立てられ、詳細な記述が展開されている(pp. 221–25)。同講習会の講師の多くは東京教育大の教官であり、政策立案者の見解と完全に同一視することはできないが、指導要領試案とはまたちがった角度の根拠が述べられており、興味深いので紹介する。同項の執筆者(詳細は不明)は、外国語科が選択科目となった理由として、1) 原理的理由、2) 教科

校ではなく旧制高等小学校(国民学校高等科)だったが、高等小学校における外国語科(英語)もまさに地方の実情に応じて加設すべきとされていた点で(江利川 2006: 5 章)、新制中学校の「選択科目・外国語科」は、高等小学校における位置づけを引き継いだものと見ることもできる。

なお、同学習指導要領の第三章「英語に対する社会の要求」では、指導要領の作成の際に参考にした資料として、1946 年 10 月に「東京都内の中等学校生徒の父兄約 1000 名」を対象にした実態調査の結果が引かれている。そのひとつめの設問が「英語は必修科目と選択科目とのどちらにしたらよいと思いますか」であり、結果は、「必修科目」の 82% に対し、「選択科目」が 18% だった。同調査の回答者のプロフィールが定かではないので確定的なことは言えないが、当時もっとも英語学習熱が高い地域とされた東京都においてすら、少数派ながらもある程度は「選択科目」を支持する人々が存在していたことがわかる。そして、こうした時代状況が、英語を「選択科目」たらしめた一要因となっていたのである。

教育刷新委員会における議論

同様の認識が、戦後初期の内閣総理大臣直属の教育審議会である教育刷新委員会でも述べられていた。教育刷新委員会(1946 年 8 月〜1952 年 6 月)は、本土占領期の内閣直属の審議会とはいえ、占領軍や当時の内閣からは比較的独立した、自主的・自立的な議論が保障されていた。この議論が、以後の戦後教育改革を方向づけたと言われている。

1948 年 11 月 5 日に開かれた第 82 回総会において、委員である沢田節蔵(外交官、のち東京外国語大学初代学長)が新制中学校外国語科の位置づけに

の特殊性、3) 生徒自体に関する理由、4) 外国語の文化的価値の 4 点をあげている。

第 1 の「原理的理由」は、指導要領試案の説明とほぼ同様で、普遍的な必要性のない教育内容は選択科目がふさわしいという選択科目の本義を強調したものである。第 2 の「教科の特殊性」とは、外国語学習が他教科に比べて負担が大きいという点である。つまり、「常にたえざる努力と反復練習」(p. 223) が必要なため、そのような「外国語学習の継続は[生徒によっては]時間と労力の無意味な消費となる」。第 3 の「生徒自体に関する理由」とは、生徒のなかにはほとんど動機を持たない者がいること、第 4 の「外国語の文化的価値」とは、「大衆の為には翻訳がある」(p. 225) 以上、全員が外国語を通じて文化吸収をする必要はないという主張である。

関して発言している。沢田は、戦後の義務教育は「国家及び社会を構成する者を養成するということを第一の目的」（国立教育研究所日本近代教育史料研究会 1996: p. 311）としていると述べ、こうした目的に資するものが必修科目であるとする。一方で、英語のような「生徒の個性やその土地の要求に対しておのずから強弱がある」ものは選択科目がふさわしいと述べている。

　沢田による、この「選択科目／必修科目」観は、1947 年の指導要領試案とほとんど同じである。つまり、社会の要求や生徒の興味に差があるような教育内容は選択科目がふさわしく、外国語はこれに相当するという認識である。教育刷新委員会の議事録を見る限り、この見解に異を差し挟むような論調はない*4。その意味で、文部省の影響下にあった指導要領試案だけでなく、相対的に自律した審議会である教育刷新委員会においても、「必要性に濃淡がある以上、英語は選択科目がふさわしい」という認識が見られることは重要である。「社会の要求／必要性」という概念が、「英語教育＝《国民教育》」という図式の成立にブレーキをかけていたのである。

1951 年版『学習指導要領外国語科英語編（試案）』

　1947 年版の指導要領試案の「英語＝選択科目」観は、その後の 1951 年版の指導要領試案にも基本的に引き継がれる。1951 年に発表された『中学校高等学校学習指導要領外国語科英語編（試案）』は、前指導要領に比べ膨大な記述があり（日英両言語による 3 分冊、759 ページ）、したがって、英語の選択

---

*4 例外的に、委員である高嶺信子は、外国語がすべての生徒に必要だと述べている（国立教育研究所日本近代教育史料研究会 1998: pp. 521–22）。高嶺は、外国語は「ただ必要ということでなくて、人間性ということから全体に必要である」、「よき社会人 [の形成の場が義務教育] であるならば、非常に堪能になる必要はないが、どんな寒村僻地の子供でも少しは外国語に接して、外国人も同じ人間として交って行く、仲よくしたいという気持ちから非常に必要だ」と述べている。高嶺は、当時すでにミッション系学校としての長い伝統をもった雙葉学園の校長であり、博愛主義的な教育観を前提にしており、そして、「寒村僻地」の学校に比べればはるかに外国語に身近な環境にいたはずで、だからこそ、いわば「外国語の普遍的必要性」を唱えることができたと考えられる。注目すべきは、高嶺が「必要性」を個別具体的な必要性に限定せず、抽象的に読み替えている点である。こうした読み替えによる普遍的な目的論の創出は、1950 年代以降の「英語教育＝《国民教育》」言説のなかで頻繁に見られるようになる。詳しくは、8.5 節で議論する。

科目としての位置づけや必要性との関連についてもかなり詳しく説明されている。以下、具体的な記述を確認していこう。

　1947年版では、英語を選択科目として位置づけることの妥当性に関する記述があったが、1951年版でその点を明示的には述べていない。むしろ、英語が選択科目であることは、疑われることのない大前提ですらあった。たとえば、教育課程の編成方法を論じている部分（第2章I-4.）では、「外国語の学習は生徒の特殊な必要を満たすものであって共通な必要を満たすものではな」いと、学習内容の普遍性がきっぱりと否定されている。つまり、戦前や1947年指導要領試案と同様、1951年指導要領試案においても、英語を含めた外国語の学習は、まだ「生徒共通の必要」に応えるものとは見なされておらず、《国民教育》の埒外のものとして考えられていたのである。当時の学習指導要領は、まだ、あくまで「試案」だったものの、おそらく象徴的なレベルではもっとも大きな影響力を持っていた文書のひとつである。そうした公的性格の強い文書で、「英語＝《国民教育》」という図式が明確に否定されていたのである。

　以上のとおり、戦後初期における行政文書の重要な特徴は、学習内容の社会的な必要性をきわめて重視していた点である。それは、「民主的」な教育の前提条件だと考えられていたからに他ならない。この点を詳述しているのが、1951年版の第8章「地域の必要に対する学習指導要領の適応」である。

> 現代の教育は、個人の必要がそれぞれ異なり、地域社会の必要がそれぞれ違うという考え方に基いている。英語に対する必要は、非常にかけ離れた特異な場所である北海道と、岐阜・長野などの山岳地方とでは大いに異なるわけである。英語に対する必要は、首都である東京、横浜・神戸のような貿易都市と、孤立した町村とではそれぞれ違うのである。ここにおいて、地域社会の必要や生徒の個人的必要に対して学習指導要領を適応させていかなければならない。（第8章I、強調引用者）

　つまり、「地域社会の必要や生徒の個人的必要」に基づく教育こそが、戦後の新時代に求められている教育である、という宣言である。そのうえで、英語教育も「地域の必要」「生徒の個人的必要」を前提に展開されるべきだという主張である。ここで「現代の教育」と対比されているのが、「戦前の教育」である。同指導要領は、戦前を、以下のように描写している。

だいたい日本の戦前の教育は、いわゆる「画一教育」であった。中央政府が何を教えるべきかを決めて、それがそのまま全国のすべての生徒に対して適用された。教育を実情に即応させて、効果的な独創的な方法を用いる余地はほとんどなかった。(第8章I–1, 強調引用者)

戦前の教育が、「画一的な指導」「トップダウン的なカリキュラム編成」というイメージで捉えられていることがわかるだろう。戦前——戦時中、と言ったほうがより正確かもしれないが——の「非・民主的」な教育を、いわば反面教師として発足した戦後教育にとって、「民主的」であることはきわめて重要な行動原則だった（山住 1987: 4章）。「民主的な教育」であろうとする以上、英語の必要性やその教育の要求に明確な地域差・個人差があるのであれば、必修科目として、全生徒に「押しつける」ようなことはできなかったはずである。少なくとも同指導要領のロジックのうえでは、英語を必修にすることは、地域社会の要求に基づいていない教育編成であり、そして、場合によっては反・民主的な教育ということさえ意味したのである。

1.2.2　履修状況

では、指導要領試案では「選択科目」として規定されていた外国語科（英語）は、当時、どのように運用されていたのだろうか。1952年に行われた第9回教育指導者講習会（The Institute For Educational Leadership）の研究集録（東京教育大学 1952）に、戦後初期の運用状況が記されている。執筆者の記載はないが、公的な講習会の記録である以上、記述の信頼性は高いと言える。

指導要領試案は、学習を必要あるいは希望する生徒に英語を選択させるべきだと述べており、その点で、生徒個人が個別に英語履修を選択する形態、つまり「個人選択」を建前としていた。しかし、実態は異なると、執筆者は報告している。

戦後米軍の占領と共に日本中至るところに英語が氾濫し英語に接する機会が多くなったこと、英語を学習したものが語学を利用する機会に恵まれたこと及び戦時中の英語教育軽視の反動として、英語を知らざるものは人に非ずという如き風潮が生まれた。その風潮の中に昭和22年学制改革により中学校が発足し英語科が選択教科として加えられた為、殆んど無批判に英語を選択する状態で

あった。しかも選択はどこまでも個人的考慮に基いて行われるべきであるのに、多くの学校においてはこれを学校選択として全生徒に課することを敢てしたのであった。(p. 225, 強調引用者)

学校が一括して履修の有無を決めてしまうことは、「個人選択」に対して「学校選択」と呼ばれていた。上記で述べられているとおり、当時「学校選択」という、建前とは異なる制度運用が一般的だったことは有名な事実である（cf. 福井 1979: pp. 70–71, 78）。

しかしながら、旧制中等学校の英語教員の多くが新制高校に移ったため、新制中学校は専門的に英語のトレーニングを積んだ教員の確保に大きな困難を抱えていた。そのような状況にもかかわらず、「生徒が氾濫し一層英語教育の不徹底と混乱を来した」ため、1950 年頃から選択教科としての本義に立ち返り、「これを選択せしめる傾向が生じて来た」という。ただし、同書が執筆された 1952 年においても「英語科を個人選択としている学校は僅少」だった。

「学校選択」の話が出たので、その具体的な運用事例を確認してみたい。東京都千代田区のある中学校の運用方法が記録に残っているので、当時のイメージをつかむため紹介する。ただし、当時、東京都（とくに 23 区内）は、英語教育の先進地域であり*5、また、序章で述べたように都市・地方間には現在とは比較にならないほどの文化格差が存在したので（小熊 2002; 広田 1999）、「日本全国の実態」と解するにはかなり割り引いて考えなければならない。

宮本（1950）によれば、彼の勤務する千代田区立中は当時、「英語を選ぶ生徒と家庭科職業科を選ぶ生徒に分け、その何れを選ぶかは父母と生徒の希望によって定めてい」(p. 16) た。その内訳は、全校全学年 28 クラス中、英語を選択したクラスが 21, 家庭科商業科を選んだクラスが 7 だった。東京とはいえ、戦後初期は、英語を選択せず職業系の科目を選択する生徒・保護者が相当数存在したことがわかる。しかしながら、注意すべきは、同校が、英語を選択しなかったクラスであってもまったく英語の授業を開講しなかったわけではない点である。宮本は、次のように説明している。

---

*5 『学習指導要領外国語科英語編（試案）』（1951 年）にも「程度の高い実際的な英語の教育に対する必要をより切実に感じる」人が多数住む地域の筆頭に、東京があげられている（8 章 II–2）。

英語を選ばない組にも一学期までは時間数を週二時間として三年には英語を課してきたが選択制の趣旨を生かして二学期以後は廃止した。一年二年は一学期以来英語を課して指導してきている。選択させておきながら選ばない生徒に英語を課しているのは妙に考えられるが、これは学校の種々の都合にもよるが、一年二年では英語という課目は食べず嫌いになる傾向もあるので、一二年には一応英語を教えているのである。(pp. 16–17)

同校においては、生徒の選択は尊重しているものの、学校のカリキュラム上、全生徒に英語の授業を提供していたことになる。その意味で、生徒の希望の有無に関係なく「学校選択」として運用されており、英語は同校の生徒に限って言えば事実上の必修科目だったことになる。

以上の運用方法は、前述のように、東京都という英語教育先進地域の一事例にすぎない。では、本書のそもそもの関心である、全国レベルの履修状況はどうだったのだろうか。しかしながら、残念なことに、当時どれだけの中学生が英語を履修していたのかという点に関する公式の統計はおそらく存在しない。したがって、文献資料にあらわれた状況証拠をつなぎ合わせることで当時の状況を推論せざるを得ないが、その結果によれば、おそらく1940年代は、名目上だけでなく、事実上も「選択科目」として運用されていたようである。

たとえば、1948年の松川昇太郎による「新制中学と英語」と題した論文では、当時の履修状況が垣間見られる（松川1948）。松川は、戦前、神奈川県の湘南中学校（現・県立湘南高等学校）で先進的な英語指導に取り組んでいたとして、すでに著名な英語教師だった。

今日義務教育においてただちに英語を必修科目とすることはこれまた行き過ぎであるとの見解にも接した。．．．実際として、「第一学年における英語科必修」ということは提唱してもよかろうと思う。そしてこれはなんらの法令にも、「指導要領」の精神にも反することではなかろう。そしてわたしの知っている多くの学校で現に行っていることである。(p. 11)

1948年当時はまだ、中学1年次ですら「事実上の必修」にはなっていなかったことが推察できる記述である。そればかりか、松川は同論文で「［第］一学年英語科必修というわたくしの提唱には、実施に当たってかなりの困難

があろう」(p. 12) とすら述べているから、当時は「事実上の必修化」が非現実的なものとして認識されていたと言える。

ただし、同誌に所収されている座談会の記録には、以上の松川の記述と一見矛盾する見解が松川自身によって述べられている(『英語 教育と教養』編集部 1948)。

> [一校あたりの英語教員数は] 学校によってちがいます。生徒のほうも選択によって英語を習うということになっていますし、普通、一年生は全部やり、二年になると少し減るようです。全生徒数の九割までの教科書が求められていると文部省の人の話でした。学校によっては高等学校ではじめて ABC を教えるところができます。(p. 20, 強調引用者)

松川の一見相反する 2 つの発言は、「多くの学校の中学 1 年生は英語を習っているが、そうでない学校も存在する」という意味に解釈するのが妥当だろう。たとえ多くの者が学んでいたとしても、それが「すべて」でなければ、必修化状況とは言えない。上記の松川の発言にあるとおり、一部には、高等学校で初めて英語を学ぶような生徒もいたのである。

1.3　1950 年代——「全生徒が 1 度は英語を学ぶ」

戦後初期には、名実ともに選択科目であり、したがって「すべての者が学ぶことを当然視される」という意味での《国民教育》ではまだなかった中学校外国語科(英語)は、1950 年代になると、事実上の必修科目に移行する。1950 年代の中学校英語の状況を一言で言えば、「すべての生徒が 1 度は学ぶ」という意味での事実上の必修化である。ここで注意すべきは、これは「全生徒が 3 年間学ぶ」ということを意味しない点である。後述するとおり、「3 年間必修化」に移行するのは 1960 年代だからである。

1.3.1　履修状況

まず、1950 年代の履修状況を確認しよう。1940 年代と同様、当時も、英語選択の有無に関する公式の統計はないので、各種調査から推論するしかない。

1.3 1950年代——「全生徒が1度は英語を学ぶ」

	英語の個人選択実施率		
	長野県 (1952年9月)	広島県 (1952年4月)	東京都 (調査時期不明)
1学年	0.0%	2.8%	0.0%
2学年	72.0%	13.5%	0.0%
3学年	90.0%	31.0%	0.0%
調査校数	383	102	18

＊第2・第3学年の実施率は、原資料をもとに筆者が再計算

表1.1　選択制の運用方法（戦後初期）

　1940年代の履修状況で確認したとおり、当時、選択制は、学校全体で英語の履修を決める「学校選択」が主流であり、指導要領試案にうたわれた「個人選択」の原則を守る学校は少数派だった。こうした傾向は、1950年代前半にも引き続き見受けられる。表1.1は、前節でもとりあげた『教育指導者講習研究集録』（東京教育大学 1952: pp. 225–26）に記載された、長野県・広島県・東京都における英語「個人選択」の実施率の調査結果を整理したものである。どの自治体の個人選択実施率も100.0%にならないが、それ以外の学校は「学校選択」、つまり学校側が自校の生徒に一律に課す事実上の必修科目として運用されていたと考えられる。とくに東京都は、対象校のすべてが全学年で事実上の必修状況にあったことになり、英語教育の先進地域らしい結果だと言える。

　対照的に、典型的な「地方」である長野県は、第1学年では全校が必修だったが、第2学年から多くの学校で「個人選択」が開始されていた。高校進学率が低く、また、学校卒業後は農家を継ぐ生徒が多かった「地方」の中学校において、生徒に一律に外国語学習を課す必然性はなかったからだろう。なお、広島県では2.8%と小さい割合ではあるが、第1学年から個人選択を開始している中学校が存在したことは注目に値する。もしかすると、第1学年の2学期あるいは3学期からの運用開始だったかもしれないが、少数ながら英語をまったく学ばずに卒業する生徒が1952年時点では存在した可能性を示唆している。ただし、同書には、上記の調査を紹介した直後に、「昭和27年秋の福岡における全国中学校長会[*6]において、中学校英語科は1年におい

[*6] 全日本中学校長会のことだと思われる。

ては必修せしめ、2, 3年においては選択せしめるよう申し合わせがされた」（p. 226）とする記述がある。これが事実だとするならば、こうした学校運営をめぐる力学が、これ以後（とくに1950年代後半）の「事実上の必修化」成立に大きな役割を果たした可能性がある。

　以上の統計は学校単位のものであり、生徒単位の履修率を示すものではない。生徒単位の履修率をうかがい知れる全国規模の統計はおそらく存在しないが、愛知県の状況に関しては調査が存在する。これは、愛知県教育文化研究所が1954年に県内の238校[*7]の公立中学校を対象に行った調査である（『英語教育』編集部1955bより引用）。同調査によると、各学年の英語履修率は、中1で「ほぼ100％」、中2で76％、中3で61％だった。第1学年でこそほぼすべての生徒が英語を学んでいたものの、進級とともに履修者の割合は減っていくことがわかる。前述の松川の発言でも述べられているが（『英語 教育と教養』編集部1948）、高校進学者がまだ多くなかった当時、学年が進行するにつれて英語の履修者が減っていくことは一般的なことだった。当時の愛知県は、大都市・名古屋だけでなく、広範な農村地域を有していた。上記の統計が示唆しているのは、都市部に比べて、英語の学習意義が不明確で、高校進学率も高くなかった農村地域にも、英語の第1学年時必修が浸透していたことである。

　また、1958年9月に行われた全国学力調査の報告書（文部省調査局調査課編1959）も、当時の履修状況を伝える貴重な資料である。なお、これも、生徒単位の履修率ではなく、学校単位の履修方針の統計であるので解釈には注意が必要である。同調査によれば、全校生徒が3年間英語を学んでいる学校が調査対象の580校中269校（46％）だった[*8]。一方、一部の生徒には3年間の英語学習を免除している学校は、311校で全体の54％を占めていた。後者のタイプの学校にも、3年間学んでいた中学生は多数いたはずなので、生徒単位では3年間の英語履修率はもっと高くなるはずだが、当時の中学校のおよそ半数は3年間英語を履修しない生徒を抱え込んでいたことになる。

　1954年の愛知県で、1年生の履修率がほぼ100％だったことが示すとお

[*7] この数は、当時の愛知県の公立中学校数を下回るので、なんらかの抽出があったのかもしれないが、抽出の有無・抽出方法についてはわからない。

[*8] 本調査は、抽出調査なので、全国レベルのパーセンテージはもっと高かった可能性がある。ただし、同比率の95％信頼区間は、42％〜51％であり、多くても5割程度と見てよいだろう。

り、ほぼすべての生徒が、中学校で英語を1度は学ぶという状況が訪れつつあったことがわかる。実際、2.2節で検討するとおり、「中学校英語が事実上必修科目化されつつある」として、加藤周一が批判論文を発表するのが翌年の1955年である。この意味で、1950年代半ばには、外国語（英語）をまったく学ばずに中学を卒業するという生徒は、ごくわずかになっていたと考えられる。その一方で、2年次・3年次では、決して少なくない数の生徒が履修をやめていたことも、上記の統計から明らかであり、「中学生はみな3年間学習する」という意味での「必修化」からはほど遠かった。現在「義務教育で英語を学ぶ」と言ったとき、一般的には、「す・べ・て・の中学生がす・べ・て・の学年・で学ぶ」というイメージで論じられることが多いと思われるが、1950年代の「事実上の必修化」は、現代的な意味での「英語必修」から、まだ相当な距離があったのである。

1.3.2　授業時数の多様性

「中学校で英語を1度は学ぶ」という意味での事実上の必修化がこの時期にあらわれたことを確認したが、だからといって、当時の中学生が同質・同量の授業を受けていたわけではない。むしろ、授業時数には各校・各生徒で大きなばらつきがあった。この点は、現代の公立中学校のように、全国の中学生がほとんど同じ授業時数で学習している状況とは大きく異なる。

しかしながら、履修率と同様、英語授業時数に関しても、全国規模の統計が存在しないという壁が立ちはだかる。ここでは、あくまで1つの事例として、東京都高等学校英語教育研究会（都英研）が1952年から1956年にかけて行った「英語学習調査」（野津1953; 池谷1955, 1956）を見てみよう。この調査は、都立高校1年生に、中学校時代の英語授業時数を尋ねたもので、回答者の記憶に頼っている点で必ずしも正確なものではない点に注意が必要である。また、当時もっとも英語教育の教育条件が整っていた東京都の状況を反映しているにすぎない点も慎重に考慮すべきである。さらに、この調査には、高校に進学しなかった生徒の回答はすべて欠落しているので、当時の東京の中学校の「実態」を正確に反映しているとは言いがたい。非進学者のほうが英語履修率は低いと考えられるので、実際の平均授業時数はこの調査結果より低いはずである。

そうした点に留意したうえで、同一年度で比較可能であった1953年度の

■第1章 「事実上の必修科目」の系譜

図1.3　1953年度の授業時数（都立高進学者の回顧に基づく）

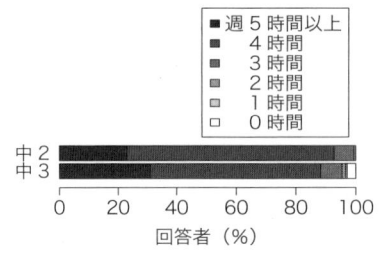

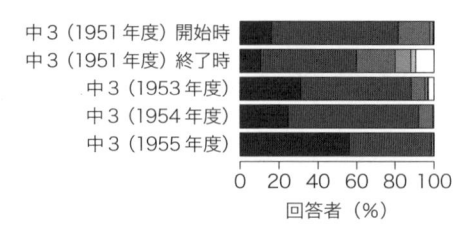

図1.4　中3の授業時数の推移（都立高進学者の回顧に基づく）

状況を確認する。図1.3は、1953年度の中2と中3の授業時数を比較したものである。中2・中3いずれの学年でも、4時間以上履修した生徒が多かったが、注目すべきは、中3において、「5時間以上」と「3時間以下」がともに増えている点である。とくに、中2ではほぼ0.0%だった「0時間」が中3では2.9%に増加している。こうした授業時数の両極化は、高校の英語の授業についていけるようにという配慮から授業時数を増やした学校があったのと同時に、入試科目にまだ含まれていなかった英語を軽視した学校も存在したことを意味する（都立高入試への英語導入は1956年度）。

次に、経年変化を見てみよう。図1.4は、調査結果が入手可能であった1951年度（年度開始時および年度終了時）、1953年度、1954年度、1955年度における、中3の英語授業時数の分布である。1951年度、とくに同年度終了時には、授業時数には大きな多様性があったことがわかる。たとえば、1951年度終了時において、もっとも多かった回答は「週4時間」（49.4%）、次いで「週3時間」（20.2%）だったが、「5時間以上」も「0時間」も、いずれも1割前後存在している。しかしながら、1951年度に見られたばらつきは、以後、大半が「4時間」および「5時間以上」に集中していく形で、急速に消えていく。1953年度に週4時間以上英語の授業を受けたと答えた回答者は88.3%、1954年度では92.1%、1955年度では98.6%と、年々増加している。とくに、1955年度の中3は、英語の試験が都立高入試に初めて導入された年に受験をした世代であることを考えると、授業時数のバラツキの減少は、高校入試への対策という要因があったことが読み取れる。

以上のように、戦後初期において、英語の授業時数は大きなばらつきを示していたことがわかった。もちろんこの調査は、全国の中学生の実態を反映したものではなく、あくまで東京都の高校生の回顧に基づいているにすぎな

い。その点で、ごく限られた事例ではあるが、東京都というもっとも英語に対する意識が高い地域で、しかも、高校進学者ですら、1951年度時点では授業時数に大きな多様性が認められたことは注目に値する。しかも、年度末においては1割程度の未履修者すらいたのである。こうした点を踏まえれば、非進学者を含めた全国レベルの実態は、より大きなばらつきが存在していたことが推測できる。

授業時数の地域差

　こうした授業時数の多様性は、同時に、地域間の差も意味していた。上述の都英研の1956年「英語学習調査」（池谷1956）では、新たに「地方」の高校生も調査に加わっている（ただし、「地方」が具体的にどの自治体かは記載がない）。

　1955年度の中3の集計結果を見ると、週に5時間以上授業を受けていた生徒が、東京では56.0%なのに対し、「地方」では30.0%と明らかに差がある。一方、3時間以下しか授業を受けていなかった生徒は、東京では1.4%とごくわずかなのに対し、「地方」では7.3%と相当数存在していた。もちろん、高校進学者のほうが多くの時間、英語の授業を受けていたはずなので、同調査の統計にはあらわれていない非進学者も勘案すれば、もっと顕著に地域差が出たはずである。「地方」のほうが多数の非進学者を抱えていたからである。

　また、1.3.1節で愛知県の履修状況として引いた愛知県教育文化研究所の調査結果にも、英語履修状況の地域差が色濃くあらわれている（『英語教育』編集部（1955b）より引用）。前述のとおり、同調査は1954年に愛知県内の公立中学238校を対象に行った調査であり、地域ごとの英語履修率も報告されている。その結果によると、英語を選択した生徒は、名古屋市では84%、名古屋以外の市部では79%と、いずれも8割前後だったのに対し、郡部では53%と、実に3割以上も差があった。1.3.1節で見たとおり、同調査によれば、愛知県では中1でほぼ100%の履修率を示していたので、顕著な地域差が生じたのは中2・中3段階だったということになる。上記の2つの調査結果には、「東京・都市部は履修率が高いvs.地方・郡部は履修率が低い」という構図が端的にあらわれている。

1.3.3 教育条件の地域格差

こうした地域差は、単に制度上の差にとどまらず、都市部と地方・農漁村地域の間に横たわる教育条件の差でもあった。終戦からしばらくの間、英語教育の諸条件に大きな地域差があることは、英語教育関係者にとってほとんど「常識」だったと言ってよい。というよりも、地域間の教育格差は、英語教育に限った問題ではなく、当時の学校教育全般におけるきわめて深刻な課題だった（苅谷 2009）。

戦後の英語教育界で大きな注目を集めていたものが、地方、とくに、農漁村地域における英語教育の条件整備の遅れである。そして、地域差への対応として教育研究や調査などが行われていた。ここでは、まさにその目的のもとに、1950 年代なかば（正確な調査時期は報告書に記載はない）に東京都で行われた「特殊地域における英語学習」（杉山・堀 1958）という調査を見てみたい。この調査によれば、戦前・終戦直後には、一般的に英語教育の「先進地域」と見なされていた東京都でさえ、その内部ではかなりの地域差があった。

調査対象の学校は、都内の 5 つの公立中学校で、それぞれ都市部の A 中学（杉並区）・D 中学（八王子市）、中間地の S 中学・Y 中学（いずれも北多摩郡＝当時）、そして農村部の T 中学（西多摩郡＝当時）というように、3 つの地域区分をもとに類型化されている。とくに農村部・T 中学は、生徒の 33.1％が農家出身であると報告されており、東京都のなかではかなり農村的雰囲気の強い地域の学校だったことがわかる（1955 年国勢調査によれば、東京都の農・林・漁業就業率は、4.0％）。

この調査の主たる目的は、調査名称が端的に表しているとおり、英語学習における地域差の実態を把握することにあった。同調査では、様々な指標をとりあげて、各地域の比較が行われているが、ここではそのいくつかを紹介したい。まず、「英語についての家庭の教養」と題した項目を見てみよう。これは、「自宅で英語を教えてもらえる者」のパーセンテージを地域別・学年別に算出したものである。結果は、図 1.5 であり、都市に比べて農村では、家庭で英語を教えてもらえる生徒の数がかなり少ないことがはっきりとわかる。そして、その差は、学年が上がるにしたがって顕著になっていく。とくに農村部の T 中学では、中 3 レベルの英語の勉強を教えてもらえる生徒はごくわずかだった。この項目は、家庭の学習環境のうち、とりわけ親の教育レベル

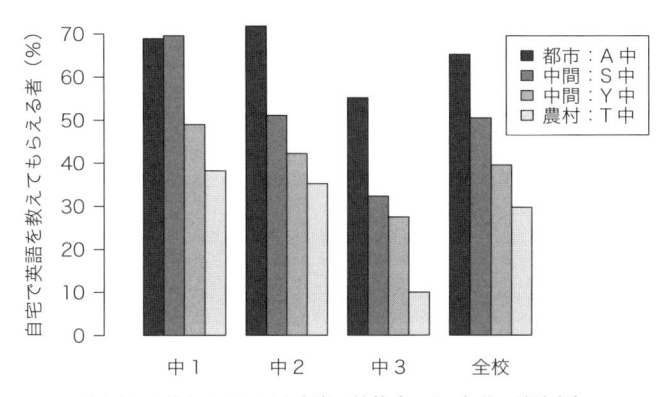

1.3 1950年代——「全生徒が1度は英語を学ぶ」

図1.5 英語についての家庭の教養（1950年代・東京都）

や、家庭の教育意識（教育に対する熱意など）を反映していると考えられるが、その意味では、ここでの地域差は、単に空間的な相違にとどまらず、都市・農村の社会階層の違いを暗示している。

都市世帯と農村世帯の間の英語に関する知識の差は、英語教育に対する意識そのものにもあらわれていた。同調査では、父兄と卒業生に対し、英語の必要性が尋ねられている。その結果は表1.2である。一見して明らかなとおり、農村部において「不要」と答えた人のパーセンテージが都市部・中間地に比べてかなり高い。ケース数が少ないので慎重に解釈する必要はあるが、都市化の程度と、英語の必要性に対する認識は相関していることがわかる。

	父兄（N）	卒業生（N）
都市部・D中	1.6%（61）	3.4%（29）
中間地・A中	6.1%（49）	4.0%（43）
農村部・T中	16.1%（56）	12.5%（24）

表1.2 「義務教育で英語学習は不要」と答えた人の割合

もちろんこうした傾向は、英語教育に限ったものではなく、当時の農村はそもそも教育一般に対する熱意が低かった（苅谷2009; 広田1999）。この点を考慮するならば、こうした意識差が存在したこと自体は驚くべきことではない。しかしながら、他教科と比べても、「都市部は英語重視 vs. 農村は英語軽視」という傾向が見てとれるのである。同調査には、主要5教科それぞれにどれだけ家庭学習をあてているか、順位形式にして示した表がある（表

	1位	2位	3位	4位	5位
都市部・A中 (N=309)	**英語**	数学	社会	国語	理科
中間地・S中 (N=276)	数学	**英語**	国語	理科	社会
中間地・Y中 (N=147)	数学	社会	**英語**	国語	理科
農村部・T中 (N=118)	数学	国語	**英語**	社会	理科

表 1.3　各教科の家庭学習時間

1.3)。これによれば、都市部のA中学の生徒にとって英語はもっとも家庭学習時間を割いている教科だが、中間地のS中学になると2位と順位をひとつ落とし、中間地・Y中学と農村部・T中学になるとさらに順位が下がり第3位となっている。

　また、1950年代前半の愛知県宝飯郡の中卒就職者を調査した教育学者の仲新の研究では、英語科の順位はさらに低い（仲1955）。同調査では、卒業生に対し、卒業後の生活経験にとってもっとも必要度の高い科目は何かと尋ねているが、その結果、英語の選択者は、男子で12項目中6番目、女子では12項目中9番目と、どちらかと言えば、重視されない科目だった（上位は、国語、数学、珠算など）。

　もちろんこれらは特定の地域の事例にすぎず、過剰な一般化は避けるべきだが、1.4.2節で見るとおり、全数調査である全国学力調査においても、農村部の英語の授業時数がとくに少なかったことを考え合わせると、農村において英語教育が軽視されがちだった傾向は納得のいくものである。そして、その原因のひとつに、農村の中学生の卒業後の進路があった。つまり、生徒の多くは、高校進学を希望しておらず、農家・家業を継いだり、あるいは工場や企業に就職するつもりだったから、そこに英語学習の入り込む余地はかなり小さかったのである。

　以上、様々な調査の結果から、戦後初期において、英語の履修状況や授業時数、教育条件に大きなばらつきがあり、しかも、それは地域差でもあったことが明らかとなった。こうした教育条件の多様性は、必然的に、生徒間の学力差を生んだため、授業運営上の困難を生じさせていた。しかしながら、だからといって、多様性そのものが、英語教育の深刻な「病巣」と認識されていた様子はない。むしろ、各学校が「地域の実情に応じて」授業時数を設定していたという点で、指導要領試案の理念、さらに言えば戦後教育の理念が結実した、「民主的」なあり方と、少なくとも一部には考えられていただろ

う。こうした履修状況・授業時数の差に対するまなざしが大きく転換するのは、1970年代後半、ある「事件」をきっかけとしてである。この「事件」については、2.5節で詳述する。

1.3.4　1958年版『学習指導要領』

　履修状況等の統計的な点について比較的長く検討してきたが、つぎに、制度的な位置づけに目を転じてみよう。1958年、新しい中学校学習指導要領が告示された。非常に重大な変化は「試案」の文字がとれ、それ以前の単なる「手びき」書から、一段と法的な性格を強めた点である。そのため、これ以降の指導要領の記述は、法令文のようなきわめて形式的な文体になり、それ以前の指導要領に見られたような、内容に深く踏み込んだ記述は消える。

　戦後初期の2つの指導要領試案と同様、1958年版指導要領においても外国語は相変わらず「選択教科」のままだったが、その位置づけの根拠に関する記述はなくなる。第1章「総則」において、必修教科・選択教科の定義、それぞれを構成する教科、そしてその運営方法が簡単に述べられているにすぎない。第2章第9節「外国語」にも、外国語（英語）教育の指導理念・指導内容・指導方法が列挙されているのみであり、なぜそのような理念・内容・方法が採られるべきかに関して記述はない。したがって、戦後初期の指導要領試案に見られた、地域や学習者の必要性と、英語教育課程や指導を関連づけた記述は見られなくなる。同指導要領の文部省による「解説」も同様である。「解説」の執筆者である宍戸良平が、選択・必修の問題に言及しているのは、「外国語科は現行どおり選択教科とし、生徒の進路、特性により授業時数に幅をもたせるようにすること」（宍戸1958b: p. 67）という点のみであり、その根拠にまで踏み込んだ記述はない。「指導要領」「指導要領解説」といった、公的性格の強い文書において、外国語科の選択科目としての位置づけをめぐる記述が消えたことを意味している。

文部省の思惑

　一方で、各種審議会などの状況を見る限り、行政サイド——すなわち旧文部省は、外国語科の必修／選択に関して、明確な方針を持っていた。文部省の広報誌である『文部時報』を見ると、学習指導要領告示の数年前から、選択科目としての外国語科の問題が大きな話題にのぼっていたことがわかる。

当時の教育改革およびそれに付随する指導要領の改訂にあたり、選択科目の位置づけが重要な問題になっていたからである。

たとえば、1956年3月、文部大臣による教育課程審議会への諮問「小学校・中学校教育課程の改善について」を受けて行われた中等教育課程分科審議会では、外国語科を含めた選択科目の位置づけが何度も議題にのぼっていた。また、1956年6月から翌1957年5月まで計22回にわたって行われた教材等調査研究会外国語小委員会においても、外国語科の位置づけが議論されていた（宍戸1958a）。

そうした審議の結果、文部省が至った結論は、『文部時報』1957年12月号に掲載されている文部省初等中等教育局中等課長である杉江清による論文「中等教育の基本問題」に端的にあらわれている（杉江1957）。杉江は、1958年の指導要領改訂の趣旨のひとつでもある「もっと進路、適性に応ずる教育を強化して、その能率を高める」ことを、中等教育に求められているものだとしたうえで、その方針に沿った選択科目論を展開している。

> 卒業後直ちに家業の農業に従事しようとする者にとっては、英語を学習するよりも、...相当の時間を農業に関する基礎的な知識技能の習得に費したほうがよい。(p. 3)

要は、農家を継ぐ予定の生徒に英語は不要だという主張である。また杉江は、商工業に就く予定の生徒も同様に、職業関連の学習が優先されるべきだとも述べている。しかしながら、杉江によれば、当時の教育課程はこうしたニーズを満足に満たすものではなかったという。

> そのような必要にもかかわらず、中学校教育の実際においては、わずか数時間の選択教科の時間も進路に応ずる教育にじゅうぶん活かされているとはいい難い。英語はしだいに学校必修になり、選択としての職業家庭科は教員や施設設備の不足等の理由もあって敬遠されている場合が多い。そうして多くの学校が進学者の指導に熱心で、補習教育など盛んに行われているが、非進学者に対する特別な指導はさほど行われていない。(p. 4)

以上のように、進学しない生徒のための学習機会が十分に用意されていない状況を、当時の教育課程が抱える「大きな欠陥」(p. 4)だと批判している。

以上の杉江の主張は、農家を継ぐ生徒をはじめとした非進学者にとっても意義のあるカリキュラム改革を提案している点で、この後に検討する加藤周一の英語教育論（2.2 節）を彷彿とさせる。しかし、重要なのは、この発言が、加藤のようなリベラル派知識人ではなく、文部省の行政官から発せられている点である。当時の「進路・適性に応ずる教育」という文部省の方針に沿って、選択教科（外国語科／職業科）の位置づけを考えるならば、「進学しない者には職業科を、進学する者には英語を」という帰結は必然的なものだっただろう。なお、1958 年 3 月の教育課程審議会答申にも同趣旨が述べられている以上（中等教育課外国語係 1958）、これはけっして杉江の独断ではなく——そもそも同誌の性格を考えれば独断が掲載されることは考えにくいが——、文部省の規定方針だったことがわかる。

もちろん杉江の主張を「非進学者の学習条件の改善」のように文字通り受け取るのも慎重を要するだろう。というのも、たとえば教育学者の山内太郎は、この改訂を、外国語科の「選択制を強化して進学者を選別」（山内 1958: p. 104）し、生徒の可能性を早期につみ取る意図を持ったものだとして、厳しく批判しているからである。しかしながら、どちらの意図が、文部省や杉江の真意に近かったかということは、ここではあまり重要ではない。いずれにせよ、行政側は、1950 年代後半の時点で、外国語科の選択制を徹底するという思惑を持っていたのは事実だったからである。そして、いっそう重要な点は、この目論見は完全に失敗に終わることである。次節で詳しく見ていくが、1960 年代になると、1950 年代にはまだ低かった中 3 履修率が 100% に近づき、「すべての生徒が 3 年間学ぶ」という意味での事実上の必修化が完了するからである。

文部省による「英語の選択制の徹底」という方針は、事実上の必修化の流れの前で、完全に敗北したことになる。

1.4　1960 年代——「すべての生徒が 3 年間学ぶ」

では、1960 年代に移ろう。前節で、1950 年代の事実上の英語必修化状況を「すべての生徒が 1 度は学ぶ」と形容したが、1960 年代には「すべての生徒が 3 年間学ぶ」状況が進行した。

1.4.1　1960年代前半「全国学力調査」

　1950年代に英語履修率を調査した全国的な統計はなかったが、1960年代に関しては、正確性・信頼性のきわめて高い統計が見つかった。それは、1961年から64年にかけて毎年行われた全国中学校学力調査の報告書（文部省調査局調査課編1963, 1964, 1965, 1966）である。これは、現在も一般に「全国学力テスト」などと呼ばれ実施されている調査と同様のものだが、その目的は、日本全国の学力状況の把握であり、英語履修状況の調査を念頭に置いたものではない。しかし、英語の学力調査を行う都合上、英語を履修する生徒とそうでない生徒を明確に区別する必要があったためか、幸運なことに、英語履修率も明記されている。

　同調査は、2年生と3年生に行われたので、履修率も中2・中3のみが記載されている。この数値は、全数調査の結果に基づくものであり、当時の履修率を正確に反映しているものである。また、文部省が行っているという点でも、当時の民間の調査に比べれば、信頼性が高いはずである。

　同報告書に記載された履修率を整理したものが、表1.4だが、ここで注目すべきは、中3の履修率の推移である。1961年時点では、英語学習期間が2年間以下の生徒がまだ2割弱いたが、この割合は年を経るごとに急激に低下していく。その3年後の1964年には、3年生の履修率は94％にのぼり、英語学習期間が2年間以下の生徒はわずかになった。1965年以降は同調査で英語学力が調査されなかった関係で、残念ながら1960年代後半の履修率は定かではないが、このペースで履修率が増加したとすると、1960年代後半には「3年間必修化」が現出したことが推測できる。

	1961年	1962年	1963年	1964年
中学2年	92%	96%	98%	99%
中学3年	83%	88%	91%	94%

表1.4　英語履修率の推移

　しかしながら、60年代前半の「英語3年間履修」の急速な進行は、全国一律に進行したわけではない。この時期の急増の主たる舞台は、農村や漁村をはじめとした「地方」の中学校だった。同報告書には、地域ごとに中3英語履修者の情報も記載されており、ここから英語履修率を推計できる。

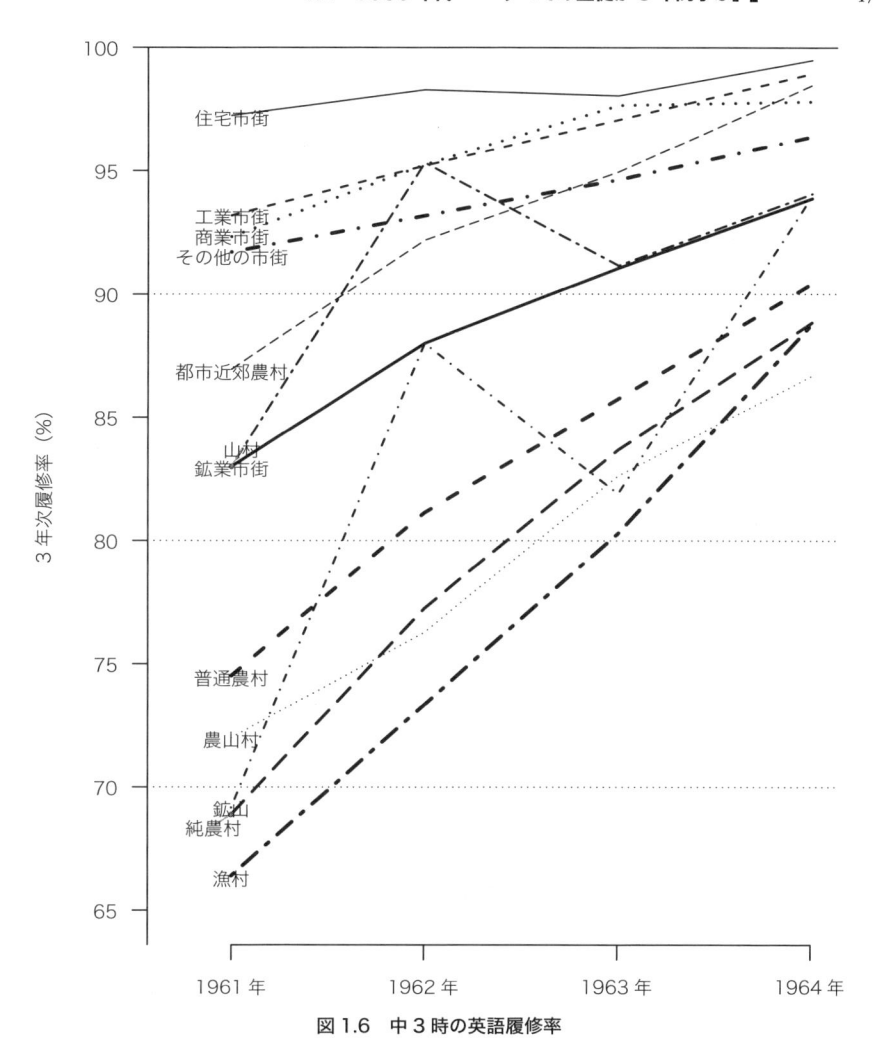

1.4 1960年代──「すべての生徒が3年間学ぶ」　　47

図1.6　中3時の英語履修率

　当時の地域別履修率をグラフ化したものが、図1.6である。住宅市街や工業市街など都市部と目される地域では、1961年時点ですでに9割以上の履修率を示しており、したがって、1960年代前半の履修率の伸びもごく小さい。対照的に、農村や山村など都市化の程度が小さい地域における履修率の場合、1961年において7割を下回る地域も散見されたが、1962年以降、年を経るごとに急増していることがわかる。たとえば「漁村」では、66% → 73% → 80% → 89% と、年間7～9%という大きな伸びを示している。以上の結果

から、相対的に英語履修率が低かった農村地域にも、1960年代前半に「3年間の英語学習」が浸透することで、全体の履修率が向上したということが見てとれる。つまり、1960年代の「3年間必修化」を完了させたのは、農漁村地域の中学校だったということになる。その意味で、「事実上の必修化」の背景を考えるためには、農漁村地域の英語教育論・実践への注目が不可欠だろう。

1.4.2　1960年代の地域格差

　1960年代前半に、農漁村地域において英語履修率が急上昇した結果、1950年代に見られた履修率の地域格差は大きく縮小したことになる。その一方で、英語教育をめぐる地域格差は、1960年代になっても依然根強く残っていたことが上述の全国中学校学力調査で報告されている。というのも、そもそも全国中学校学力調査は、日本全国の平均的な学習達成度を調べることだけが目的ではなく、地域間の学力差を特定することも重要な課題であったからである。なかでも、1961年度調査（文部省調査局調査課編 1963）では、学力テストの結果だけでなく、様々な教育条件の地域格差についても調査が行われている。

　まず、英語教育の地域差を端的に表しているのが、英語を専攻した英語教員の割合である。新学制発足当初は教員の人手不足が深刻であり、外国語科（英語）でも、英語を専門に学んでこなかった教員が任に当たることも多かった。1960年代になるとそうした状況はある程度改善したと言われているが、1961年の調査報告書によれば、地域格差は依然根強く残っていた。たとえば、もっとも英語専攻出身の英語教員が多かったのが住宅市街で、全英語教員の78.6％、次いで、工業市街（74.4％）、商業市街（69.1％）、その他の市街（69.0％）というように市街地域が上位を占める。一方で、英語専攻出身者の割合が低いワースト3が、山村（48.1％）、漁村（49.5％）、純農村（47.7％）であり、こうした農漁村地域のなかでも、「へき地手当」が支給されている地域の学校では、41.5％とさらに英語専攻出身の教師は少なかった[*9]。このよ

[*9] 誤解を避けるために付言すれば、「へき地」という地域が、「山村」や「純農村」など上述の地域類型と独立して存在していたわけではない。「山村」や「純農村」の中でもとくに交通条件などに恵まれない地域に「へき地手当」が支給されていた。1961年度調査の報告書によれば、こうした学校は全体の18％にのぼる。

1.4 1960年代——「すべての生徒が3年間学ぶ」

うに、英語教員の質という点で顕著な地域差があったことがわかる。

地方の教育条件の不利さは、授業時数にもあらわれている。図1.7は、各教科の3年間の総授業時数（各学年の1週間の平均授業時数を合計し、35を掛けたもの）を地域別に図示したものである。なお、各地域は左から右へ平均点の高かった順序に並べている。英語以外の4教科には都市・農村の間に授業時間数の差は見られないが、英語の折れ線だけは明確な右下がりを示している。すなわち、市街地域の多くは平均450時間を越えているが、農村地域になると425時間前後と低い。同調査の報告書（文部省調査局調査課編 1963）は、「授業時数は...地域による差はみられなかった」(p. 57)と結論づけているが、英語だけはその例外であったと言える。また、同報告書は、授業時数は「学力との関連は全くみられない」(p. 67)としているが、上記の15地域をケースとして、授業時数と教科平均点（第3学年）の相関関係を検討したところ、英語には $\tau = 0.81$ という強い相関が見られた（数値はケンドールの順位相関係数 τ で、$\tau = 1.0$ に近づくほど正の相関が強く、$\tau = 0.0$ で相関なしを意味する）。しかしながら、その他の4教科にはそれほど強い関係は見られなかった（国語：$\tau = -0.05$, 社会：$\tau = 0.26$, 数学：$\tau = 0.25$, 理科：$\tau = 0.43$）。これは、「地方」の中学校の英語教育条件の遅れが、授業時数と生徒の学習達成の両方に、直接的に反映された結果だと考えられる。

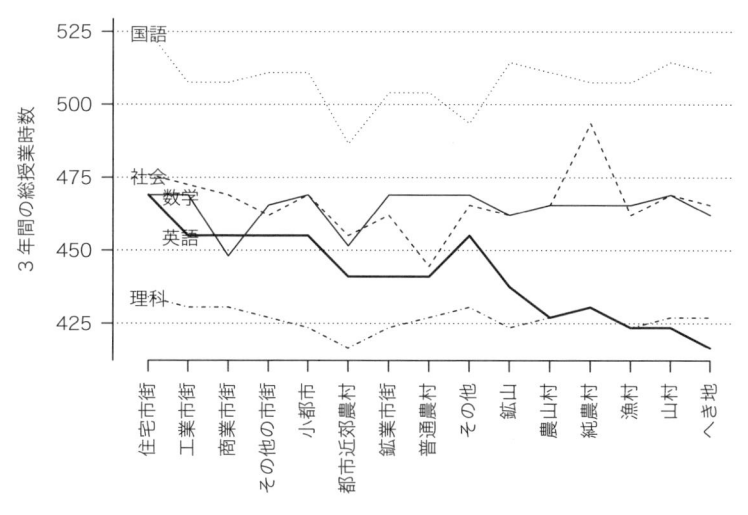

図1.7 1961年度全国学力調査：教科別授業時数

こうした教育条件の差は、英語学力の差というかたちで顕在化していた。1961年度から64年度までの計4回のテスト（100点満点）における、英語の地域別平均点を見ると、市街地の中学校がきわめて良い成績をおさめている一方で、農漁村地域の中学校がかなり苦戦している様子が見てとれる。調査年によって平均点が異なるので、「全国平均からの点差」を基準に比較すると[*10]、「商業市街」に位置する中学校の場合、中3英語の4カ年の平均値は、平均点から+5.2点も高く、「住宅市街」も+5.0点とかなり高い。一方で、「農山村」の中学校の場合、平均から6.2点も低く、さらに、「山村」（−11.4点）や「漁村」（−11.4点）になると平均して10点以上も低くなる。英語学習に対する意識が地域によって異なっていた時代なので、以上の英語力の差を教育条件の差のみに還元することはできないが、地方、とりわけ農漁村地域が英語学習にとっていかに困難を抱えていたかということはわかる。

　もちろん、学力差・地域差は、英語だけに限ったものではなく、他教科にも確認できることだが、そのなかでも英語の地域差はとくに大きかった。たとえば、最高点を示した地域と最低点の地域の間の点差は、4回分の調査を平均すると、国語14.8点、社会13.0点、数学17.0点、理科11.6点、そして英語が16.9点だった。英語と数学が地域間学力差の大きい教科だったということがわかる。なかでも、「へき地」になると、英語学力の格差はさらに顕著になる。全国平均と「へき地」の点差は、平均して国語9.6点、社会8.5点、数学11.2点、理科7.4点に対し、英語14.2点と、もっとも格差が大きい。とくに、1962年度調査では、「へき地」は全国平均よりも実に19.5点も低かったのである。100点満点中の19.5点は相当な差である。英語科は、地域差の影響を受けやすい教科だったことがよくわかる。

　当時、同調査を分析した教育学者の太田静樹も同様の結論に至っている。太田（1965）は、1961年度の地域別成績を比較し、英語の結果にとくに大きな地域差が見られることを指摘している。その結果を受けて、「特にへき地が劣っているのは外国語学習のための生活環境や学習環境が都市の方が有利であり、へき地は不利な条件が多いということから納得されることである」（p.145）と分析している。

[*10] 厳密に検討するためには素点の差ではなく、標準化した得点で比較するべきだが、報告書にはその種の情報の記載がないため不可能だった。

1.4.3　1960年代以降の指導要領

1960年代には、特筆すべき制度的な変更は見られない。本節では、1970年代以降も含めて、学習指導要領の動向を確認しておこう。中学校学習指導要領は、1969年度、1977年度、1989年度、1998年度、そして、2008年度に、改訂されている（いずれも告示年度）。外国語科の位置づけに関しては、1.3.4節で検討した1958年版指導要領と同様、踏み込んだ記述は一切なくなる。いずれの指導要領も、外国語教育に関する種々の指針の列挙に終始しており、外国語科の《国民教育》上の位置づけに関する記述はもはや見られなくなっている。

1998年の必修化

その意味で、1960年代以降の指導要領の詳細な検討にそれほど意味はないが、ひとつだけ注記しておくべき点は、本書の冒頭で紹介したとおり、1998年版から、外国語が必修教科に含まれたことである（同時に、この根拠である学校教育法施行規則第53条第2項も改正されている）。しかしながら、1958年度以降の指導要領と同様に、なぜこのような変更を行ったのかを説明する記述はない。また、同指導要領の手引き書である『中学校学習指導要領（平成10年12月）解説——外国語編』（文部省1999）には、「国際化の進展に対応」（p.3）するために、必修科目としたとする記述があるが、ただその一行のみであり、詳しい説明はない。国際化への対応の必要性は、すでに1990年代以前から喧伝されていたのであり、なぜ1998年の時点で必修化という判断がとられたかという根拠としてはやや弱いように思える。

むしろ、1998年指導要領改訂による必修化は、1950年代から着実に進行していた「事実上の必修科目」という現状に、制度が合わせるというかたちでなされたものであると考えたほうが納得がいく。制度転換にはおそらく、小学校での英語教育が関係している。つまり、小学校で外国語活動が必修化された場合、「小学校では必修、中学校では選択」という矛盾した状況になる恐れがあったため、中学校英語をあらかじめ必修化しておこうという「本音」が文部省にあったのだろう。いずれにせよ、1998年の改訂は制度上の変更しか意味しておらず、この時期を外国語科の位置づけの大きな転換点と見る意義はほとんどないだろう。

高校の指導要領の変化

　もうひとつ考慮に入れておくべき点は、高等学校学習指導要領における外国語科の位置づけの変遷である。高等学校における外国語科も、戦後初期から1950年代は、中学校外国語科と同様、選択科目だったが、1960年に告示された学習指導要領から必修教科に「格上げ」された。しかしながら、その次の指導要領改訂（1970年告示）では、再び選択教科に戻された。

　1960年の、高校外国語科の必修教科への移行について、同指導要領の「解説」は次のように述べている。

> 世界は日一日と狭くなるし、また、この狭い世界において日本がこれから生きていくためには、外国語に関する基本的な能力を備えた者が多くなることが必要であり、外国語を学ぶ者が多くなれば、それだけ日本人の外国語の程度が高まることになる。（文部省 1961: p. 1, 強調引用者）

　つまり、必修教科化の目的は、世界における日本および「日本人」の位置を考えれば外国語力育成が重要だからだということになる。ただ、こうした抽象的な目的観は、中学校の外国語科にもあてはまりそうなものである。それに対し、「解説」は、中学校の「生徒のうちには外国語を必要としない者もあり、また、日常生活においては外国語を知らなくともすむ」ため、選択教科がふさわしいと述べている。「必要性」に基づくこのロジックは、戦後初期から文部省が一貫して用いてきたものであり、それなりに説得力があるが、では、高等学校の生徒には「外国語を必要としない者」はいないのかという疑問は当然浮かぶはずである。

　しかも、この疑問自体が、1970年に選択教科へ「格下げ」する際に用いられたロジックだった。1970年の指導要領の「解説」では、必修教科から選択教科に戻す理由を次のように述べている。

> すべての生徒に国際理解や国際交流の手段として外国語を学習させる必要は、必ずしも大きくないことなどの配慮から、外国語は選択教科に改められ、生徒の能力・適性・進路等に応じ履修することができるようにされた。（文部省 1972: p. 4, 強調引用者）

　つまり、すべての生徒が外国語を必要としているわけではないため、とい

う理由から選択教科に「格下げ」されたことになる。しかし、この理由は、1960年の指導要領改訂では、いわば「黙殺」されていたものであり、必修化論の迷走ぶりがよくあらわれている。

1970年に結局、高校の外国語科が選択教科に戻されたことを考えると、高校英語の「必修化」が中学英語の「事実上の必修化」を直接後押ししたと考えるのは難しい。ただし、高校英語が必修であれば、高校入試で英語を課すことの正当性が高まるわけで、高校入試制度を介した間接的な影響は、十分考えられる。この可能性は、3章で検討する。

＊　　＊　　＊

ここで、学習指導要領と《国民教育》としての外国語科の関係について、あらためて整理しよう。戦後初期、つまり、「試案」の時代の2つの指導要領（1947年版・1951年版）では、外国語科の教科内容の必要性という観点から、《国民教育》としての性格が明確に否定され、「外国語科＝選択科目」という図式が正当化されていた。それに対し、1958年以降の指導要領では、その法的性格が変わったために、外国語科の位置づけに関する踏み込んだ記述はなくなる。このような事情から、戦後、選択科目としてスタートした英語教育が、いかにして「すべての生徒に教えるべきだ」とされるようになっていったかは、指導要領の変遷からはとらえられない。そればかりか、1958年の指導要領改訂に際して文部省は、外国語科の選択制度をいっそう徹底することすら目論んでいたのであり、《国民教育》化に逆行していた。行政サイドは、《国民教育》化の波を押しとどめることができなかったことになる。この点で、本書の問いは、教育行政サイドの動向を押さえていくだけでは満足に解けない可能性が高い。むしろ、序章の方法論に関する節で論じたとおり、関係者の「声」を丹念に拾い集めていくことが必要であることを示唆している。

1.5　1970年代以降──「事実上の必修教科」の自明視

本章のしめくくりとして、1970年代以降をごく簡単に確認したい。1970年代以降にも、文部省主導の学力調査は散発的に行われていたが、もはや英語履修率の記載はない。たとえば、1983年度の「教育課程調査」では、報告書（文部省初等中等教育局編1985）の記述を見る限り、3年生であっても

100％履修を前提として調査が行われていた。前節の推計に基づけば、おそらく1970年前後には履修率はほぼ100％に達していたと考えられ、したがって、それ以降の履修率を詳細に検討する必要はないだろう。

その点で、1970年代は、50年代・60年代に成立した事実上の必修化が、一般の人々にも広く認知されていった時代と位置づけられる。なぜなら、この時期には、英語教育の《国民教育》としての正当性が厳しく問われる「事件」が、何度も大衆的な関心を集めたからである。一般の人々の目にも事実上の必修化が明らかになったからこそ、必修化するだけの意義があるのかということが問題になったのである。

詳細は次章の論争史の部分で議論するが、予告的に述べるならば、次のような事例が、1970年代の「英語＝《国民教育》」の自明化を象徴していると言える。まず、1970年代半ば、大衆的な注目を集めた「平泉・渡部論争」と呼ばれる英語教育論争が重要である（2.3節参照）。ここで、英語を義務教育から除外すべきだと宣言した平泉渉（当時参議院議員）ですら、実際は、ごく基本的なレベルでの英語教育の必修を肯定していたことに注目したい。また、同時期、中津燎子の『なんで英語やるの？』がベストセラーになったことも重要である（2.4節参照）。というのも、書名が象徴するように、同書では英語教育が義務的に課されるという現状に対する疑念・戸惑いが綴られているからである。

そして、「英語＝《国民教育》」を決定づけるのは、1970年代末頃から巻き起こった英語授業時数削減に関わる問題である（2.5節参照）。この時期、公立中学校の英語の授業時数が週3時間に削減されることになり、私立中と公立中の授業時数の差が拡大した。人によっては「たった1時間の差」にすら思える差異が、「平等な英語教育」に対する深刻な脅威として受けとめられたのである。実際は、戦後初期のほうが授業時数のばらつきが大きかったにもかかわらず、である。この時期に、戦後初期には生じなかった不公平感が生まれたのは、当時「すべての生徒が（ほぼ）同じ英語学習の機会を享受するべきである」という考え方が浸透していて、その理念が崩されそうになったからであると考えられる。《国民教育》が強固な基盤をすでに形成していたことを象徴する事例である。

第2章

「英語=《国民教育》」をめぐる論争史

　前章では、履修率統計や学習指導要領の規定など、制度的な側面に注目して、戦後を概観した。一方、本章では、《国民教育》をめぐる理念的な問題を、戦後の英語教育論争等を素材に検討したい。

2.1　論争の構図――必修・部分的履修・全廃

　必修化をめぐる論争を具体的に検討するまえに、各論争の構図を理解するうえで注意すべき点を、確認しておきたい。重要な点の第一は、「英語をすべての生徒に教えるべきである」に対立する考え方（論理学的に言えば「余事象」）は、「必ずしも全員に教える必要はない」（「部分否定」）ということである。したがって、《国民教育》の正当性をめぐる論争であれば、英語教育の対象として「全生徒であるべきだ vs. 全生徒である必要はない」という対立構図になるはずである。一見自明に思えるこの点を強調する必要があるのは、過去の論争において、「全生徒に教えるべき vs. いかなる生徒にも教える必要はない」というように、反対派の主張が「全否定」として誤って理解されたまま展開した場合があるからである。

　常識的に考えても、「いかなる生徒にも教える必要はない」などという主張は、かなり荒唐無稽である。じじつ、そのような主張を展開している論者は、戦後に関して言えば、筆者の知る限り存在しない。そればかりか、英語が「敵国語」とされた太平洋戦争中ですら、「一部の者だけが学べばいい」とする主張は数多く見られたものの、厳密な意味での「全廃」――つまり「学習者ゼロ」――を推進する論者はほとんどいなかった。

　このような事情を考慮すると、必修・部分的履修・全廃の構図（図2.1）における右端「全廃」にあてはまる議論はほとんどなく、この立場を取り扱う必要はない。したがって、各論点を整理するうえでは、図の左端の「必修」

```
必修 |————部分的履修————| 全廃
全生徒   多くの生徒              一部の生徒   皆無
(履修率100%)                              (履修率0%)
```

図 2.1　必修・選択・全廃

派と、それより右側の「部分的履修」派の対立図式として理解するべきである。以上を見れば、「部分的履修」派の内部には、どの程度の割合の生徒が英語を学ぶべきかという点で大きな多様性が想定できる。つまり、左の極に近い反必修化論（例「多数の者が学ぶのが望ましいが、全員である必要はない」）から、右の極に近い反必修化論（たとえば「英語はごく一部の者だけに教えればいい」）を含む。しかしながら、これはあくまで理論的な話である。実際には、戦後の英語教育論に関する限り、右の極に寄った主張はあまり見られない。

たとえば、2.3 節でとりあげる、1970 年代半ばの平泉渉・参議院議員（当時）のいわゆる「平泉試案」は、希望者——つまり国民の一部——だけに集中的な英語教育を提供することを提案しており、しかも、その割合は全国民の 5％ 程度で十分だとしている。このような記述から、同試案は、図 2.1 の右の極に寄った主張だと描写されることもある（例　成毛 2011）。しかし、実際の「試案」には、すべての中学生がごく初歩的なレベルの英語を学ぶことも同時に提案されている。その点から言えば、平泉試案はたしかに必修化論者の典型とは言えないものの、必修派か部分的履修派のどちらかと問われれば、必修派に分類できる主張である。

また、1980 年代以降の主だった議論のほとんども、たとえ一部の論者から「選別主義的だ」と批判されていようが、「必修」を前提に展開されてきた。文部科学省が 2003 年に示した「英語が使える日本人育成のための行動計画」然り[*1]、水村美苗が著書『日本語が亡びるとき』の中で述べた「国民の一部がバイリンガルになるのを目指す」論、然りである。両主張とも、全生徒一律の英語教育ではなく、高度なレベルを目指す生徒とそうでない生徒に対して別々のプログラムを提供すべきだとする主張だが、いずれにせよ「すべての生徒が英語を学ぶ」ことは疑われることのない大前提となっているのである。こうした点に基づいて、図 2.1 に各主張を位置づけると図 2.2 のようになる。

[*1] たとえば、江利川 (2009) は、同「行動計画」を、「英語運用能力に長けた一握りの『英語エリート』を育成する戦略」(p. 89) であり、「およそ公教育の理念とはかけ離れた政策」(p. 90) と、厳しく批判している。

2.2 加藤周一による、英語の必修化反対論

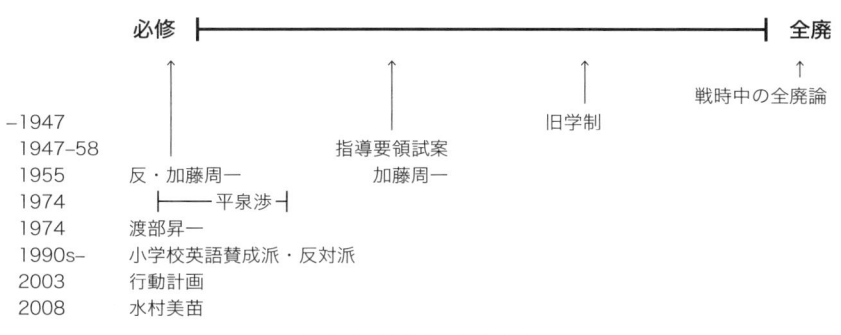

```
            必修 ┣━━━━━━━━━━━━━━━━━━━━━━━━━━━━┫ 全廃
                ↑              ↑          ↑       ↑
                                                  戦時中の全廃論
                                         旧学制
−1947                         指導要領試案
1947–58
1955       反・加藤周一           加藤周一
1974         ┣━平泉渉━┫
1974       渡部昇一
1990s−     小学校英語賛成派・反対派
2003       行動計画
2008       水村美苗
```

図 2.2　各論者の位置づけ

　では、これからの検討を先取りする部分もあるが、図 2.2 に基づいて、各論者の位置づけを確認しておこう。戦前は基本的に部分的履修を前提としていた。とくに、戦時中には、たとえば国文学者の藤村作が発表した「中学校英語科全廃論」（藤村 1938）のように、かなり「全廃」に近い——ただし、彼は高等教育での外国語教育をむしろ奨励しているので厳密な意味での「全廃」ではない——主張も見られた。このような戦前の構図は、戦後にも引き継がれ、戦後初期の指導要領試案では、「部分的履修」が妥当だと明確に述べられていた。この指導要領の観点を基本的になぞったのが、2.2 節で検討する 1950 年代半ばの加藤周一による英語の必修化反対論だが、加藤の主張を批判し、必修化を擁護する意見も多く寄せられた。一方、1970 年代の「平泉・渡部論争」では、英語は義務教育の埒外だと主張した平泉渉ですら、英語教育の「必修」を前提にした主張を展開している。1990 年代以降に巻き起こった小学校英語の必修化をめぐる論争でも、中学校英語の必修は、小学校英語の賛成派・反対派双方に是認されていた。なぜなら、小学校英語の反対論者であっても、あくまで小学校レベルでの必修化にのみ反対しており、逆説的に、中学校英語の必修状況に疑義が差し挟まれることは一切なかったからである。

2.2　加藤周一による、英語の必修化反対論

> 義務教育にちかい形で、日本中の大部分の子供に英語を教えることは、全く無益有害であって、一日もはやくやめるべきだと考えている。

　上記は、評論家・加藤周一が、1955 年の暮れ、雑誌『世界』（岩波書店）

に寄せた論文「信州の旅から——英語の義務教育化に対する疑問」の一文である（加藤1955: p.146）。上記の引用が端的に示すとおり、新制中学校において英語が義務的に課せられることを批判した論文である。この論文は、当時すでに広範な講読層を誇っていた『世界』に載ったこともあり、大きな話題となった。

加藤の必修化反対論は大きな反響を呼び、多くの人々が加藤の主張に対し賛否を表明した。こうした反応を受けて、加藤は、その翌年の1956年2月号『世界』において、「再び英語教育の問題について」（加藤1956）を発表し、とくに批判的な意見に対して詳細な再反論をくわえた。加藤が体系的に反論を行ったのはこの1回のみであり、その後、具体的な反対者との間で論争に発展することはなかった。また、加藤の2番目の論文では、特定の批判者を名指ししたうえで、再反論が展開されているわけではないので、論者間の具体的な対立構図は定かではない。それでもなお、この記事を「論争」として分析可能なのは、加藤の上記の論文はいずれも「仮想的な論争」のスタイルで書かれているからである。つまり、加藤がまず自説を展開し、それに予想される反論を紹介し、さらにそれに反駁する、という構成である。したがって、加藤の2つの論文を詳細に見ていくことで、この論点をめぐる対立構図をある程度描き出すことができる。

加藤周一は、1919年生まれの戦後を代表するリベラル派の知識人である。1943年に東京大学医学部を卒業し、医者としてキャリアをスタートさせた。ただし、学生時代から文筆活動も精力的に行っており、しばらくして医師を廃業し、作家・評論家活動に専念する。多数の外国語を解し、自然科学・社会科学や、日本および世界の文学・思想・歴史に深い知識を持ち、しかもそのような「高踏的な知識を持ちながら、居酒屋で庶民と談論風発できる人」（上野1999: p.458）だった。上述の2つの論文にも、こうした特徴が端的にあらわれている。そもそもこの論文執筆のきっかけは、のちに見ていくとおり、加藤が旅の途中で「庶民と談論風発」した経験である。そして、英語教育必修に代えて、日本語力育成を優先すべきだとする加藤の提案は、戦後民主主義を守ろうとする加藤のリベラルな思想から必然的に導かれたものである。その点で、「美しい日本語ができないのに、外国の言葉をやったってダメ」（2006年、伊吹文明文部科学大臣＝当時の発言[*2]）のような、近年しばしば見られる保守的・復古的な国語ナショナリズムとは一線を画す。

[*2] 『朝日新聞』（2006年9月28日）。

2.2 加藤周一による、英語の必修化反対論

以下、本節では、加藤らの論争を素材に、当時の中学校英語教育の位置づけを検討したい。

2.2.1 「信州の旅から」（1955年12月）

では論争の発端となったひとつめの論文「信州の旅から」を検討する。これは、加藤が、長野県の旅の途中で出会った人々との対話をきっかけに、英語教育の必修化に疑問を抱いたという趣旨で書かれている。下記のような三部構成で、県内の各地の様々な人々との対話をもとにしている。

1. 戸倉温泉：小中学校の先生との対話
2. 軽井沢：フランスの少女との対話
3. 沓掛：法学者との対話

概略的に言えば、小中学校の先生との対話から、中学英語が必修化しつつある現状を知り疑問を抱く第一部、フランスでは英語必修化は当然だとする少女に日本特有の事情を説明する第二部、そして、日本で英語教育を必修化することの意義を強調し加藤に反論する法学者と議論をする第三部となっている。本書では、これ以降の議論とも深く関連のある第一部と第三部に焦点をあてる。

まず同論文の幕開けは、戸倉温泉（長野県東信地方）で小中学校の先生と語り合ったというエピソードである。加藤は、長野県でも高校入試に英語が導入されつつあることを知る（戦後初期には、高校入試で英語は課されていなかった。3章参照）。そのうえで、ますます多くの中学校卒業生が高校に進むなか、もし入試に英語が課されるようなことになれば「中学校で英語が選択科目であるということの意味はほとんどなくなり、事実上の義務教育となる」（p. 141）と危機感を表明している。

加藤の——そして「長野県の小・中学校の先生たち」の——以上のような懸念の背後にあったのは、外国語科（英語）が提供する教育内容は普遍的な意義を持たないという考えであった。つまり、加藤にとって、中学校英語教育によって得られる知識・技能・態度は、多くの国民にとって役に立つものではなく、義務的に課すのに値しなかった。そして、これは、とりわけ、長野県のような「地方」においてよくあてはまるという。

> 千曲川［＝長野県東部の河川］のほとりに住む沢山の人々、千曲川のほとりと同じような日本の田舎に住んではたらく、日本の全労働人口のおよそ半分は、たとえ外国に関する知識をもとめるにしても、外国語の知識を必要としないだろう。．．．一体長野県下の人口の何割が、一生のうちに一度でも英語の知識を役だてることのできる機会に出合うだろうか。軽井沢町の夏の二ヵ月を除けば、長野県下のどこの町に西洋人がいるか、どこの本屋に教科書以外の英語の本があるか．．．一年に百人や二百人の長野県人が何かの理由で英語の知識を必要とするために、県下の全部、またはほとんど全部の児童に英語教育を事実上強制するということは、私には正気の沙汰と思えない。他に教えなければならないことはいくらでもある。(p. 142)

　以上のように、加藤は、必要性という根拠から、英語教育の《国民教育》としての正当性を否定しているが、これは、前節で検討した戦後初期の学習指導要領試案のロジックと相似的なものだということがわかるだろう。
　そして、加藤は、教育内容の必要性という観点から、各教科に優先順位をつけている。加藤にとって、全生徒が学ぶのにふさわしいものは、英語ではなく、社会科や日本語だった。これは、現代でもしばしば見られる「英語の前に国語」といった日本語ナショナリズム論（安田 2006: pp. 259–61）の亜種に見えるかもしれないが、加藤の日本語・社会科優先論を、この種の議論と単純に同一視することはできない。というのも、リベラル派知識人である加藤の意図は、復古主義的な国語・日本語重視論ではなく、以下のように、民主的で平和な戦後社会を建設する手段として日本語教育・社会科教育の意義を強調していたからである。

> 殊に義務教育を終わった生徒は、もっと自由に日本語でよみ、日本語で表現できなければならない。また社会科教育を通じて、もっと徹底的に無条件降伏後の社会情勢を理解し、民主主義のしくみと運営の実際とを心得なければならない。(p. 142)

　そして、なぜ加藤が英語の義務教育化を批判したかと言えば、人々の日本語や社会科の知識水準に対し、加藤なりの危機意識があったからである。つまり、英語の授業時間を社会科にまわすことができれば、政治に対する人々の無関心は多少なりとも払拭でき、総選挙はもっとましな結果になるはずだ。

2.2 加藤周一による、英語の必修化反対論　61

それにもかかわらず、「サンキュー」が言える程度の、あるいは「缶詰のレッテルをよめる」(p. 142) 程度の成果しか見込めない英語教育のせいで、大切な日本語・社会科の教育が圧迫されている。これでは、まるで「愚民政策のあらわれ」(p. 143) ではないか、と。

　この加藤の強い危機意識は、当時の社会情勢と無関係ではない。1950年代と言えば、朝鮮戦争が勃発し、自衛隊の前身である警察予備隊が発足し、政治が再軍備の方向に着々と進んでいく時代であり、当時の社会には戦争に再び巻き込まれるのではないかという大きな不安が渦巻いていた。平和の護持をモットーにしていた加藤にとって、眼前の「戦争のできる国づくり」を阻止できないような、そして、政府に対し健全な批判的意識をもった「国民」が育成できないような「国民教育」は、加藤本人が形容しているとおり「愚民化教育」にほかならなかったのである。

　第三部は、加藤の主張に真っ向から反論した、ある若手法学者との論争である。ただ、この法学者が述べた理屈は、加藤の要約上の話ではあるが、要領を得ないところが多く、一貫性がない主張も散見される。法学者が必修化を支持する理由のうち、検討に値すると考えられるのは、大まかに言えば次の3点である。

1. 外国語を習得するためには若いうちに（つまり、中学校段階から）始めなければならない
2. 英語教育は、「世界的視野」育成に役立つので、「反動」的な心性が育まれるのを防ぐ
3. 英語を履修しない生徒が劣等感を抱いてしまうから、必修にすることで、全員が学ぶようにすべきである

　加藤は上記のひとつひとつに反論をくわえている。第1の根拠に対しては、英語の知識を必要としない人が多い以上、「若いうちにやらないとものにならない」というのは必修化の根拠にはならない、と反論する。また、第2の反動化防止論についても、「英語教育によって中学生の頭が国際的・世界的視野の中でものを考えるようになるというところが、余りにも空想的である」(p. 145) と、退けている。そして、第3の劣等感の防止については、英語の知識の有無によって劣等感が生じるような状況こそ変革すべきであり、必修化によって事態を温存するべきではないと反論している。

加藤と法学者の間で行われた3つの「論争」のうち、英語教育の《国民教育》上の位置づけを考えるうえでもっとも重要なのは、第2の「国際的・世界的視野」という論点である。この考え方は、この加藤の論文への「反響」として、頻繁に登場してくるだけでなく、戦後初期の英語教育関係者が選択科目にすぎなかった中学校英語の地位向上を訴える際に、もっとも重宝されたレトリックのひとつだからである。

2.2.2　「再び英語教育について」（1956年）

　加藤の「信州の旅から」は、大きな反響を呼んだ。学者や知識人は雑誌や新聞に反対の弁を寄せ[*3]、自説を展開する媒体を持たない一般の人々は、投書や加藤へ手紙を送るなどして、英語義務教育化廃止に対する賛否を表明した。ただし、加藤の立論は、正確に理解されなかった場合も多かったようである。2.1節でも触れたとおり、必修化への反対論は、しばしば英語教育「全廃」論であるかのように誤解されてしまう場合があるが、この場合も例外ではなかったようで、加藤もその点への不満を口にしている[*4]。

　さて、こうした反響、とりわけ批判に応えるかたちで発表されたのが、翌年（1956年）の『世界』2月号の論文「再び英語教育について」である。この論文は、寄せられた批判を紹介し、それに逐一批判をくわえていく、という体裁がとられている。加藤がとりあげたのは、大別すれば以下の3種類の批判である。

1. 義務教育化をやめることは、英語の教育機会の平等に反する
2. 国際交流面での有用性を考えると義務教育化が妥当である
3. 実用的な面では役立たなくとも、それ以外の面で教育効果がある

[*3] 加藤論文に反応した人として有名なのが、英文学者・中橋一夫（どちらかと言えば反対の立場）と、評論家・臼井吉見（どちらかと言えば賛成）である。これらはすべて、川澄（1978）に採録されているので参照されたい。また、『読売新聞』1955年11月25日朝刊では、作家の阿部知二ら計4名の識者が加藤の主張に賛否を表明している。

[*4] 「私の意見でないものに対する批判、たとえば英語教育無用論とか中学校における一切の英語教育廃止論とかに対する批判には、私は全く興味もなければ、責任もない。私はその点に関しては誤解の余地のないように日本語でかいた。」（加藤 1956: p. 142）

2.2 加藤周一による、英語の必修化反対論

以下では、こうした批判に対し、加藤がどのような「仮想的論争」を行っているかを見ていきながら、《国民教育》としての英語教育の正当性をめぐる論点を精緻化したい。

まず、ひとつめの批判——教育機会の平等——を見ていこう。加藤が的確に要約しているので、その部分を引用する。

> 批判の第一は、教育の機会の平等ということである。ある子供には英語を教え他の子供には教えないというのは不公平である。中学校に英語の授業がなければ、家庭教師を傭うことのできる家庭の子供だけが英語を習うことになるだろう。また都会の子供だけが英語を習うことになるだろう。また「将来英語を必要とすると考えられる」子供にだけ英語を教えるとして、果してどの子供がそうなのかわからぬという。（加藤 1956: pp. 142–43）

つまり、英語の必修化は、教育機会の平等を維持するための重要な方策だという主張である。加藤は、こうした主張に一応の共感は示しつつも、「しかしそこから、日本中のどこの学校でも同じように英語を教えたらよかろうという結論をひきだすのは、もっともでないと思う。もっともでないと思うばかりでなく、話がそもそも逆ではないか」（p. 143）と反論する。つまり、地方の中学生で、将来英語を必要とするような者は「百人に一人あるかどうか」であり、この「一人」が誰になるかわからないから、残りの99人にも英語を課して「平等」とするのは、事態が逆ではないか、進学機会や「文化享受の機会」が「階級や地域による障害のない」社会になってから英語教育の平等化を始めても遅くない、と述べる。

加藤のこの反論は、同論文上ではやや不明瞭だが、その数ヶ月後に書いた論考（「松山の印象——民主教育の問題」[*5]）をあわせて読むと、次のような意図であることがわかる。つまり、進学機会や「文化享受の機会」など英語の知識を利用する機会の背後には、深刻な地域格差・家庭環境の格差があり、こちらのほうが根源的である。したがって、英語の教育機会だけを保障しても真の意味での「平等」にはつながらない。英語教育の機会を均等にせよという主張は、英語を利用する機会が均等ではないという事実を無視している、と。

[*5] 加藤（1974）『雑種文化』所収（初出：『知性』1956年4月号）。教育機会に関する議論は同論文の第4節。

ふたつめに加藤がとりあげた批判は、国際交流の面での有用性を根拠に英語の必修化を擁護する主張である。ただ、前述の「教育機会の平等」論に比べると、以下のような、かなりあっさりとした反論で済ませている。

> 国際的交流がこれからさかんになるとか、国際会議で日本の代表が喋れないのは残念であるとかいう議論もあるが、そういうことは、直接義務教育とは関係がない。国際会議で話が通じるのはどこの国でも人口の例外的な少部分にすぎない。到底就学児童の百分の一はない。国際的交流にしても、どれほどさかんになり得るか、渡航審議会にでもきいてみてから、そういう話は考えた方がよいのではないか。(p. 144)

要するに、海外渡航の自由化すらなされていない 1950 年代当時、ごく抽象的に述べられる「国際交流上の価値」を享受できる人々は、人口のごくわずかであり、そうである以上、必修化の根拠にはならない、という反論である。この反論に見られるとおり、加藤は、「日本人の英語使用者」の数をかなり少なく見つもっており、この直後にも、「日本の中学生の圧倒的多数は、仕事の上で将来英語を実用に供する機会をもたない」(p. 144)と述べている記述が見つかる。どの程度の割合を「圧倒的多数」と考えるかは判断が分かれるが、少なくとも「多数派」だったことは想像に難くない。当時の英語使用者人口を推算できる統計はないが、たとえば 2000 年代の「日本版総合的社会調査」(JGSS)の結果によれば、仕事で日常的に英語を使っていると答えた人は、設問の言葉遣いによって多少の差はあるが、全回答者の数パーセント程度である(寺沢 2013a)。1950 年代に 2000 年代よりも多くの英語使用者がいたとは考えにくいので、この加藤の認識は妥当である。

加藤の最初の論文は、英語の実用面の有用性を享受できる人々がごくわずかであるという根拠をもとに、必修化に反対したのだが、「実用面」以外の価値を重視すべきだと主張する論者もいた。これが、3 点目の批判である。学校英語教育の意義は、実用面での有用性のみではかるべきではなく、合理的なものの考え方が身につく、国際的な視野を得られる、自分以外の世界の存在を知ることができる、といった効果が説かれている。

これに対して加藤は、そうした根拠はごく抽象的であり、現実の英語教育実践とは必ずしも適合的ではない、と再反論している。加藤は、当時、多くの中学校で用いられていた教科書である『ジャック＆ベティ』(*Jack and Betty*)

2.2 加藤周一による、英語の必修化反対論

を引き合いに出して、現行の中学校英語の表層的な内容で、国際的視野のようなものが身につくかは疑問だと批判している。

> 私は中学校の英語の教科書を手にとってみながら、そのジャックやそのベッティに対し、合理的な思考に国際的な視野、加うるに自分以外の世界の存在と来ては、少し話が大げさすぎはしないかという気もしてくる。...合理的な思考を訓練するためには、ジャックとベッティが朝何時におきるなどと呟いているよりも、幾何をやった方が有効なのではないか。国際的な視野を獲得するためには、日本語で地理を勉強した方が早くはないか。自分以外の存在を知るためには、百聞は一見に如かず、われらの国土の到るところにある外国の軍隊の基地を訪れた方がその国のことばを暗記するよりも少年の心に印象が強いのではないか。(pp. 144–45)

つまり、英語学習が「国際的な視野」育成に及ぼす効果への疑義である。もちろんまったく意義がないと言っているわけではない。他の選択肢――加藤の提案では、日本語と社会科――と比しても、英語教育は国際理解に有効なのか、という問いである。そのうえで、その問いに抽象的にしか答えられない必修化論を批判しているのである。

2.2.3 実用的価値・非実用的価値・機会均等

加藤らの論争が、本書の問題関心にとって大きな意義を持つのは、外国語科（英語）の必修化を批判あるいは擁護するロジックのうち、戦後期に流通していたものの多くがすでに出そろっているからである。つまり、この論争の論点は、以後の議論を整理するうえで、有用な準拠点となる。このロジックは、英語教育の《国民教育》の正当性をめぐる各論者の立ち位置を反映しているので、ここで再度整理したい。

加藤は、一貫して外国語科（英語）が提供する知識・技能から恩恵を受けるのは一部の人間だけだと述べており、その点で、外国語科の教育内容の普遍性を否定している。この加藤の立論に対し、批判者が用いたロジックは、大別して次の3点である。

(1)「国際的交流」のようなスローガンをもとに、実用面での価値を強調す

第 2 章 「英語＝《国民教育》」をめぐる論争史

加藤への反論	重視するもの	《国民教育》観
(1) 社会での英語の有用性を過小評価	実用的価値	「国民形成」としての教育
(2) 外国語科の意義は実用的価値だけではない	非実用的価値	「国民形成」としての教育
(3) 不平等につながる	教育の機会均等	「国民の権利」としての教育

表 2.1　3 種類の「必修化」論

るもの
(2) 実用面以外の価値を強調し、その普遍性を指摘するもの
(3) 環境あるいは能力的な問題で英語の未履修が生じる事態を「不公平」と見なし、教育機会の平等を強調するもの

　このうち (1) は、「国民の一部にしか役立たない」という加藤の見つもりに対し真っ向から異を唱えているものであり、つまり、加藤の英語の有用性評価を過小評価と見る。対照的に、(2) は、加藤の示した「役立つ／役立たない」という評価基準は偏狭だと批判し、学校英語教育の価値をより柔軟に位置づけるべきだという主張である。そして、(3) は、たとえ「国民の一部にしか役立たない」としても、その内容を享受できる機会は、平等に分配されるべきだという議論である。上記の議論を整理すると、表 2.1 のようになる。

　ここで気がつくのは、(1) と (2) の必修化論と、(3) の必修化論とでは、《国民教育》——つまり、「国民」すべてに共通な教育内容であること——に託す意味合いが 180 度異なるということである。(3) の議論は、「平等」「公平」「教育機会」などといった語に象徴されるように、「国民の権利」として英語教育を捉えていると言える。すなわち、「国民」すべてに提供されない「不正」な状況から、「国民の権利」を擁護するために、必修化を支持するという考え方である。

　一方、(1) と (2) には、どちらかと言えば「国民の義務」といったニュアンスがある。つまり、「国民」として当然期待されるべき知識・技能・態度を外国語学習によって身につけさせるべきだという考え方である。「あるべき国民像」というものを仮構し、こうしたタイプの「国民」の育成を目指している点で、「国民形成」的な議論に位置づけられる。

これ以降の様々な論争では、この対照的な《国民教育》観にそれぞれどれだけ依拠するかは、論者の政治的立ち位置によって大きく変わる。たとえばこの後、2.3 節でとりあげる渡部昇一の必修英語擁護論は、渡部の保守系学者としての立ち位置を反映してか、典型的な「国民形成」のための英語教育擁護論になっている。

2.3 平泉・渡部論争

加藤周一の必修化反対論からおよそ 20 年後、似たような主張が、今度は自民党議員によってなされた。この議員とは、当時参議院議員だった平泉渉である。平泉は、1974 年、自民党の政務調査会に「外国語教育の現状と改革の方向」という試案を提出した。いわゆる「平泉試案」である。

その試案のなかで平泉は「外国語教育を事実上国民子弟のすべてに対して義務的に課することは妥当か」（平泉・渡部 1975: p. 10）と問いを投げかける。

平泉の回答は簡潔だ。

外国語は教科としては社会科、理科のような国民生活上必要な「知識」と性質を異にする。また数学のように基本的な思考方式を訓練する知的訓練とも異なる。それは膨大な時間をかけて修得される暗記の記号体系であって、義務教育の対象とすることは本来むりである。（pp. 10–11, 強調引用者）

要するに、義務教育に外国語教育はなじまないと主張したのである。本書の用語に沿って言えば、《国民教育》としての英語教育を否定した、ということになる。

平泉のこの大胆な提案に真っ向から反対したのが、当時上智大学教授だった渡部昇一である。渡部は、試案提出の翌年（1975 年）、雑誌『諸君 !』（文藝春秋社）において、「亡国の『英語教育改革試案』——平泉渉氏の改革試案を批判する」という論文を発表し、平泉試案を痛烈に批判した。すると、その翌月、平泉も同誌上に渡部への反論論文を掲載し、さらにその翌月に、渡部も再び反論を行った。この論争は、「平泉・渡部論争」と呼ばれるもので、戦後の英語教育史において、もっとも有名なもののひとつである。じじつ、この論争は英語教育界に大きなインパクトを与え、現在でもしばしば言及される。そればかりか、同論争は *Newsweek*（1975 年 6 月 9 日号）にもとりあげ

られるなど、日本の英語教育界という狭い業界にとどまらない、「大衆的」な英語教育論争だった。

　平泉・渡部論争で取り扱われたテーマは多岐にわたるが、本節では、学校英語教育の義務教育における位置づけをめぐる議論に検討対象を限定したい。詳細は後述するが、あえて図式的に整理するならば、「英語が義務教育化されている現状に異議を唱える平泉 vs. 義務教育としての英語教育を擁護する渡部」となり、英語教育の《国民教育》としての正当性が明確な争点となっている。そして、この論点は、論争のその他の論点（たとえば「英語教育の目的は実用主義か教養主義か」という対立）と密接に連関しており、論争に占める重要性も大きい。ただ注意すべきは、2.1 節で述べたように、両者の立場は、「部分的履修派 vs. 必修派」という構図には単純におさまりきらないことである。平泉の発言には、「すべての子どもが英語を学ぶこと」を前提にしている部分があるからである。

　平泉渉は、1929 年に生まれ、1952 年東京大学を卒業、同年外務省に入省し、以後、外交官として活躍する。1965 年、参議院議員選挙に自由民主党公認候補として立候補し当選を果たす。英語・フランス語に堪能で、世界を渡り歩いてきた元外交官の政治家が、《国民教育》としての外国語教育を否定したという点が重要である。つまり、たいした語学経験・外国語の使用経験がない与党議員が、独りよがりな教育改革論をぶった——こういう独善的な教育改革論は、現に近年よく見かけるものだが——、というわけではない。

　一方、渡部昇一は、1930 年に生まれ、上智大学英文科、ドイツ留学を経て、1975 年時点では上智大学英文科教授だった。専門は英語学だが、歴史や政治に関する発言・著作も多い。渡部が一般に広く知られるようになる契機は、論争翌年に出版したベストセラー『知的生活の方法』（渡部 1976）だが、論争当時の論壇ではすでに保守系論客として有名だった。論争の舞台となったのも保守系雑誌である『諸君！』だが、同誌の変遷を跡づけた上丸（2011: p. 3）をして、「ミスター『諸君！』」と言わしめたほど、渡部は登場回数が多い人物でもある。

　保守の論客である渡部の政治的立ち位置は、明らかに反共・反革新だったが、一方の平泉も自民党議員であり、実際の思想も「革新」からは遠かった。したがって、この論争は、外国語に造詣が深い、どちらかと言えば右寄りの論者 2 人が、互いの外国語教育論をぶつけ合ったものとして整理できる（ちなみに、論争終盤、対談の司会役をつとめた当時慶応大学教授の鈴木孝夫も

また、保守系の言語学者だった)。

ところで、この論争は前述のとおりもっぱら雑誌『諸君!』誌上で行われたが、一連の論文は、発端のいわゆる「平泉試案」を含めて、『英語教育大論争』(文藝春秋社、1975年)に所収されている。本節は、主たる検討対象を同書に限定して、この論争を分析する[*6]。

2.3.1 論争の概要

各論に入る前に、まず全体の構図を確認する意味で、論争の概略を確認し、その後、《国民教育》をめぐる両者の論点の検討に移りたい。

この論争は、非常に多数の論点を含んでいた。先行研究では、学校英語教育の目的論(いわゆる「実用」重視の平泉 vs.「教養」重視の渡部)や、受験英語の是非(弊害を強調する平泉 vs. 有効性を評価する渡部)などへの言及も多いが、こうした多様な論点を包括的に検討することは、本書の目的ではない。ここでは、あくまで両者の《国民教育》をめぐる争点を理解するうえで最低限必要な文脈の共有を目的として、同論争の概要を述べる。

この論争の発端となった「平泉試案」の構成は、当時の学校英語教育に対する認識を述べ、その非効率性を批判したうえで、原因を分析し、解決策を

[*6] なお、両者とも、この論争終了後にも、似たような英語教育論を展開している。平泉は、約3年後の1978年、雑誌『Voice』(PHP研究所)において、「平泉試案」の修正案を発表している(平泉1978)。1974年の「平泉試案」では、当時の英語教育制度を根底から変えるような提案だったが、こちらの修正案は、従来の英語教育制度と新たな英語教育制度が併存することを認めており、「現状維持」を訴える反対派の声に一応の配慮を見せたかたちになっている。ただし、「英語は《国民教育》ではない」という認識は、1974年の「試案」とほとんど変わらないので、詳しく検討する必要はない。

また、渡部も、『季刊翻訳』1975年6号「英語教育について」(渡部1983『レトリックの時代』に「ルサンチマンにひきずられるな」と改題して所収)で平泉への反論めいた主張を展開しているが、新しい論点はほとんどないので検討を割愛する。さらに渡部は論争から四半世紀後、『国民の教育』(渡部2001)のなかで、英語教育の必修/選択の問題に触れている。ここでは、論争時と大きく異なり、選択制を支持しており、その主張内容は平泉試案と酷似している(しかしながら、平泉の名前は引いていない)。渡部のこの「転向」自体が興味深いテーマだが、本書の射程を大きく超えるので、この文献も検討対象から除外する。

提示するというものである。2000字に満たない短い文章だが、各論点が簡潔に提示されており、平泉の主張の大半はこの「試案」に凝縮されていると言ってよい。この試案の内容を主軸に、それに対する渡部の反論・平泉の再反論を確認していきながら論争の構図を確認したい。

平泉試案

平泉試案は、平泉自身が7つの論点にまとめており、それは、表2.2のよ

		内 容	引 用
1	現状認識	外国語は、教育内容の点から言って、全員に課すのは不適当	外国語は教科としては社会科、理科のような国民生活上必要な「知識」と性質を異にする。また数学のように基本的な思考方式を訓練する知的訓練とも異なる。それは膨大な時間をかけて修得される暗記の記号体系であって、義務教育の対象とすることは本来むりである。(pp. 10–11)
2	提案	義務教育段階における外国語教育の内容・到達レベルの見直し	義務教育である中学の課程においては、むしろ「世界の言語と文化」というごとき教科を設け、ひろくアジア、アフリカ、ヨーロッパ、アメリカの言語と文化とについての基本的な「常識」を授ける。同時に、実用上の知識として、英語を現在の中学一年修了程度まで、外国語の一つの「常識」として教授する。(p. 11)
3	提案	高校英語の選択制の撤廃	高校においては、国民子弟のほぼ全員がそこに進学し、事実上義務教育化している現状にかんがみ、外国語教育を行う課程とそうでないものとを分離する。(高校単位でもよい。)(p. 11)
4	現状認識	英語を主とすることは妥当	中等教育における外国語教育の対象を主として英語とすることは妥当である。(p. 11)
5	提案	高校英語の履修の基準、およびその高度化	高校の外国語学習課程は厳格に志望者に対してのみ課するものとし、毎日少なくとも二時間以上の訓練と、毎年少なくとも一カ月にわたる完全集中訓練とを行う。(p. 11)
6	提案	大学入試英語の廃止	大学の入試には外国語を課さない。(p. 12)
7	提案	入試に代わる資格制度	外国語能力に関する全国規模の能力検定制度を実施し、「技能士」の称号を設ける。(p. 12)

表 2.2 平泉試案の論点

うな、2つの現状認識と5つの提案から成る。

提案に注目すると、次のように要約できる。「全員」が到達すべき最低基準を大幅に引き下げ（→ 表の2）、同時に、一部の熱意ある「志望者」が到達すべきレベルを大幅に引き上げる（→ 表の5）。これを実現する具体案として、高度な英語力を育成するための徹底的な訓練（ただし、従来の「訓詁学」的な英語の「知識」ではなく、高度な運用能力を想定）を受ける高校生とそうでない高校生を明確に分離する（→ 表の3）。そして、その当然の帰結として、大学入試から英語を外すべきだという提案が導かれる（→ 表の6）。

このように、平泉が、「高度な実用英語スキルを持った一部の人」（全国民の5%程度でよいと平泉は言う）と「ごく基礎的な知識を持ったそれ以外の人」という2段構えの目標設定を提案したのは、中高の英語教育に対する悲観的な現状認識による。つまり、「卒業の翌日から、その『学習した』外国語は、ほとんど読めず、書けず、わから」(p. 9)ず、「その成果はまったくあがっていない」のだから、生徒全員に高度なレベルの英語学習を事実上「強制」すべきでない、と。中高の英語はいまや、「単に高校進学、大学進学のために必要な、受験用の『必要悪』」(p. 9)に成り下がっている。にもかかわらず、その受験英語のレベルはきわめて高度で、生徒たちに「はなはだしい無理を強要」(p. 10)している。このような過重な負担が、効果の上がらない元凶である。これが、平泉試案のロジックである。

一方、対案として平泉が提案しているのが、高校の必修英語を廃止し、そのうえで、志望者に限定した徹底的な英語トレーニングを与えることである。必修をやめて志望者のみにすれば、熱意がある生徒が集まる。そして、熱意がある生徒ならば、徹底的な英語のトレーニングにも耐えられる。その結果、一部の生徒の英語力は飛躍的に向上する、という提案である。

ここだけ読むと、平泉は、英語教育の効率化にしか興味がない政治家のように見えるかもしれない。しかし、実際はその逆である。平泉の究極的な目的は、「日本国民」と外国の間にある「言葉の壁」を取り払い、日本が適切に評価されることだった。つまり、平泉の根本には、「理解されない日本」という悲観的な外交認識があったのである。

日本と諸外国との間で、そして双方の国民大衆の広範な層の間で、十分なコミュニケーションをつくり出すためには、何をおいても言葉の壁をとり払うことに努力しなければならぬ。日本をとりまく眼には見えない「言葉の壁」が、どん

な鎖国の禁令よりも、きびしく、高く、そして強固なものかということは、壁の何れの側にいる人にとっても、あまりにも明白なことがらである。(p. 126)

外国語教育は、「世界の人々の心から、戦争に導く誤解と不信の念を取り去る」(pp. 126–27) ためのものであって、受験生を選抜するための手段などではない――こうした「憂国の情」は、元外交官であり国会議員（当時）である平泉の立ち位置を考えると納得がいく。外国に日本を「相手の言葉で」きちんと説明できる人材を育成しなければならない、そのためには、教育は少数精鋭がよい、ということである。

少し脱線するが、平泉の主張と、2000年代の英語教育論を比較してみても興味深い。たとえば、元朝日新聞主筆で、「21世紀日本の構想」懇談会のメンバーも務めた船橋洋一が、2000年に発表した「英語第二公用語論」（船橋 2000）では、平泉と同様の「診断」を行いつつ、その処方箋が180度異なっていた。船橋も、「理解されない日本」という悲観的な現状認識を持ちながらも、平泉のように「少数精鋭」の論理を明確に否定し、外国に日本を説明可能な英語運用能力を国民すべてが身につけるべきだと主張した。

また、2008年には、小説家の水村美苗が『日本語が亡びるとき』を著し、やはり平泉や船橋と同様の「診断」を下しつつ、平泉のように「少数精鋭」の英語教育を支持している（水村 2008: 7章）。その一方、水村は、船橋の提案を、「総バイリンガル」的で非効率だと批判している。

平泉・渡部論争は、しばしば新しい論点は皆無であるかのように紹介されることがあるが[*7]、「理解されない日本」というナショナリスティックな「憂国の情」と、「全国民に英語教育を提供する」という問題が結びついた点では、当時にしてはきわめて新しい論点を提示していた。この論点は、それ以降の「英語第二公用語論」や水村美苗の英語教育改革論にもつながっていくという点で、この種の議論の端緒をなしていたのである。

[*7] たとえば渡辺武達は、「平泉・渡部論争...は明治以来何回も繰り返し言われてきたことを、もう一度むし返したにすぎず、内容的にはこれまでの論争につけ加えるものはほとんどなかった」（渡辺 1983: pp. 121–22）と述べている。渡辺によるこの低い評価は、主に「実用／教養」論に注目していることに起因すると考えられるが、《国民教育》という観点から見れば、新しい論点は十分含まれていたはずである。

渡部昇一の批判

　一方で、渡部の反論だが、平泉試案の誤解に基づくものも多く*8、すべてをとりあげる価値は必ずしもない。ここでは、次の2点の反論に絞りたい。それは、(1) 学校英語教育に対する平泉の否定的評価（「成果はまったくあがっていない」）への反論、(2)「外国語は義務教育の範疇外」という平泉の認識への反論である。

　第一は、平泉の学校英語に対する否定的な評価は、その本来の機能を誤解しているためだという反論である。渡部は、学校教育の主たる目的は、「潜在力」育成であり、すぐに実用に資するような「顕在力」のみでその成果を評価してはならないと反論する。ここで言う「潜在力」とは、「時間をかければ、大抵こみ入った英文でも正確に読め、和英辞書を引き引きでも、構造のしっかりした英文を書ける」(pp. 91–92) 能力であり、一般的に言われるような「基礎力（基礎知識）」とおよそ一致するものと言えよう。一方、「顕在力」には、様々なジャンルの文書を「気楽に読」(p. 92) むことができたり、「口頭によって外人とディスカッションする」ことができる能力が相当する。そして、「潜在力」を学校英語教育で養成しておけば、然るべき環境（英語圏での滞在など）に入ってしばらくすればある程度自由に運用できるようになると述べ、「顕在力」を過度に強調する必要はないとした*9。

　そして、渡部の第2の反論は、だからこそ、外国語教育は国民全員に義務

---

　*8 たとえば、渡部は、論争の最後まで、平泉の英語選択制という提案を、「選別」的な提案——つまり、「一部の生徒にしか学ばせない」——と誤解していた。しかしながら、実際の平泉試案は、平泉自身が反論しているとおり、「生徒の五％だけに制限して、訓練すべきだとは、試案のどこでもいって」(p. 61) いない。平泉試案が提案しているのは、「厳格に志望者にのみ課すべきだというのであり、もしも、その結果、国民子弟の約五％が外国語の実際的能力をもつようなことになれば望ましい」というように、「志望」を前提にした選択制だった。渡部は、「選別」によって義務教育段階の英語教育はさらに過熱することを根拠にして「平泉案は亡国の案である」(p. 87) と批判を展開しているわけだが、前提を共有していない以上、検討に値する議論とはなっていない。

　*9 なお、平泉は、このような潜在力／顕在力という2分法は一応認めたうえで、「アメリカにさえ行けば、三カ月で普通の英語を話すことができるだろうという、そういう『潜在的能力』をもっている人というのも、まず確実に五％に達していないといってよいと思う」(p. 55) と述べ、「潜在力」育成の面でも成果は乏しいと再反論している。

	平泉渉	渡部昇一の反論	平泉の再反論
英語教育の成果	成果なし	「潜在力」育成に注目すれば成果あり	潜在力の面でも成果なし
英語の必要性	多くの「国民」が不要	多くの「国民」が不要	
外国語の義務教育化	不要な人が多く義務化すべきでない	不要な人が多くとも「知的訓練」の面で義務教育化は妥当	「知的訓練」の効果は不明、義務化の根拠にはならない

表 2.3　平泉・渡部論争の争点

的に課すだけの価値を十分に持つという主張である。たしかに、平泉の言うとおり、社会的必要性から見たら外国語能力は全国民に必要なものではない、しかし、「知的訓練」という観点から見たら国民に共通して提供すべき価値のあるものである、なぜなら「異質の言語で書かれた内容ある文章の文脈を、誤りなく追うことは極めて高い知力を要する」(p. 39) からであり、「そのような作業を続けることが著しく知力を増進せしめうる」からである。

以上が、渡部の反論の要点である。両者の争点をまとめると表 2.3 のとおりとなる。

2.3.2 「知的訓練は全員に必要」

では、本書の主題である《国民教育》をめぐる議論を見ていきたい。そのうえで、便利な参照点となるのは、前節の加藤周一らによる論争で抽出した3つの論点である（表 2.1 参照）。すなわち、

(1) 英語の実用スキルの普遍性
(2) スキル以外で外国語科が提供する様々な価値の普遍性
(3) 英語教育の機会均等論

である。結論から先に言うと、この論争では (2) だけが争点となった。その一方、(1) と (3) には、ほとんど関心が向けられなかった。

まず、(3) については、この論争には、全体をとおして、教育の平等が争点になっている箇所がほとんどない。平等をめぐる論点は、論争の前半・中盤には一切登場せず、初めて見られるのは論争の終盤、鈴木孝夫を司会に迎

えた鼎談においてだが、これが最初で最後である。ここで、渡部は、数ある必修化の根拠のひとつとして、「教育の機会均等の根源的な意味においても、［英語を］やる価値がある」（p. 153）と主張しているが、この点に対する平泉からの回答はなく、また、渡部も以後この主張を繰り返すことはなかった。このような意味で、平等をめぐる論点は、平泉・渡部論争においてごく周辺的だったということがわかる。これは、渡部の政治的立場を考慮すれば、納得のいくことである。一般的に言えば、「教育の平等」を主張するのは左派・進歩主義系の論者だが、当時すでに、保守論壇の一員であった渡部に、「教育の平等」のような「国民の権利」を前面に出した論拠に則る必然性はほとんどなかったと考えられる。たとえば、渡部が同じ頃に執筆したエッセイ「義務教育を廃止せよ」[*10] では、教育においては、平等・機会均等よりも、自由（学校・教育サービスを選択する自由）のほうが重要だと声高に叫んでいる。その点で、機会均等よりも、英語学習を「上から国民全員に課す」ような「国民形成」的な論拠のほうが、はるかに渡部の思想と適合していた。じじつ、以下に見ていくとおり、渡部が必修化擁護のために再三持ち出している論拠は、「知的訓練」という「国民形成」的なものである。

　同様に、(1) の「英語の実用スキルの普遍性」も、まったく争点にはならなかった。「わが国では外国語の能力のないことは事実としては全く不便を来さない」（p. 9）と試案内で明言している平泉は当然だが、渡部ですら、かなり限定的にしかこの普遍性を認めていない。たしかに渡部の発言には、平泉試案に反論し、英語が「国民生活に必要な知識」（p. 36）だと主張している部分はあるが、その内実を見ると、ごく初歩的なレベルの知識しか想定していないのである。たとえば、渡部は、「新幹線の座席は ABC」「ラジオ［の表示］も on や off」という根拠を出してアルファベットの知識の必要性を主張している。また、「［日本語に浸透している］仮名書きのもとになった外国語の一つぐらいは国民に教えるのが国家の義務である」（p. 40）というように、外来語を理解する必要があることを強調している。このようなごく低いレベルでの普遍性しか主張できないことを考えれば、渡部も、基礎的なレベルの英語運用能力ですら、その普遍性をほとんど認識していなかったと考えられる[*11]。

[*10]『文藝春秋』1975 年 7 月号。渡部昇一（1977）『正義の時代』所収。
[*11] 渡部は、平泉試案の「わが国では外国語の能力のないことは事実としては全く不便を来さない」（p. 9, 強調引用者）という主張に反論し、このような例をあげて、英語の知識の有用さの普遍性を主張したわけだが、試案とはかなりずれた

つまり、森（1979）が指摘していることだが、「卒業後、英語スキルが必要になる学生は少数」という認識は両者に共有されていたのである*12。こうした事情から、(1)「英語の実用スキルの普遍性」も、主要な争点とならなかった。

では、主要な争点となった (2) の論点（スキル以外の価値）を検討したい。論争において、「スキル以外の価値」に相当するキーワードは「知的訓練」である。義務的に外国語教育を課すことを擁護した渡部は、その根拠として、外国語教育の知的訓練としての意義を強調しているからである。以下、渡部の主張を見てみよう。

> 平泉氏が「その成果は全くあがっていない」という戦前・戦後の外国語（英語）教育もそれほど捨てたものでない....。少くともそれは日本人に母国語と格闘することを教えたからである。単なる実用手段としての外国語教育は母国語との格闘にならない。その場合は多くが条件反射の次元で終わるからである。(pp. 32–33)

渡部の意図は、外国語との「格闘」、つまり、外国語を日本語に正しく置き換える訓練には大きな認知的負荷を伴い、そして、負荷があるからこそ知力の育成に寄与する、というものだった。とくに、渡部がイメージする外国語学習は、戦前の高等教育（旧制高校・大学）だった。彼が「格闘」として例示

能力観に立っていると言えるだろう。というのも、「外国語の能力」があると言った場合、日常語の感覚から言えば、ある程度オーセンティックな英語が理解・産出できることを意味するはずだからである。渡部の主張のように、アルファベットが読めることや日本語化した外来語の語源を知っている状態を「外国語能力がある」と呼ぶことはまれだろう。つまり、平泉試案の「能力」という語を、「(初歩的な) 知識」というように過度に低く読み替えているわけだが、この渡部の反論は、「反論のための反論」のような苦しい印象を免れない。じじつ、これは、有効な反論にはならないと見たのか、それ以降、この論点が渡部から提起されることはなかった。

*12 森（1979）は、両者の共通認識として、「平泉・渡部両氏ともども、日本国内で英語が生活の用具として使用される可能性は、特殊な職業にたずさわる者を除いてほとんど存在しない、と考えている」(p. 143) 点をあげている。つまり、実用英語の享受者の限定性である。ここには、現在しばしば聞かれる、「多くの人が社会に出たら英語を使わなければならなくなる。したがって、学校英語教育は『実用』的な目的を重視するべきだ」といった、「社会の必要性」を前提にした実用英語論は見られない。

するものが、明治期の日本の青年が受けてきた漢文教育や、旧制高校での「原書」講読の授業である点 (pp. 34–35) を見ても明らかである。

　以上のように、渡部の主張は、上記の分類における「(2) スキル以外の価値を重視する立場」の典型である。ただし、ここで注意する必要があるのは、渡部の主張は徹頭徹尾「知的訓練」論であり、その他の非スキル面の価値——たとえば、英米の文化吸収や国際理解——を強調することはなかった点である。渡部は、「実用的価値」重視の平泉と対比されて、「教養的価値」重視派と見なされることがあるが（渡辺 1983）、渡部の知的訓練論は、従来の教養的価値を重視する主張に比べて、かなり狭い意味のものだったという点を押さえておかなければならない。なぜなら、英語教育で「教養的価値」という場合、一般的に、知的訓練だけでなく、国際理解や世界平和、人格形成、はたまた英米の文化や民主的価値の吸収といったきわめて広範な目的論を含むからである（詳細は 8 章で論じる）。「国際理解のために英語を教える」とか「英語教育は外国の文化吸収のためだ」といった議論は、表現に多少の差はあるものの、戦前から流通していたものであり、論争のあった 1970 年代も例外ではない。渡部がこのような目的論を知らなかったはずはないが、それにもかかわらず、「知的訓練」だけに限定して立論したのは、渡部の保守論客としての政治意識があったからかもしれない。というのも、渡部は当時から文化比較（日本文化や西洋文化）のエッセイを多数著しているが、英米文化から学ぶことを奨励しているようなものはほとんどなく、多くの場合、日本文化の独自性（場合によっては優秀性）の強調に終始するからである。その点からも、渡部の議論を、従来の「教養的価値」重視の立場と安易に同一視するのには慎重であるべきだろう。

　渡部の立論の仕方自体はやや独特だったものの、彼の主張する知的訓練論そのものは、たいして目新しい代物ではない。この手の主張は、戦前・戦後の英語教育目的論にしばしば見られるからである。じじつ、加藤周一に対する反論でも似たような主張があったことを思い出したい。たとえば、「英語学習は合理的な思考を育成する」という議論がそれにあたる。

　ただし、渡部の「知的訓練」論の大きな特徴は、いわゆる「知的エリート」の知的訓練を想定している点である。というのも、前述のとおり、渡部が外国語学習の「知的訓練」の事例として引いているのは、漢学者たちによる古典中国語の学習だったり、西欧の学生の古典語学習、あるいは、戦前の旧制高校生による外国語や漢文の学習だからである。つまり、「国民」の全人口か

ら見たらごく一部のグループの外国語学習経験を、義務教育にも適用しているのである。

　このように、漢学者や旧制高校生の事例に依拠している点は、渡部の「知的訓練」論の強みであり、同時に、弱点である。強みは、単に「知的訓練」とだけ言った場合ごく抽象的でイメージ喚起力に乏しい主張に、「日本人」の学習の「伝統」——もちろんこれは特定の社会階層の「伝統」にすぎないのだが——を重ね合わせることで、具体的なイメージを提示し、リアリティを増大させる効果がある点である。一方、弱点は、特定の階層の知的営みを強調しすぎるために、義務教育との断絶を引き起こすことである。たとえば「旧制高校の論理を、戦後の義務教育に適用することはできない」という反論を容易に呼び込むことになる。以上を踏まえれば、両者の対立構図は、

- 旧制高校的な「知的訓練」で新学制の中学・高校の英語教育も正当化可能だとする渡部
- そのような目的論は当時の義務教育の現状と乖離しており正当化不可能だとする平泉

の対立ということになる。

　ここで平泉の言う「義務教育の現状」とは、端的に言えば、高校教育・高等教育の大衆化である。高校進学率は1960年代に大幅に上昇し、試案提出の前年（1973年）には89.4％に達していた。つまり、高校教育は当時すでに準・義務教育化しており、これが平泉に「試案」を提出させた最大の要因のひとつだった。一方、渡部は、この点に関する言及がほとんどない。平泉や鈴木孝夫（論争終盤の鼎談における司会）に何度も問いただされているが、正面から答えている様子はない。そもそも、旧制高校等の「伝統」に依拠した渡部の主張は、《国民教育》の対極に位置する「エリート教育」のロジックを用いて《国民教育》としての英語教育を正当化することと等しく、大きな矛盾をはらんでいる。こうした矛盾点から明らかなとおり、知的訓練論は、「知的」の程度を高く見つもれば見つもるほど、《国民教育》から乖離していくという性格を持っている。しかしながら、想定する「知的」の程度をあまりに下げすぎても、加藤周一に痛烈に批判されたように、「大げさすぎ」る話だと見なされてしまう。中学校レベルの初歩的な言語学習と、「知的訓練」から想起される学習のイメージに、相当なギャップがあるからである。

平泉にせよ渡部にせよ（そして鼎談の司会を務めた鈴木孝夫にせよ）、外国語学習に「知的訓練」としての側面があることに異論を挟む者はいなかったが、それが「国民」すべてに義務的に外国語を課すことの根拠となるかどうかという点になると意見が真っ向から対立した。渡部は、抽象的になりがちな「知的訓練」論を、とりわけ旧制高校における外国語との「格闘」を例に説き起こすことで、具体的に詳述することに成功したが、反面、「旧制高校＝エリート教育 vs. 新制中学高校＝大衆教育」というような学習者層の断絶を引き起こしてしまったのである。

2.3.3 数学と英語の違い

もうひとつ見逃せない論点が、外国語科（英語）と他教科を《国民教育》という観点から比較する議論である。英語を義務教育の範疇外だと見なす平泉であれ、義務教育の重要な構成要素だとする渡部であれ、自身の立場を補強するために、他の必修教科——とくに数学——との比較が頻繁に用いられた。この論点をめぐって闘わされた、他教科との異同から、外国語科（英語）の位置づけを探ることが可能である。

まず、「平泉試案」内の教科比較を見てみよう。すでに見たとおり、「試案」は、社会科・理科・数学との比較に基づいて、英語を義務教育で教えるのは妥当ではないと結論づけている。

> 外国語は教科としては社会科、理科のような国民生活上必要な「知識」と性質を異にする。また数学のように基本的な思考方式を訓練する知的訓練とも異なる。それは膨大な時間をかけて修得される暗記の記号体系であって、義務教育の対象とすることは本来むりである。(pp. 10–11, 強調引用者)

ここから、平泉の「義務教育」の定義が暗示的にわかる。平泉にとって、「義務教育」とは、「国民生活上必要な『知識』」や「基本的な思考方式を訓練する知的訓練」を提供するものである。この定義は、本書の《国民教育》の用法とほぼ同義だと考えて問題ないだろう。

では、渡部は、この点に対してどう反論しているか。それを一言で言うならば、外国語学習も数学と同様、日常生活上の必要はないが知的訓練としての意義は大きい、したがって義務教育のカリキュラムに含めるのが妥当であ

る、というものである。上記の引用にあるとおり、「平泉試案」では、外国語学習は「膨大な時間をかけて修得される暗記の記号体系」であり「知的訓練」ではないと見なされていたので、平泉・渡部の対立は、つきつめれば、上記のような教科観の相違に起因する。この教科観の相違は、渡部によれば、平泉が「会話を主とする実用技術」と、「知的訓練」としての外国語教育を区別していないことに起因するという (pp. 38–39)。渡部の言う、知的訓練に資するタイプの外国語教育とは、前節の繰り返しになるが、漢学者や旧制高校生らが受けてきた教育のことである。「知的訓練に資する外国語教育」と「そうでない外国語教育」の間に線を引くという渡部のアイディアは、平泉への反論としては有効なものだろう。しかしながら、その「線引き」は、想定する学習者層を「分断」するという負の結果をも生み出してしまっている。2種類の外国語教育のうち、「(渡部の言う意味での)知的訓練」だけに意義を見いだすことは、知的エリート層の外国語学習を称揚していることに等しい。このようなロジックが、《国民教育》が想定する学習者——つまり、すべての「国民」——から乖離を引き起こしたということは前節で見たとおりである。

　これに対する平泉の反論はシンプルである。「純粋に『知的』な基礎訓練[である数学]と、外国語のような、厖大な時間をかけて、『技術』を習得しながら『知的訓練』が行われるものとを、国民の義務教育の課程として一緒に考えることはできない」(p. 71) と述べ、数学と外国語の間に明確な線を引いているのである。確かに、現代英語の学習文法は高度に体系化されているとはいえ、自然言語である以上、数学の体系に比べれば、例外や体系化がうまくいっていない部分ははるかに多い。その点で、暗記やドリルなど、平泉が言うところの「知的ではない」部分が含まれていることは事実である。おそらく渡部も、外国語学習が完全に「知的訓練」だけに還元できるものではないという点に異論はなかったと思われる。したがって、両者の意見の相違は、渡部が数学との共通部分を重視し (「外国語は知的訓練で・も・ある」)、平泉はその差異を深刻に考えた (「外国語は知的訓練だ・け・で・は・な・い」) ことにある。

2.3.4　中学英語は必修が前提

　最後に、「平泉試案」は、英語の必修化を、義務教育——つまり中学校教育——のなかに、どのように位置づけていたか確認しておきたい。すでに見たとおり、平泉にとって外国語学習は義務教育の範囲を越えるものだったのだ

から、中学校で英語の事実上の必修を廃止することが平泉の立場だったと考えるのが素直な解釈である。つまり、図2.1の数直線上で言えば「部分的履修」の立場にあたり、中学校英語の事実上の必修化を批判した加藤周一と同種の主張だと理解してしまいがちである。しかしながら、平泉を「部分的履修」論者と見なすのも単純にすぎる。なぜなら、平泉は、ごく初歩的なレベルではあるが、中学校での英語必修を提言していたからである。

具体的に見てみよう。「平泉試案」には次のような記述があった。

　義務教育である中学の課程においては、むしろ「世界の言語と文化」というごとき教科を設け、ひろくアジア、アフリカ、ヨーロッパ、アメリカの言語と文化とについての基本的な「常識」を授ける。同時に、実用上の知識として、英語を現在の中学一年修了程度まで、外国語の一つの「常識」として教授する。（p.11, 強調引用者）

「試案」において、平泉は、「世界の言語と文化」のような新たな必修教科を設けるべきだと述べている。この教科に英語の「実用上の知識」が含まれる以上、その到達目標は当時の中学校英語よりかなり低いとはいえ、英語教育の必修が妥当視されていたことになる。つまり、平泉は、外国語学習を「義務教育の対象とすることは本来むり」（p.11）だと述べながら、その直後に、中学校での英語必修を支持しているともとれる発言をしている。この点で、平泉の主張は明らかに矛盾しており、平泉の主張がしばしば「必修化廃止」のように誤解されるのは、無理もないことかもしれない。

ただし、この矛盾は、概念上の矛盾というよりは、表現レベルの問題と考えたほうが納得がいく。つまり、平泉の考え方自体には矛盾がなかったが、それを厳密ではないかたちで表現してしまったために、文面のうえでは矛盾が生じてしまったのである。この点に関して平泉はほとんど説明していないので、彼の真意は究極的にはわからない。しかし、平泉の他の主張を踏まえるならば、平泉は、「外国語学習」という用語を2つの異なる意味で用いている。これが、表現上の矛盾を生んだ理由だと考えられる。つまり、平泉の真意としては、熱意のある学習者に対し徹底的な訓練を施すことで高度な運用能力を育成するタイプの「外国語学習A」と、それとは反対に、熱意や集中的な訓練をとくに必要としない、基礎的な知識を与えることを目的とした「外国語学習B」の2つを想定していた。そのうえで、試案のなかで義務教育

の対象にはならないとしていたのは、あくまで「外国語学習A」のことであって、「外国語学習B」までをも排除していたわけではないのである。じじつ、平泉自身、英語に関する基礎的な知識を与えることは、「国家の義務」――つまり義務教育の枠内――だと述べている (p. 71)。

平泉の真意がどうだったかという点は些細なことに思えるかもしれないが、本書の問題設定においてはきわめて重要である。というのも、一般的には、「少数の者だけが英語を学べばよい」と主張したとされる――場合によってはエリート主義的とすら形容された――平泉の提案は、実際のところ、低いレベルではあるものの、「すべての者が英語を学ぶ」ことを前提としているからである。この点は、2.2節で見た加藤周一の「義務教育化廃止」論と明確な対照をなす。加藤は、英語をまったく学ばない中学生が生じることすら「是」としていたからである。1950年代の加藤らの議論で争点となっていた中学校における「必修 vs. 部分的履修」という問題が、1970年代の平泉・渡部論争では、もはや、争点とはならず、ごく基本的なレベルではあるものの中学生すべてが英語を学ぶことは共通認識になっていたことがわかる。しかも、「外国語教育を事実上国民子弟のすべてに対して義務的に課することは妥当か」と問題提起をし、戦後英語教育に真っ向から挑んだとされる平泉ですら、中学校での必修を前提にしていたのである。もちろん、加藤や平泉、渡部の主張で、その時代を代表することはできないが、その他の様々な論者の主張を見ても、このような変遷の描き方は概ね妥当なはずである。

2.3.5　論争のインパクト――自明化する《国民教育》としての英語

このように論争を整理すると、渡部の論理の粗さが際だってくるだろう。扇情的な筆致や、志望者の自主性を重視するという平泉の提案を選抜制に誤解している点などは差し引いたとしても、「知的訓練」としての外国語教育論を正当化するために、旧制高校における外国語・漢文学習という、義務教育とは大きく乖離した事例を引いている点は、きわめて雑な議論だという印象をぬぐえない。また、「知的訓練」一点張りで、それ以外の重要な意義――たとえば、異文化理解や、言語の相対性に対する認識の育成――に目配りがない点や、すべての生徒の外国語学習を擁護しているにもかかわらず、教育の機会均等に関する論点にはほとんど共感を示さず、ただ上から「知的訓練」を全国民に押しつけている点も説得力に乏しい。

したがって、平泉試案には賛成しないまでも、渡部の主張に対しては否定的な評価を与える人が多そうなものだが、実際には、渡部に対する支持は意外にも多い。たとえば、論争当時の『諸君！』の読者投稿欄には、「この論争は明らかに渡部氏の論に分がある」[*13]とする大学教員の投書をはじめとして、渡部を支持する意見が数多く寄せられている。また、英語教育の研究者が表立ってどちらかを明確に支持するようなことはあまり見られないが[*14]、中学・高校の英語教員が渡部説支持を表明することはしばしばあり、30年以上たった現在でもたとえばインターネット上にはそのような意見が多数確認できる。

渡部説がこれほど説得力――「論理」を超えた説得力――を持ち得た一因は、根拠はどうであれ「すべての生徒が外国語を学ぶ」ことを擁護したからだろう。平泉試案は、義務教育制度の根幹を大きく変革する提案であり、もし実行された場合相当の「痛み」を伴うものだった。実際、平泉自身が自覚していたとおり英語教員の失業問題は必至だったが、それにも増して重要なのは、すでに完成を遂げた《国民教育》としての英語教育が再び崩壊させられることに対する象徴的な「痛み」だろう。象徴的である分、現職の英語教員だけに関わる「痛み」ではなく、国民の多くに関わる「痛み」ですらあった。いったん成立した《国民教育》という制度を元の状態に戻そうとすると、以前には見られなかった大きな抵抗感が生ずることを示唆しており、《国民教育》としての英語教育の自明化を象徴する事例だと言える。これと同様の例は、この後の2.5節で扱う「中学校の授業時数の削減」でも確認できるものである。戦後初期には珍しくなかった「週3時間（以下）の英語授業」が、1970年代後半に再び現れると大きな抵抗感を生んだからである。

2.3.6 まとめ――両者に共有された「初歩レベルでの必修は妥当」

以上、平泉・渡部論争を検討してきたが、ここで、今までの議論を整理し、英語教育の《国民教育》としての正当性に関する重要な論点を抽出したい。

同論争において、英語教育が正当な《国民教育》の構成要素であるか否か

[*13] 『諸君！』1975年7月号、pp. 278–79.
[*14] 渡辺 (1983) は、両者の主張に対して不支持を表明しているし、大谷 (1995) も両者に距離をとった立場を堅持したうえで論評をくわえている。

は、「知的訓練」という論点ほぼ1点に限定して争われた。逆に言えば、英語の実生活における有用性も、教育の機会均等も、《国民教育》としての英語教育を正当化する根拠にはなり得なかったのである。さらには、英語教育の目的論として戦前から流通していた「英米文化の吸収」や「国際理解の促進」という論拠すら渡部の側から提出されず、「知的訓練」という論拠に集中していた。この点で、きわめて「国民形成」──国民が身につけることが当然だとされる知識・技能・態度の育成──の性格が強い《国民教育》論だった。

注意すべきは、平泉と渡部の対立は、あくまで高度な次元においてのものであるという点である。ごく基礎的なレベルであれば、両者はいずれも、英語教育を《国民教育》の構成要素と認識していた。新学制発足時には、必要な人間だけが必要に応じて学ぶべきだとされた外国語科が、1970年代の平泉・渡部論争では、ごく初歩的な次元ではあるものの、「すべての『国民』が学ぶべきもの」へ進展したと言える。さらに言えば、この時期に英語教育の《国民教育》の基礎づけが一応の完成を見たという可能性さえ示唆される。実際、1970年代以降、英語教育の「部分的履修」を肯定する主張──つまり「全員履修＝必修」に反対する主張──はほとんど見られなくなるからである。

2.4 『なんで英語やるの？』

平泉渉が、英語教育改革の試案を提出した1974年、作家の中津燎子が『なんで英語やるの？』を著した。同書はベストセラーとなり、同年、第5回大宅壮一ノンフィクション賞も受賞した。タイトルが象徴するように、日本の英語教育・英語学習に根本的な疑問を投げかけた著作として、英語教育関係者に限らず、語学に興味のある幅広い層の注目を集めた。たとえば、翌年の『朝日新聞』では、中津のもとに押しかけている同書の読者、とりわけ「自分の子どもは英語をペラペラこなす"国際人"になってほしいと願う母親たち」の熱狂ぶりを、冷めたトーンで報じている（『朝日新聞』、1975年7月8日朝刊、「なんで英語をやらせるの」）。

ただし、書名こそ英語学習目的への根源的な問いに見えるが、実際には、目的論だけを論じた著作ではない。むしろ、中津の半生──進駐軍での電話交換手、育児、独自の英語塾の実践など──を「英語」というキーワードを軸に綴ったエッセイという性格が強い。また、中津自身は独自の英語塾を運営しているが、本人も同書で述べているとおり、英語教育の専門家ではなく、

むしろ「素人」と自己規定している。その点で、加藤周一らの論争や平泉・渡部論争のような理論的な検討を、同書に行うのは適さない。しかしながら、中津は「素人」だからこそ、当時の「一般人」(＝中津)の「素朴な直感」を言語化していたはずで、また、彼女の「直感」が、一般の人々の感覚を適切にとらえていたからこそ、同書は話題になったと言える。以下、「すべての子どもが英語を学ぶ」ことがいかに当然視されていたか、同書の記述を検討する。なお、以下の引用は、1974年刊行の単行本ではなく、同書の文庫版(中津 1978)に基づく。

　実は、同書で「なんで英語やるの？」という問いは何度も見られるが、それらのほとんどは個人的な学習目的の次元である。一方、学校教育との関連で議論されている箇所はほとんどない。その数少ない例外のひとつが、新米高校英語教師「竹森君」との対話である。「竹森君」は、以前、中津が英語を指導していた地元国立大学教育学部の学生のひとりだが、「どうみたって...いわゆる先生になるタイプには見えない」(p. 303)学生だった。対話は、「竹森君」の現任校の様子に及ぶ。

「生徒はどんな感じの子供たち？」
「子供じゃねえな、大人だよ、おれなんかよりずっと大人だな。手ごたえがあるので、色んな話をするんですけどね、そこでしごかれるんだ」
「どう言う工合に？」
「うん」
竹森君はコーヒーをのみ、一服すって、
「先生よ、おれたち、一体なんで英語やんなきゃなんねえんだ？　答えてくれってね」
「ふーん」
私は暫く考えこんでからきいた。
「それで、あなたは何て答えたの？」
「そいつはいい質問だ。俺にもわかんねえから一緒に考える」(p. 308)

「竹森君」は必死にこの問いへの回答を模索しているが、結局、この問いに答えが示されることはない。もし「竹森君」の現任校が、都市部の、しかも大学進学を前提にしている学校であれば、このような問いへの答えは「大学受験のため」というように、(納得しない人も多いかもしれないが) 一応の回

答は示せるだろう。しかしながら、「竹森君」の赴任する学校は、「［岩手］県北の山の中」（p. 305）であり、受験とは縁遠い学校だった。

> 「...彼らは何しろ、大多数が受験とあまり関係ないんです。...俺んとこの学校は受験校じゃないらしい。そこで、一体何のために、英語をやるか？ と生徒は考え、俺も考えるんだなあ。下着のS, M, Lの記号がわかるために、ってのはお粗末だしね」
> 「ふーん」
> 「俺自身、何でおれたち、いや、この俺は英語を教えているのかって考えるんだ。この間何かの会で他の英語の先生にきいてみたんだよ、どう考えますかってね。そしたら大笑いされちまってね」
> 「何と言ったの、その人」
> 「いや、何のために教えてるかなんて考えた事もないですよ、あははは、とさ」
> （pp. 308–9）

「英語教育の目的など考えたこともない」というような「開き直り」にもとれる教師の発言——いわば「事務的」な英語教職観——が、根源的な教育目的を追求しようとする「哲学的」な「竹森君」の姿に対置されている。「事務的 vs. 哲学的」といった戯画的な対比が効果的に機能しているということは、当時すでに、「なぜかわからないが英語を学んでいる／教えている」という状況が生まれつつあったのだろう。だからこそ、中津や「竹森君」を含む一部の人々は、「事務的」な英語教職観から離脱し、「哲学的」に深めようとしたのである。

しかしながら、この問いは容易に答えが出るものではなかった。

> 「しかし、大体俺たち、何で英語をやるの？ そいつが知りたいんですよ」
> 「利用するためさ。私のは、はっきりしているわ。飯のタネに利用して来たんだから」
> 「じゃ、俺も飯のタネって事かな。いや、それじゃあないね。飯の種だったら他の仕事だってある。それはあなたにだって言えますよ」
> 「ふん、そうだね、そう言えば」（p. 311）

「竹森君」との対話では結局答えがでることはなく、中津はその後もひとりで考えることになる。

2.4 『なんで英語やるの?』

私は、... 一体、何で日本人は英語をやるのか? と考えた。あたるを幸い、なぎ倒し、と言う勢いで、やって来る人間みんなをつかまえて、
「あなた、何故、日本人は英語をやるのかしら? どう思う?」
ときいた。それでも足りず、あちこちの地にちらばる OB に電話したり、手紙をかいたりした。執念深いのである。返事は一様に、
「えっ!?」
と言う第一声にはじまり、
「そりゃ、受験科目にあるからでしょう」
とか、「中学でやんなきゃならないんでしょう? だからよ、きっと」とか、「英語知ってないと何も出来ないんですからね」とか、「野球だってわからなくなっちまいますよ」とかで終る。(p. 312)

「飯のタネ」「日本の近代化のため」「受験」「野球がわからなくなる」——。様々な回答が、「なんで英語やるの?」という問いに対して用意されたわけだが、これほど様々な回答があるにもかかわらず、それらはいずれも「完全な回答」とは見なされていない。この点から考えても、「なんで英語やるの?」という問いには、「なぜかは明らかではないが、英語をやることになっている。それはなぜか?」という含意がある。逆に、もし現状が「やってもやらなくてもいい」制度になっていれば、このような問いは成立しない。「目的は人それぞれ」で済んでしまうからである。1章で見たとおり、この対話が行われた四半世紀ほど前には、高校に進学しない生徒は英語学習を学年途中でやめてしまう場合も多かった。そればかりか、英語をまったく学ばない生徒すら少ないながらも存在した時代だった。しかし、1970年代になると、こうした状況はもはや「忘却」され、その正当性はともかくとして、英語教育は《国民教育》を構成する教科の一つと見なされていたのである。

中津は、以上のように「なんで英語やるの?」を問い続けたわけだが、この問いは意外なかたちで解決する。上記の対話のしばらくあと、「正月休み」に再び現れた「竹森君」との対話においてである。

「大学受験から外しちゃえばいいのよ!」...
「だって先生、外すと困るでしょう? ... 主要大学のどの部門が英語なしで勉学や研究が出来るんですか?」
私はよくよく考えてみて、
「そう言えば、なしですむ専門分野を数えた方が早いねえ」

「そうなんだ。俺も実は数えてみたんだよ、そしたら、全く横文字なしでやれるってのは、国文学、中国文学、芸大の和楽部門、まあ、三つか四つ位でね、理科系に至っては横文字ぬきでは飯もくえねえって事になるんですよ。法律、経済、心理学、それに、料理、洋裁、音楽、何でもそうなんだ」
「何のために英語をやるか？ なんて事より、いかにうまく英語をこなすか？ て事ね」
「うん、英語がそこにあるから、やる、と言う事になるねえ」(p. 313, 強調引用者)

「なんでやるか？ ではなく、いかにやるか？ を考える」「英語がそこにあるからやる」。これらは、すでに英語学習が制度として確立しているからこそ、成立する答えである。つまり、「事実上の英語必修」という制度が存在する理由・目的（why）を考えることは生産的ではない、その制度を正しく運用する方法（how）を考えるべきだ、という主張にほかならない。

おそらく、「竹森君」に生徒たちが投げかけた「先生よ、おれたち、一体なんで英語やんなきゃなんねえんだ？」という問いは、まさに学習理由・目的（why）を問うていたはずである。「竹森君」も中津も当初はそう考えていた。同書の読者も、そう理解していただろう。しかしながら、結果的に対話は、"how"を答えることで解決した。「why のかわりに、how を答える」ことが現実的だと認識されるほど、1970 年代には「事実上の英語必修」が強固に確立しており、そして《国民教育》としての自明性が浸透しつつあったことがわかる。

2.5 英語の授業時数削減に対する反対運動

平泉・渡部論争および『なんで英語やるの？』発表の数年後、中学校英語教育の《国民教育》化をいっそう鮮明に象徴する「事件」が起きた。それは、1977 年の「中学校学習指導要領」改訂に伴い、中学校の英語の授業時間数が週 3 時間に削減されたことに対する大規模な反対運動である（以下、「週 3 反対運動」と略記）。それ以前の指導要領でも、授業時数は週あたり標準 3 時間とされていたが、多くの学校は、実質 4 時間教えていた。しかしながら、1977 年の改訂に伴い、いわゆる「つめこみ主義」教育を排し「ゆとり」の徹底を狙った文部省によって、「3 時間」遵守が強化され、授業時数削減が現実

2.5 英語の授業時数削減に対する反対運動

化したのである。これに対し、日本英語教育改善懇談会（現・日本外国語教育改善協議会）は、1977年6月、臨時懇談会を行い、「最低週4時間」の維持を主張する要望書を文部省に提出した（若林・隈部編 1982 参照、以下の記述も同書に基づく）。日本英語教育改善懇談会は、1980年、1981年にも、授業時数削減反対に関する特別アピールを発表している。一方、同懇談会とある程度独立した運動組織として、1981年6月、「中学校英語週三時間に反対する会」（代表・隈部直光）が発足した。同会は、4万人以上の署名を集め、国会請願を行った。

概略だけを見ると、この運動は英語教育関係者の「内輪」の運動のように思えるかもしれない。しかしながら、実際には、きわめて全国的な広がりを見せたものであり、英語教師や英語英文学者だけにとどまらず、保護者や当の中学生をも巻き込んで反対運動は展開されていたのである（若林・隈部編 1982; 大浦・阿原編 1982）。その最たる例が、地方議会での反対決議である。1984年に、熊本県・鹿児島県で英語の授業時間増を求める県民大会が開かれ、熊本県人吉市議会では、英語の授業時間増を求める請願が採択された（福田 1991: 194–96）。当時のマスメディアも、この問題に注目していた。たとえばNHK教育テレビは、1984年夏、特集番組でこの問題を報じている（1984年8月7日、17:30〜18:00「揺れる英語教育——熊本県人吉の試み」）。また、全国紙でも再三とりあげられていて、とくに『朝日新聞』は、1980年代前半だけで11回も特集を組んで、この問題を報じている。

2.5.1 「週3時間」に反対する根拠

では、週3反対運動における反対者の主張はどのようなものだったのか。上述の「中学校英語週三時間に反対する会」が国会請願のために発表した「中学校英語週三時間の強制に反対する請願書」を見てみよう。反対アピールには、日本英語教育改善懇談会によるものをはじめとして、様々なものが存在するが、表現レベルで多少の差違はあるものの、主張内容・根拠は基本的に同一である。上記の請願書は、国会請願という性格上、同趣旨のアピール文のなかでも、もっとも要点がまとまっており、かつ、論旨が明確であるので、週3反対運動のロジックの概略を把握するのに適している。同請願書は、ごくコンパクトなものなのでそのまま引用する。

〔請願の趣旨〕
一、国際化時代といわれている今日、世界に生きる日本人の国民教育としての英語教育の重要性は改めて言うまでもありません。ところが今年度から全国の公立中学校では英語の授業時数が一律に、しかも強制的に、週三時間に減らされました。これは時代の流れに逆行するものです。
二、外国語学習ではじっくりと時間をかけ、丁寧にくり返すことが必要です。現在でも「落ちこぼれ」や「勉強嫌い」が問題となっていますが、週三時間になり、この傾向が一層助長されております。教師にも、生徒にも無理が生じ、学習効果は著しく低下します。
三、週三時間では英語を丁寧に教えられなくなり、その結果塾や家庭教師に頼る生徒の数が増えています。生徒の英語の学力の差は、授業の中だけでなく、家庭の経済状況によっても拡大されることになり、これでは国民教育としての英語教育が、一部の恵まれた家庭の生徒たちだけのものになってしまいます。これはまさに重大な社会問題です。
四、以上の趣旨から文部省や教育委員会が公立中学校に英語週三時間を強制することに反対し、各中学校の自主性により英語を週四時間以上でも教えられる道が開かれるよう請願します。

(若林・隈部編 1982: pp. 43–44 より引用)

週3時間に反対する論拠にあたるものは、「請願の趣旨」の「一」、「二」、および「三」である。これを要約すれば、それぞれ、(1) 国際化時代において英語教育は重要、(2) 週3時間では学習効果が落ちる、(3) 週3時間では家庭学習の比重が大きくなり家庭環境の格差が学力格差に直接反映される、となる。他のアピール文も、概して、このような論理構成をとっている。

この論理構成こそが、英語の《国民教育》化を端的に示している。週4時間から3時間へという1時間の授業時数削減が、中学校英語教育に対する深刻な危機・脅威と受けとめられたからである。

たとえば、同運動の指導的立場にいた大浦暁生にとって、「週三時間制は、現在[の]日本の教育の危機の象徴」(大浦・阿原編 1982: p. 126) であり、「子どもたちを早くから選別する」悪しきエリート主義的な制度だった。なぜエリート主義なのかと言えば、授業時数の削減により、公立中に通う「できない子ども」の英語学力はおざなりにされる一方、「エリート中学では、英語は週三時間どころか五時間も六時間も相変わらずやってい」(p. 122) て、両者の格差はますます広がっていくと考えたからである。このようにエリート主

2.5 英語の授業時数削減に対する反対運動

義および教育格差との結びつきが強烈に意識されたからこそ、「週3時間」は重大な危機として認識されたのである。

しかしながら、中学生のあいだの授業時数「格差」は、1977年の指導要領をきっかけに始まったものではない。むしろ、戦後初期のほうが「格差」は大きかった。1.3.2節で明らかにしたとおり、戦後比較的早い時期には、英語の授業時数には大きなばらつきが存在していたため、週3時間かそれ以下の授業時数の学校・生徒も相当存在していたと考えられる。たとえば、同節の図1.3・図1.4は都立高校進学者だけに限定した授業時数調査だが、3時間以下しか授業を受けていなかった生徒がある程度確認できる。東京の高校進学者ですらこうだったのだから、全国規模の非進学者も含めた授業時数はさらに多様だっただろう。つまり、戦後初期の授業時数の「格差」は、1980年代よりもはるかに大きかったはずである。しかしながら、戦後初期の授業時数のばらつきは、指導上の困難が増すという点では問題視されていたものの、「日本の教育の危機の象徴」とか、金持ちのためだけの英語教育などと、激しい筆致で非難されることはほとんどなかったのである。

以上のように対比させると、1980年代には、戦後初期の授業時数の多様性がすっかり「忘却」されてしまっていたように感じられる。実際、運動の中心的人物だった阿原成光の発言にも、戦後初期の英語教育は理想的な授業時数だったかのような記述が見られる。

> 中学三年間に、週五時間、ほぼ毎日、じっくりやれば、かなりの成果を期待できるのではないでしょうか。戦後まもなくのころは、週五時間だったのです。...実は明治時代には、週六時間から七時間ということがあったらしいのです。明治までもどるのはもどりすぎといわれそうなので、せいぜい昭和二十年代までもどるのでよろしいのではないでしょうか。語学というのは、とにかく、毎日の反復練習が重要で、はじめのうちは頭に入れてもすぐ忘れてしまうのです。（大浦・阿原編 1982: p. 265）

この阿原の発言には、戦後初期の授業時数の多様さ、そして、非履修者の存在への配慮が見られない。もちろん、その反対の例もあった。同運動の参加者、とりわけ指導的立場にあった人々には、同時代人もおり、新学制発足当初の状況をよく知る人も多かったからである。同運動の中心的な人物のひとりだった英語教育学者の若林俊輔は、戦後初期の授業時数について次のよ

うに述べている。

> 英語の授業時数は、どのように変わってきたかと言うと、最初は週当たり一〜四時間であった。戦後の混乱期のことで、英語をほとんど学ばない中学生もいた。私は昭和三十年に東京の区立中学校の英語教師になったのだが、そのころは、各学年とも週五時間だったから、英語をかなり学ぶ中学生もいたことが分かる。(若林・隈部編 1982: p. 6)

東京中心の記述であり、全国平均よりもやや過大に授業時数を見つもっているきらいはあるが、1.3.2 節で明らかにした結果と概ね一致する。つまり、戦後初期には、授業時数にはかなりばらつきがあり、3 時間以下の履修者も存在していたことを認識している。

しかしながら、「週 3 時間反対」を強く訴えていた若林は、戦後初期の状況を否定的に評価している様子はなく、ただ事実を記述しているにとどまる。むしろ若林の主張の力点は、それ以降の時代にある。なぜなら、若林は 1960 年代以降に週 4〜5 時間が定着したことを述べ、当時の恵まれた状況と対比して、眼前 (1980 年代) の「週 3 時間」の異常性を訴えているからである。つまり、若林は、1960 年代・70 年代との差に基づいて、「週 3」の時代である 1980 年代が、いかに「後退」しているかを論じているのであり、60 年代・70 年代が、「週 3」問題を考えるうえでの準拠点になっているのである。対照的に、「多様な授業時数の時代」である戦後初期を若林は「忘却」しているわけではないが、単に「週 4〜5」の 60 年代・70 年代の前史として扱っているにすぎない。若林、および阿原の発言を見ていくと、授業時数の大きな多様さは戦後初期にもあったにもかかわらず、なぜほかでもなく 1980 年前後の授業時数の「たった数時間の差」が、教育の重大な危機と認識されたのか奇異に思えるのではないだろうか。

2.5.2 「国際化がすすんだ今だからこそ...」

もちろん、戦後初期と 1980 年代前半は、様々な点で状況が異なる。したがって、両時期に授業時数の差に対する認識が 180 度異なっていたとしても、それだけで不思議なことだとは必ずしも言えない。じじつ、週 3 反対運動に携わっている人々は、1980 年代を特別な時代として明示的に意識していた。

2.5 英語の授業時数削減に対する反対運動

前述した「中学校英語週三時間に反対する会」の「請願の趣旨」の第1項がそれを端的に表現している。つまり、「国際化時代といわれている今日、世界に生きる日本人の国民教育としての英語教育の重要性」が高まっていると述べた部分である。「国際化時代」にもかかわらず、英語の授業を削減することは「時代の流れに逆行するもの」として認識されたのである。

同会と独立した組織である東京都八王子市の民間英語教育研究会も署名・請願を行っているが、その請願書にも「国際化」というキーワードが記されている。同請願書（大浦・阿原編 1982: p. 220 より引用）によれば、「国際交流がさかんになり、地球が小さくなってきている今日、国際共通語の英語の基礎ぐらいはすべての日本人に必要」だという。

この「すべての日本人に必要」という主張は、人によっては、かなり大胆なものに響くのではないだろうか。なぜなら、1980年代前半、「すべての日本人」が英語を必要とする時代が到来した、などということは考えにくいからである。むしろ、当時の「すべての日本人」の意識はその逆で、多くの人々は英語の意義をたいして実感していなかった。たとえば、1981年に内閣府によって「自由時間における生活行動意識調査」という世論調査が行われているが、この中で外国語学習を今後行いたいと回答した人は、全体（$n=4065$）の 4.4% にすぎない[*15]。詳細は省略するが、一般に学習意欲の高い20代に限って見たとしても、パーセンテージは一桁台だった。学習意欲がこれほど低いということは、当時、必要性を感じていた人もたいして多くなかったと言えるはずである。

こうした点には、「週3反対運動」の当事者も自覚的だったようである。運動の性格上、英語の意義を声高に叫ぶ発言が頻繁に見られたが、少なくとも運動の中心的な人物からは、「英語の運用能力が全国民に必要」なる発言が飛び出すことはなかった。それでもなお、英語はすべての人々に必要――本書の用語で言えば、英語教育は《国民教育》の構成要素――であると主張されたのはなぜだったのだろうか。

[*15] 「あなたは、このような学習活動を現在よりもっとしたいと思いますか、現在程度で良いと思いますか」「あなたは、このような学習活動を今後新たにはじめたいと思いますか、それともしたくありませんか」という設問で、「外国語」を選択した人々から推計。同設問は、4章でもとりあつかう。

2.5.3 なぜ英語は「すべての生徒」に必要なのか

ここで利用された根拠も、1950〜70年代に見られた必修化擁護論とよく似ていた。それは、一言で言えば、「国際理解」である。その点を若林俊輔が端的に述べている。なお、以下の引用の「改善懇」は、日本英語教育改善懇談会（現・日本外国語教育改善協議会）の略であり、「中学校英語週三時間に反対する会」とは独立した組織だが、両会のメンバーはかなり重複しており、また、関係団体のなかではもっとも早く授業時数削減に反対するアピールを出していた団体である。

> 改善懇は後に述べるように、外国語教育は中学校において必修にすべきであると考えている。それは外国語が母国語教育と同じように、ものの認識過程という学習活動の基本に大きく関与するものであり、さらに外国語ということで、母国語による単眼的なものの見方を複眼的にし得るからである。ものを複眼的に見られるということは、それぞれの国家や民族は、それぞれ特有の文化を持っているということを真に理解できるということにつながる。これこそ国際理解の大前提である。社会科やその他の教科でも、この種のことは多少扱える。しかし、これを外国語教育は最も直接的、系統的、網羅的に扱えるのである。（若林・隈部編 1982: p. 47, 強調引用者）

加藤周一らによる論争でも、英語の必修化を擁護する論者は「国際理解」を根拠にあげていたことを想起されたい（表 2.1 の「非実用的価値」を重視する立場）。ただし、「週3反対運動」における国際理解論は、加藤らの論争の節で見た議論よりも、ずっと洗練されている。すなわち、外国語学習は異文化を単に知識として獲得していくだけではなく、より直接的に「体得」していくことができるという主張である。

同様の国際理解論は、大浦暁生も述べている（大浦・阿原編 1982）。「国民みんながなぜ英語をやる必要があるのか」（p. 123）という問いに対し、大浦は次のように答えている。

> 子どもたちも私たちも、みんな世界の人たちと仲よく楽しく交流したいと思っているのではないでしょうか。...それに、英語を学ぶことによって、日本語の学習だけでは養えない考え方や感じ方を身につける意義も大きいと思いま

2.5 英語の授業時数削減に対する反対運動

す。...街でもテレビでもさまざまな英語にお目にかかるように、英語がかなり日本人の日常生活にはいっていることも考えあわせたいですね。このように、英語の学習は日本国民すべてに必要なものですが、少なくとも自力で今後の学習を発展させることのできる基礎学力を、義務教育の中学校で保障すべきだと考えます。(p. 124, 強調引用者)

つまり、「国民すべて」に「英語の基礎」が必要だとする根拠として、国際交流、異文化理解、そして、日常生活への浸透という3点をあげている。第3の日常生活への浸透はやや異色だが、第1・第2の論拠は、国際理解論の範疇に入るものだろう。

大浦の発言でもうひとつ注目すべきは、国際理解的な価値を「義務教育で保障すべき」だとしている点である。このような平等論的な主張は、「週3反対運動」の重要なスローガンだった。たしかに、運用能力育成が学校英語教育の第一義ではなく、非スキル面の価値のほうが重要だとする主張は、加藤周一らの論争だけでなく、渡部昇一による「知的訓練」論にも見られた（そればかりか、8章で検討するように、戦前戦後の英語教育界で大きな影響力を持っていた「教養のための英語教育」という目的論である）。しかしながら、加藤らの論争の際も平泉・渡部論争の際も、どちらかと言えば、国民形成的な主張が展開されていた。つまり、「国民」として当然備えていると期待される知識・技能・態度を想定し、その習得をすべての生徒に義務づけようとする議論である。

反対に、「週3反対運動」における「すべての生徒に英語を」というスローガンは、レトリックだけを見れば、「国民形成」として上から英語を与えるというよりは、英語を学ぶことは「国民」の重要な権利であり、英語教育機会は適正に保障されなければいけないとするものだった。このような平等論的な視点を前提にしていたからこそ、戦前や戦後初期と比較すれば微々たる差のようにも思える授業時数の「差」が、深刻な教育危機として認識されたのである。このように見てくると、1980年代には、《国民教育》としての英語教育は、単に「全員が学ぶ」ことが当然視されるだけでなく、「全員が同質・同量を学ぶ」ことが期待されるものになっていたことになる。

もちろん、「週3反対運動」のロジックが、英語教育界に、ましてや「国民」全体に、広く受け入れられていたとは言い難い。たとえば、当時すでに著名な英語教育学者だった羽鳥博愛は同運動および必修化に距離をとったコ

メントをしている（羽鳥1983）。とはいえ、少なくとも英語教育界においては大きな転換だったことに違いはない。1960年代・70年代に成立した中学校英語教育の《国民教育》化、およびその自明視が、数時間の授業時数の差ですら、重大な危機感を呼び起こさせるものとなり始めていたからである。

なお、この運動は英語教育関係者の枠を超えて、全国的な広がりを見せたが、結局、「週3時間」が撤回されることはなかった。制度の運用が始まってからの変更は困難をきわめたのがその一因だろう。1989年の学習指導要領改訂によって、授業時数は再び実質週4時間に戻るが、同運動との直接的な因果関係は不明である。

以上、1970年代後半から80年代前半にかけて繰り広げられた、英語の授業時数削減に対する反対運動を検討していくことで、「全中学生が英語を学ぶこと」がいかに強固な基盤を作りつつあったかを確認した。戦後初期は、英語を履修しない生徒の存在や授業時数の多様さは、地域や生徒の多様な必要性・興味を反映した民主的なものだと理解されていた。しかし、80年代になると、そうした「差違」はもはや「多様性」とは認識されず、不平等を引き起こす「格差」として理解されるようになっていったのである。

2.6　小学校英語論争

2006年3月、中央教育審議会外国語専門部会は、公立小学校における英語教育の必修化を提言した（文部科学省2006「小学校における英語教育について」）。それ以前から、公立小学校への英語教育導入をめぐっては賛否両論が出ていたが、この提言をもって、必修化が一段と前進した。その後、2008年に公示された小学校学習指導要領で「外国語活動」（小学校5・6年を対象）が小学校教育のカリキュラムに正式に取り入れられたことで、必修化は完了した。

本節では、公立小学校への英語教育導入をめぐって主に1990年代から2000年代にかけて行われた論争（以下「小学校英語論争」）を素材に、英語教育の《国民教育》としての様態を確認する。ただし、この論争は前節まで検討してきた論争と、性格が明らかに異なる。もちろん、必修化をめぐる論争であることには違いがないが、その焦点は、あくまで小学校教育のカリキュラムにおける必修問題である。つまり、中学・高校も含めた学校教育課程全体のな

かで英語必修の是非を論じているわけではない。

　このような異質性にもかかわらず、小学校英語論争をとりあげることの意義は大きい。というのも、小学校段階での必修化が争点になるということは、逆説的に、中学校段階以降での必修化は、自明な前提となっている——つまり、「すべての中学生は英語を学ぶ」ことが自明視されている——ことを意味するからである。実際、小学校英語必修化の賛成派は当然としても、反対派ですら、中学校段階の英語教育に疑問を呈する声はほぼ皆無である。しかも、反対派のロジックのなかには、学校英語教育そのものの正当性に抵触しかねないものすらあるにもかかわらず、である。つまり、《国民教育》としての英語教育の完成を象徴する事例として、この論争が位置づけられるのである。

　なお、本書では、小学校段階のものであっても「英語教育」という用語を一貫して用いるが、2011年度から公立小学校で始まったプログラムの正式名称は「外国語活動」である。また、1990年代後半から多くの小学校で行われていたものは、総合的な学習の時間における「国際理解に関する学習の一環としての外国語会話等」（1998年告示『小学校学習指導要領』第1章総則）である。このような事実から、小学校で行われている外国語活動を「英語教育」と呼ぶべきではないとする主張もある（冨田2004）。しかしながら、文部科学省の「英語ノート」配布が象徴するとおり、実態は「英語」を前提としてきた。また、「活動」という名称はあくまで小学校における「教科」との対比で用いられているにすぎない。小学校教育という枠組みの中に英語が扱われている以上、日常語の感覚から言えば、「外国語活動」も教育行為のひとつであり、したがって「英語教育」と呼ぶことに大きな問題はないだろう。

2.6.1　小学校英語論争の概要

　まず、論争の構図をごく簡単に整理したい。筆者は、以前、この論争の整理を試みたことがあり（寺沢2008）、以下の論述もこれに大きく依拠する。

　必修になった現在でも、小学校英語はかなりホットな話題である。書籍や雑誌・新聞、はたまたインターネットなどにおいて、多くの人々が小学校英語に対する賛否を表明している。こうした論争を目にすると、その膨大な量に圧倒され、一見きわめて多様な論点が錯綜した複雑な論争のように感じるかもしれない。しかし、実際には、数え切れないほどの論点に拡散しているわけではない。とくに、賛成派の論点は、いくつかのパタンにまとめること

ができる。以下では、まず賛成派の主張内容を整理したうえで、それに対する反対派の主張を検討したい。

小学校英語必修化賛成論

賛成派の主張を整理するうえで便利な枠組みは、「診断 → 処方箋 → 効能」という医療のアナロジーである。公立小学校での英語必修は、従来の学校教育制度には存在しなかったものを提案しているという点で、教育改革の一種である。「改革」である以上、現状に対して何らかの危機意識（＝「病理」の診断）があり、その問題を是正するために小学校英語の必修化という「処方箋」が提案されているわけである。その「処方箋」は、当初の「病理」を改善するという「効能」を持つ。

ここではまず、「診断 → 処方箋」というロジックと「処方箋 → 効能」というロジックを別々に見ていこう。以下の類型化は、寺沢（2008）に基づくものだが、各論点の詳細な内容、およびこのように分類する根拠は、本書の目的を超えるのでここでは割愛し、類型化の結果だけを提示する。表2.4は「診断 → 処方箋」モデルに基づいて、必修化論を整理したものである。「病理」的な状況の「診断」として、4つの異なる危機意識が示されている（D1, D2, D3, D4）。こうした危機意識に基づいて、「処方箋」である小学校英語の必修化が提案されている。

診　断		処方箋
（D1）「日本人」は外国語能力が低くグローバル化に対応できない	→	（P）必修化
（D2）「日本人」には国際交流上の態度に問題がありグローバル化に対応できない	→	（P）必修化
（D3）（日本語の）コミュニケーションへの意欲が低下している	→	（P）必修化
（D4）英語を学べる子どもとそうでない子どもがいるのは不公平	→	（P）必修化

表2.4　小学校英語必修化論のロジック1：診断 → 処方箋

一方、表2.5は、「処方箋 → 効能」モデルに基づく整理であり、小学校英語必修化によってどのような価値が達成され得るかを示している。ここでは大別して4点の「効能」がうたわれている（E1, E2, E3, E4）。

処方箋		効能
(P) 必修化	→	(E1) 英語スキル育成
(P) 必修化	→	(E2) 異文化への態度育成
(P) 必修化	→	(E3) 会話への態度育成
(P) 必修化	→	(E4) 英語学習への態度育成

表 2.5　小学校英語必修化論のロジック 2: 処方箋 → 効能

では、これら「診断 → 処方箋」「処方箋 → 効能」の各ロジックはそれぞれどのように結びついているのだろうか。理論的に言えば、前者後者ともに4通りあるので 4×4 = 16 通りのパタンが想定されるが、実際に提案される「効能」は概して特定の「診断」を前提にしているため、実際に観察されるパタンはもっと少なくなり、表 2.6 に示されているとおり、全部で 6 通りである。

	診断		処方箋		効能
1	D1	→	P	→	E1
2	D2	→	P	→	E2
3	D2	→	P	→	E3
4	D3	→	P	→	E3
5			P	→	E4
6	D4	→	P		

表 2.6　小学校英語必修化論の 6 類型

では、6つのパタンを順番に見ていきたい。第1のパタンは、「D1 外国語能力の低さ」を深刻に考え、「E1 英語スキル育成」を必修化によって達成しようという提案であり、小学校英語論においてもっとも代表的なもののひとつである。第2および第3のパタンは、「D2『日本人』の国際交流上の問題点」（異文化に対して積極的な態度を示さない、外国人に偏見がある、いわゆる「内向き」志向など）を、必修化によって解決しようというものである。「効能」として、「E2 異文化への態度育成」と「E3 会話への態度育成」という異なる価値が示されている（もちろん、両者は同時に主張されることが多い）。

第4は、現代の子ども（や日本人）に日本語コミュニケーション上の問題

点を抱えた人が増加しているという危機意識をもとに、その「処方箋」として小学校英語必修化による「E3 会話への態度育成」を提案するものである。英語教育関係者ではない人にとっては、かなり奇抜な主張に思えるかもしれないが、学習指導要領の「解説」にも明記されており[*16]、「公式見解」としての性格が強いものである。また、小学校英語政策の研究者であるバトラー後藤裕子は、小学校英語教育導入を促した要因を8つ見いだしているが（Butler 2007）、そのうちのひとつに、上記の主張——つまり、英語活動が、子どもの第一言語のコミュニケーション問題を解決する——をあげている[*17]。

第5の必修化論は、たとえば「小学校英語は英語に慣れるため」に代表されるような「E4 英語学習への態度育成」を強調するものである。これは、上述の4つの必修化論と違い、どのような「診断」に基づいて提案されているか明示されることがほとんどない。その点で、いわば「根なし草」的な「処方箋」だが、このような必修化論を支持する論者は「診断」の必要性をそもそも認識していないのかもしれない。言い換えれば「なぜ英語に慣れることが必要なのか」は問うまでもない自明のこととされていると思われる。

最後に第6は、英語を学ぶことができる児童とそうでない児童がいるという状況を不公平と考え（D4）、こうした「格差」を是正するために、必修化を提案する立場である（これも前述のButler（2007）が示した小学校への英語

[*16] 2008年8月に出された「小学校学習指導要領解説　外国語活動編」には次のような記述がある。

> 現代の子どもたちが、自分の感情や思いを表現したり、他者のそれを受け止めたりするための語彙や表現力及び理解力に乏しいことにより、他者とのコミュニケーションが図れないケースが見られることなどからも、コミュニケーションを図ろうとする態度の育成が必要であると考える。（p. 9）

以上から明らかなとおり、現代の子どもたちのコミュニケーションをめぐる問題の解決のために、必修化が提案されたということがわかるだろう。

[*17] ただし、そのButler（2007）も指摘していることだが、「コミュニケーション上の問題を抱えた子どもが増加している」という現状認識が、事実かどうかは疑わしい。「客観的なデータ」を重視するはずの小学校英語推進派の研究者ですら、この点に口をつぐんでいるように見える。むしろ、この認識は、マスメディアなどのセンセーショナルな報道によって増幅された典型的な「子ども言説」「若者言説」（本田ほか 2006）であり、そうした言説のダイナミズムに引きずられたという可能性のほうが高い。

導入の重要な要因のひとつである)。ここには一種の教育機会論的な発想が含まれているが、「すべての児童が英語を学ぶ」つまり「教育サービスの均一化」によって、具体的にどのような平等——経済的・社会的・文化的平等——が達成されるかが提示されることはほとんどない。つまり、「診断」「処方箋」に対応する「効能」が欠落しているのである。ただ、明示されていないだけで、暗黙的には「英語学習量の差が経済的・社会的・文化的格差を生む」という確固たる前提が存在しているだろう。なぜなら、「格差」を生まないような知識・技能であれば、それを学ぶ機会に偏りがあったとしても、「不公平」とは認識されないはずだからである。たとえば、バイオリンの学習機会には明らかに出身階層による偏りがある——裕福でないとレッスンの継続は難しい、家庭に「文化的」な雰囲気がないとそもそも習い始めようとしない、等——。しかし、だからといって、バイオリンの学習機会の差が「不公平」と見なされる場合はほぼ皆無である。「不公平」と見なされるからには、小学校期から英語を学ばないと(何らかの面で)不利になるという認識が、第6の必修化論の背後に存在するのである。

小学校英語必修化反対論——「効き目がない」型

では次に、反対論者の主張を概観しよう。ここでも医療のアナロジーが便利である。一口に「反対論」と言っても、特定の処方箋に対する「効き目がない」という批判と、「副作用が大きい」という批判は厳密に区別しておくべきである。前者は、必修化賛成論者が掲げる提案・根拠の無効性を指摘するものであり、後者は、それらがむしろ教育上深刻な事態を引き起こすとする批判である。

小学校英語必修化反対論の主流は、後者「副作用が大きい」論である。「効き目がない」論ももちろん存在するが、賛成論者の多様な主張に対し包括的に反論しているわけではなく、いくつかの「必修化論」批判に集中している。包括的に批判がなされていないということは、「反論しやすい部分だけが反論されている」ことを意味し、いわゆる「わら人形論法」(straw man argument)の典型である。これが、「論争」を不毛なものにした要因でもある。

では、まず「効き目がない」型の「必修化」反対論を確認しよう。理論的に言えば、図2.3のとおり、「診断」に疑義を呈すパタン(A)と、「効能」に疑義を呈すパタン(B)がありえる。

表2.4・2.5で示したとおり、賛成派の主張には、「診断 → 処方箋」「処方

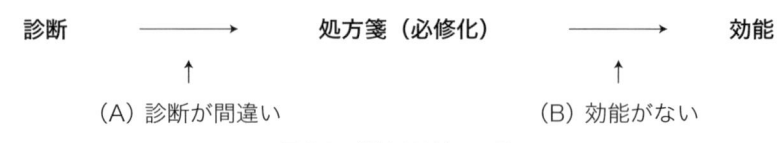

```
診断 ────→ 処方箋（必修化） ────→ 効能
            ↑                      ↑
      (A) 診断が間違い        (B) 効能がない
```

図 2.3　「効き目がない」論

箋→効能」がそれぞれ 4 通りあるので、論点は計 8 通りである。したがって、理論的に言えば、反論も 8 通りあるはずだが、現実に行われていた反論はもっと少ない。

　もっとも争点になっているのは、「P → E1」、すなわち、小学校英語必修化によって「日本人」の英語力が向上するという主張をめぐってである。両者の対立を一言で要約すれば、小学校英語必修化は英語の運用能力育成に大きな効果があると考える賛成派に対して、そのような効果は期待できないか、あったとしても現行の公立小学校の教育環境（カリキュラムの整備や教員の質・量など）では大した効果を見込めないと主張する反対派、という構図である。細かな議論は省略するが[*18]、賛成にせよ反対にせよ非常に多数の論者がこの論点に言及しており、小学校英語論争のなかではもっとも白熱したものである。対照的に、それ以外の論点に関して際立った反論が行われている様子はない。若干反論が見られるとすれば、「D1 → P」への反論（「『日本人』は英語力が低い」という「診断」への疑義）程度である。[*19]

[*18] 詳細は、寺沢（2008）の第 5.1 節「早期開始の言語習得上の利点」を参照。

[*19] 本題とはずれるが、この論争で奇妙なのは、「D2 → P」や「D3 → P」への反論がほとんど見られない点である。前者の「『日本人』は国際交流下手だ」という認識にせよ、後者の「現代の子どもはコミュニケーション下手だ」という認識にせよ、「日本人」や「現代の子ども」に対する偏見が色濃く反映されているものである。他分野においてはその根拠の乏しさ・イデオロギー性が批判されているにもかかわらず（たとえば、ベフ（1987）、本田ほか（2006）、寺沢（2009）など）、小学校英語の文脈だと問題になっていないというのは奇妙である。また、「P → E2」（「小学校英語で異文化への態度が育成される」論）や「P → E3」（「小学校英語で会話に積極的になる」論）も実証性が定かではないにもかかわらず、その根拠が問題にされることはほとんどない。このような議論の不在は、論争に加わった人々の興味関心がいかに「英語スキル」に偏っているかを反映していると言えるだろう。一部の小学校外国語活動のスポークスパーソンは、「外国語活動の目的は英語のスキル育成ではない」と再三強調しているが、実際の受容のされ方は明らかに「スキル育成」論であることを裏付けていると言えるかもしれない。

2.6 小学校英語論争

小学校英語必修化反対論——「副作用が大きい」型

前述のとおり、反対論の中心は「副作用が大きい」型である。「効き目がない」型にくらべれば、はるかに多くの反論が寄せられている。いずれも、小学校英語を必修化することによって賛成派が予期していない、否定的な結果が引き起こされることを懸念している。ここでは、どのような懸念が主張されているかを列挙するにとどめたい。

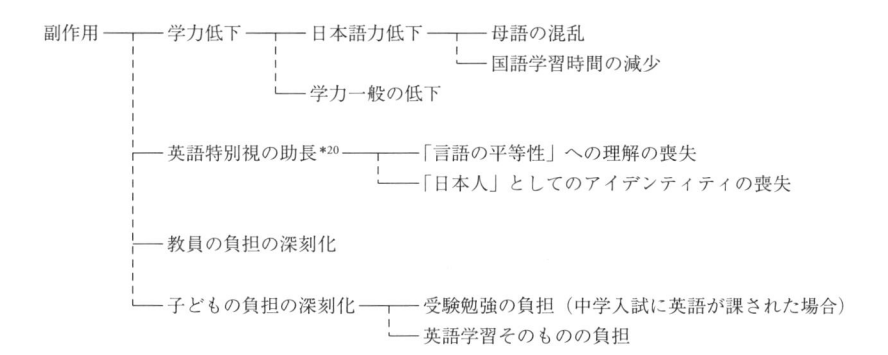

```
副作用 ── 学力低下 ── 日本語力低下 ── 母語の混乱
                    │              └── 国語学習時間の減少
                    └── 学力一般の低下

       ── 英語特別視の助長*20 ── 「言語の平等性」への理解の喪失
                            └── 「日本人」としてのアイデンティティの喪失

       ── 教員の負担の深刻化

       ── 子どもの負担の深刻化 ── 受験勉強の負担（中学入試に英語が課された場合）
                              └── 英語学習そのものの負担
```

上記のうち、「小学校英語で国語力が下がる」という懸念は、2006年9月の伊吹文明・文部科学大臣（当時）の小学校英語否定発言でも表明されたものであり、一般の人々の認知度も高い、もっとも有名な反対論のひとつだろう。同時に、小学校英語賛成論者も、この批判に対し、徹底的に再反論を行っており、「一大争点」という様相を呈している。もちろん、「国語力が下がる」という反論は、実証性に乏しいうえにイデオロギー性が濃厚という点できわめて素朴な反論であり、それゆえ、「心ある」反対論者はこのロジックを採用していない。しかし、「素朴」であるがゆえに、再反論しやすい論点であり、賛成論者には好んでとりあげられる。つまり、ここにも「反論しやすいものにだけ反論が集まる」という構図が見られる。また、この「国語力低下」論以外の様々な懸念に対しても、賛成論者は再反論を行っているが、本書の主題とは関連が薄いので、ここでは割愛する。

---

[20] 「異文化への態度」育成や「会話への態度」育成など、英語力育成を強調していない立場でさえ、「英語」で活動することを前提としている場合がほとんどであることから、「なぜ、日本語や他の外国語ではなく、英語でやるのか」という疑義が示されることは少なくない。

2.6.2 小学校英語反対者による「中学校英語必修」擁護論

　以上、論争の概要を確認したが、では、本書の主題である《国民教育》をめぐる議論を検討してみよう。ここで注目すべきは、前節に列挙した小学校英語必修化反対論である。

　これらの反対論は、あくまで公立小学校での英語必修化に向けられたものではあるが、その主張内容には、中学校以降の必修英語すら否定してしまうロジックが含まれているものがあることに気づくはずである。たとえば、小学校英語必修化反対論としてもっとも有名な「必修化をすると子どもの学力・国語力が低下する」という批判は、仮にこれが真だとした場合、ではなぜ中学校での英語必修化であれば学力低下・国語力低下が生じないのかという疑問を当然生むはずである。また、必修化によって子どもが英語を特別視するようになるという批判（「英語優越主義」と呼ばれた）もかなり流通した反論だったが、これにも同様の疑義が生じるだろう。つまり、中学校からの必修化ならば、子どもは、「言語は平等だ」という適切な認識をはぐくみ、また「日本人」としてのアイデンティティも損なわないのか、と[21]。

　そうである以上、小学校英語必修化への反対者が、中学校での英語必修という現状にすら異議を表明することは理論的に十分あり得るはずである。しかしながら、同論争に参加した唐須 (2004: pp. 86–87) や波多野 (2005: p. 198) も指摘していることだが、そのような見解が述べられることはほぼ皆無である。したがって、反対論者は、(1) このような論理的矛盾に気づいていないか、(2) 気づいているとすれば、小学校は「必修不可」で中学校は「必修可」と言えるだけの何らかの根拠に基づいていることが考えられる。ひとつめの「矛盾に気づいていない」タイプにあてはまる反対論者の数は、論争時すでに中学校英語の必修化がほとんど「自明な前提」とされていたという事情を考えると、かなり多いと推測できるが、本書の問題関心上、こちらを検討することにそれほど意義はない。ここでは、後者のタイプの議論——いわば、小

---

[21] もちろんすべての反対論がこのような問題点をはらむわけではない。この問題は、そのロジックの性格上、前節の分類における「副作用が大きい」型のみに関係するものであり、「効き目がない」型の反論にはこの問題は生じない。また、「副作用が大きい」論でも、「小学校教員の負担が増える」論のような制度上の不備を問題にした批判は、「中学での必修化ならば問題ないのか」という反・反論を呼び込むことはないだろう。

学校英語／中学校英語の「線引き」問題——を検討しよう。

小学生／中学生の間の「線引き」

　ただし、実際にこの「線引き」を言語化している反対論者は驚くほど少ない。ここではその数少ない例外として、寺島 (2005) の主張を見てみよう。寺島は、小学校英語が子どもたちの英語への特別視（彼の言葉をつかえば「英語崇拝」）を招くことを懸念しているが、これは他でもなく「小学校」段階の問題であるという。

> 大人になって、多様な価値観を持った上で英語を学ぶのであれば、その害悪は比較的小さいもので済む可能性がありますが、小さい頃に刻み込まれた英語崇拝・白人崇拝は、それを癒すのに巨大な年月が必要だからです。(p. 63)

> 「英語は、よほど心してかからないと学習者を洗脳してしまう強力な力を持っている」ということを述べたつもりです。…もし、このことが事実だとすると、小学校からの英語教育は利点よりも害悪の方が遥かに大きいことになります。学習者が小さければ小さいほど、無意識に「自己植民地化」が進むからです。(pp. 65–66)

　つまり、小学生と中学生の間には、「英語崇拝」への精神的耐性という点で、質的な違いがあると主張しているのである。
　一方、寺島の主張ほど明確に言語化されているわけではないが、国語力／日本語力低下を懸念する反対論にもこれと同種の「線引き」が暗示されている。たとえば、一般向けの著作も多数あり大衆的な知名度の高い言語学者である鈴木孝夫は、小学校英語教育の一律導入に反対し、その理由として、「いまの子どもたちの多くが英語教育どころか、そもそも学校教育を受けるに必要な社会訓練をちゃんと受けておらず、人間としての健全な状態になっていない」(鈴木 2005: p. 189) 点をあげている。そのうえで、以下のように、日本語育成を優先するべきだと述べている。

> だから、小学校から英語を始めて国際人に育てるなどと言う下らない妄想を捨てて、何よりもまず立派な日本人をつくることに向かって、人間活動のすべて、いや健全な人間そのものの基礎をつくる言葉、つまり母語である日本語を、せ

めて小学校で固めることに集中すべきだと思います。(p. 190, 強調引用者)

同様に、英文学者・英語教育学者の斎藤兆史も同趣旨のことを述べている。

日本人の英語力を向上させようというなら、少なくとも現時点においては、小
・
学校でまず国語力の基礎固めをし、中学校において、その基礎の上に文法や読
・・・・・・・・・・・・・・・・・・・・
解を中心とした型や技術を仕込むことがもっとも効果的だと私は考えます。(斎
藤 2005: p. 35, 強調引用者)

両者に共通する「小学校は母語／日本語／国語の基礎を固める時期である」
という主張自体は（科学的な根拠の有無はともかくとして）ほとんどの人に
とって異論がないものだと思われる。しかし、問題は、繰り返しになるが、
この批判は何らかの留保条件をつけなければ中学校教育にも矛先が向いてし
まうことである。にもかかわらず、日本語力低下論者が、中学校での英語必
修を肯定――ほどではないにしても黙認――しているということは、小学校
と中学校の間に日本語発達上あるいは国語学習上、何らかの質的な違いを想
定しているということになる。つまり、中学生であれば日本語の「基礎」は
固まっている（べきな）ので、英語の時間を導入したとしても、認知面でも学
習リソースの配分面でも問題が少ないという意味になるはずである。たしか
に、このような「線引き」は、現行の「六三制」を前提にする限り、違和感
がないかもしれない。しかし、ここで思い出しておきたいのは、2.2節で検
討した、加藤周一の必修化反対のロジックである。加藤は、すべての中学生
が英語を学びつつある 1950 年代の状況を批判し、他でもなく中学校におけ
・
る日本語の基礎学習の徹底を強調していた。この加藤の議論を見ても、「中学
生になれば日本語学習と英語学習は両立可能」という認識は、歴史的に見る
とまったく自明なものではないことがわかるだろう。

以上のように、「英語への精神的耐性」論であれ「日本語の発達」論であ
れ、小学生と中学生の間に質的な差異を仮定している以上、波多野（2005:
p. 199）が指摘しているとおり、これは「発達段階論」の一種である。具体的
に言えば、中学生の発達レベルであれば、英語教育必修化によって生じる「副
作用」は問題にならないという議論である。ただし、波多野は、上の指摘に
つづけて、このように小学生・中学生の間に認知発達上の線を引く議論は、
発達心理学などではほとんど支持されていないと指摘している。事実、上記

のような「英語崇拝の発達段階論」や「日本語の発達段階論」を主張する反対派は、実証的な根拠をほとんど出していない。このような点で、ほかにもまして科学性に欠ける議論となっており、論理としても苦しいという印象をまぬがれない。

「基礎教育」としての中学校英語教育

　さて、ここまでは、「中学校の英語が必修でも副作用は生じない」という消極的な中学英語擁護論である。では、積極的な意義としてどのようなものが提示されているのだろうか。この「論争」が興味深いのは、小学校英語必修化への反論が、逆説的に、中学校英語必修化の意味合いを浮彫りにしている部分である。以下、「小学校英語の必修＝反対」と「中学校英語の必修＝賛成」が、どのような論理で両立しているか確認したい。

　まず、小学校英語にきわめて強固な反対姿勢を見せる評論家の茂木弘道の主張を確認しよう。茂木によれば、義務教育は「すぐ役立つなどということを目的とするものではなく」、(p. 49) 基礎的な学習の場であるという。そのうえで、以下のように、「基礎」としての英語教育の必修化を提案している。

> 英語を実際に必要とする日本人は10%とか20%とかいった率であって、多くの人にとっては必ずしも必要ではありません。しかし、日本は階級制の薄い社会なので、中学段階ではだれがその10%、20%になるのかほとんど予知できません。従って、やはり全員に基礎力［と］しての英語を教え、実際に必要性を感じるようになったときに、より高度の英語力をつけられるベースを作っておくべきだと思います。(茂木 2005: pp. 49–50, 強調引用者)

　ここには、加藤周一や平泉渉、渡部昇一と同様の認識——つまり「将来的に英語を必要とするひとは少数派である」という認識——が鮮明にあらわれている。加藤や平泉はこうした現状分析から、英語教育は《国民教育》たりえないと主張したわけだが、茂木は同様の認識から正反対の結論を導いているのである。ここで重要な役割を果たしているキーワードは、「基礎力」「基礎教育」である。つまり、

　大前提　義務教育では、基礎教育が行われる
　小前提　基礎力を育成する英語教育は、基礎教育である
　結論　　義務教育では、基礎力育成としての英語教育が行われる

というように、「基礎教育」という概念を軸にして、(暗黙の) 三段論法が構成されているのである。しかしながら、ここで注意したいのは、「基礎」の意味である。茂木の言う学校英語教育における「基礎」とは、「国民生活に不可欠な知識」という意味での「基礎」ではなく、義務教育以降のよりハイレベルの学習にとっての「基礎」である。一般的に、義務教育の正当性の文脈で「基礎教育」という語が使われるとき、前者の「基礎」を意味することが多いはずだが、もしそうであれば、以上の三段論法は、ひとつの語がそれぞれ異なる意味で使われており、三段論法としての要件をそもそも満たしていないことになる。なぜなら、「大前提」における「基礎＝国民生活に不可欠な知識」と、小前提の「基礎＝義務教育以降の学習のための土台」は、意味が異なるからである。

　論理上の問題点はともかくとして、ここで注目したいのは、学校英語教育の《国民教育》としての正当性が、英語 (の「基礎」) の教育それ自体を根拠に、主張されている点である。言い換えれば、渡部昇一のように「知的訓練」のようなロジックを持ち出さずとも、英語力 (の基礎) の育成そのものに意義が見出されているということである。そして、この「基礎教育」というロジックは、中学校英語の必修の正当性を強調するのに重宝されたものであるようで、茂木以外にも多くの論者が用いている (たとえば、市川 2006)。

　新学制発足後しばらくの間、選択科目であることがむしろ当然視されていた中学校英語は、2000 年代には義務教育を構成する「正当」な一員になるまでに飛躍的な成長を遂げたことを意味する。いわば、《国民教育》化の完成である。この段階では、「どれだけの『国民』が英語を必要とするのか」という必要性の観点はもはや不問に付され、発展的学習の「基礎」をなすという性格がとくに重視される。その意味で、中学校英語は、その存在理由を、「社会的な必要性」という外部に求める必要がなくなったと言える。外国語科内部の自律的な論理で、《国民教育》としての正当化が可能になったからである。

2.7　まとめ──《国民教育》としての英語教育はいつ成立したか

　以上、英語の《国民教育》化に焦点をあわせて戦後を概観してきた。ここで、1 章と 2 章の結果を要約したい。まず、検討結果に基づいて、英語教育と《国民教育》に関する時代的な変遷を整理すると表 2.7 のようになる。

2.7 まとめ──《国民教育》としての英語教育はいつ成立したか

	選択 vs. 必修	概要
戦後初期	選択	名実ともに選択科目
1950年代	事実上の必修	全生徒が英語を1度は学ぶ
1960年代	事実上の必修	全生徒が英語を3年間学ぶ
1970年代〜	事実上の必修	「英語＝必修科目」という「常識」の浸透、自明化

表2.7　中学校英語の必修／選択の変遷

　具体的には次のように整理できる。旧学制下では、義務教育の埒外にあった外国語科は、新制中学発足とともに、選択科目としてスタートした。選択科目が妥当だとされた根拠は、英語の必要性の地域差・個人差だった。外国語科は理念としては、生徒や地域の必要性・興味に応じて履修すればよいとされ、実際、履修しない生徒もある程度は存在していた。その意味で、名実ともに選択科目の時代が戦後初期だった。

　こうした選択制の実際が転換するのは1950年代に入ってからである。ほぼすべての中学生が中1時点では英語を履修するようになり、「全生徒が英語を1度は学ぶ」という意味での事実上の必修化が現出した。一方、こうした状況に、評論家・加藤周一らが根本的な批判をくわえ、事実上の必修化の是非が国民的な注目を集めていた時期でもある。また、加藤のようなリベラル派知識人だけでなく、文部省も選択制のより徹底的な運用を目論んでいた。1950年代後半の文部省の基本方針は、「進路・適性に応じた教育」であり、その考えに基づいて、外国語科が選択科目であることは妥当なものと見なされていた。

　1950年代の時点では、あくまで「全生徒が英語を1度は学ぶ」状況であり、事実上の全学年必修ではなかったが、1960年代になると、中3履修率が100％に近づき、今日的な意味での事実上の必修が現れた。ただし、重要な点は、全国で一様に必修化したわけではないことである。むしろ、農漁村地域の中学校の役割が大きかった。戦後初期・1950年代において、農漁村は都市部に比べて英語履修率が低い、英語教育の「後進」地域だったが、1960年代に驚異的な履修率上昇を経験したからである。英語履修の地域差が解消されていく延長線上に、「3年間必修化」は誕生したのである。

　1970年代以降には、「英語はすべての中学生が3年間学ぶもの」という「常識」が一般にも浸透していった。というのも、1970年代以降には、すべての

「国民」が少なくとも1度は英語を学ぶことに、異論がさしはさまれることがもはやなくなったからである。各論争の争点を整理した表2.8を見てみよう。たとえば、1975年の平泉・渡部論争では、英語教育の義務教育上の正当性が争われたが、争点はもはや「必修か、それとも部分的履修か」ではなかった。外国語教育を義務教育の埒外に置いた平泉ですら、ごく初歩的なレベルでの英語必修を前提にしていたからである。つまり、争点は「必修 vs. 選択」から「いかに必修科目・外国語科を組織するか」という問いへ移っていったのである。

	論　争	争　点	論争の構図		
1955-56	加藤周一らの論争	必修の是非	中学英語必修化に反対する加藤	vs.	必修化の支持者
1974-75	平泉・渡部論争	必修の目的・程度	知的訓練として英語必修を主張する渡部	vs.	初歩的な常識としての英語必修を主張する平泉
1990年代以降	小学校英語論争	必修化の開始時期	小学校から必修	vs.	中学校から必修

表2.8　論争の争点

　この中学校英語必修化に対する自明視は、1980年前後の公立中学校の授業時数削減に対する反対運動においてより明らかである。全生徒がほぼ同量・同質の英語教育を享受することが「平等」な英語教育として概念化されていたからである。これは、1990年代以降の小学校英語論争を見るとより強固になっていることがわかる。小学校での必修化に反対している論者も、自身の批判の矛先が、中学校英語必修化にまで向かわないように、論理の補正を行っているからである。そればかりか、中学校英語の必修化は、発展的学習や高度な運用能力の「基礎」としてさえ肯定されている。この段階になると、戦後初期や平泉・渡部論争に見られた、英語の社会的な必要性を深刻に受けとめる考え方は後景に退いてしまっている。

　このように見てくると、「必修科目が妥当か選択科目が妥当か」というごく基本的な次元で、《国民教育》としての正当性が重要な問題となったのは、終戦から1950年代であったと言える。また、今日的な意味での、すなわち全生徒が3年間ほぼ同量の英語を学ぶという《国民教育》化状況は、1960年代に成立したと考えられる。

2.7 まとめ——《国民教育》としての英語教育はいつ成立したか　　111

　以上、1章および2章では、英語の《国民教育》化をめぐる "when" および "how" に関する問いを検討してきた。その結果、《国民教育》化は、戦後の比較的早い時期——1950年代から1960年代——に達成されたことがわかった。では、《国民教育》化を生んだ要因はなんだったのだろうか。つづく第Ⅱ部より、"why" に関する問いの検討に移りたい。第Ⅰ部の結果を踏まえて、とくに終戦後のおよそ20年間に焦点化して分析を行っていく。

第Ⅱ部

「英語=《国民教育》」はなぜ生まれたか

《国民教育》化の促進要因・阻害要因

　第 II 部より、"why" の問い、つまり、中学校英語の事実上の必修化がなぜ生まれたのかを考えてみたい。資料・史料を網羅的に渉猟・検討した結果、図 II.1 にあるような諸要因が、《国民教育》化に重要な役割を果たした可能性があるという感触を得た。この図の左側は、事実上の必修化を促した要因であり、反対に、右側にあるのは、事実上の必修化にブレーキをかけた要因である。《国民教育》化は、これら促進要因と阻害要因の綱引きのなかで、促進要因のいわば「勝利」によってもたらされたと理解することができる。

高校入試への英語導入

　まず、筆頭にあげられるのは、高校入試に英語の試験が導入されたことである。この要因は、先行研究でもしばしば指摘されている（中村・峯村 2004; Butler & Iino 2005）。というよりも、これ以外の要因で指摘されているものはないと言ったほうが正確かもしれない。3 章では、この高校入試制度の変革を、高校進学率の上昇状況も考慮に入れながら検討する。

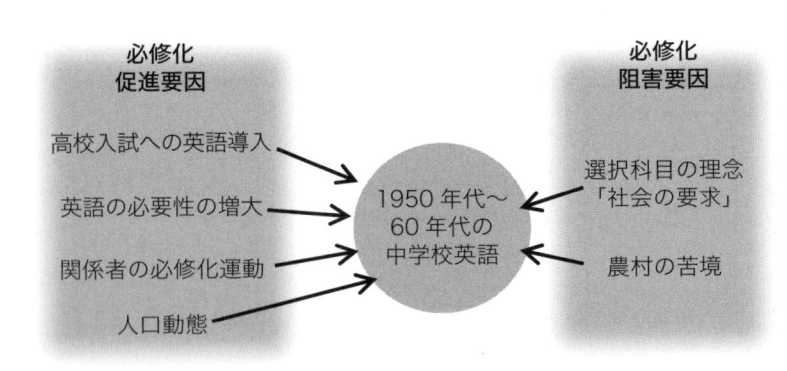

図 II.1　《国民教育》化に影響を与えた可能性のある要因

英語の必要性の増大

「高校入試への英語導入」以外でもっともわかりやすい説明が、「英語の重要性が高まったから、履修率があがった」という説明である。実際、特定の教育内容の普遍性を強調する場合、その教育内容の社会的必要性を訴えるというレトリックは頻繁に見受けられる。たとえば、小学校での外国語活動の必修化に持ち出されたロジックはその典型である。『小学校学習指導要領解説 外国語活動編』(文部科学省 2008) によれば、小学校で英語が必修化された理由は、端的に言えば、グローバル化に伴う英語の意義の向上である[*1]。

外国語教育以外でも、同様の例は見つかる。たとえば、高等学校の家庭科は、戦後長い間、女子のみが必修だった。こうした状況が転換し、男子にも家庭科を課す「男女共修」が実現したのは、1989年の学習指導要領改訂からである。その直接的な背景は、宮下 (2010) によれば、1985年の「女子に対するあらゆる形態の差別の撤廃に関する条約」の批准に伴う、同条約に抵触する男女別教育課程の改善だった。宮下が整理している政策レベルの議論を見ても、とりわけ総理府においては、社会的にも、伝統的な性別役割分業を見直し、男女平等の教育課程編成が必要な時期に来ているという認識が明らかにされている。

同様に、日本社会における英語の存在感——たとえば、社会生活への浸透や仕事における必要性——が増したとすれば、英語を「すべて」の者が学ばなければならないという意識は向上し、その結果、《国民教育》化は進行するはずである。以上の理由から、4章では、1950年代・60年代における英語の社会的ニーズ・有用性について、くわしく検討する。

関係者の必修化運動

教育内容のニーズ増加と同様に、「その教科の関係者が、必修化を推進した」という説明も、わかりやすい要因の代表格である。じじつ、関係者の必修化推進運動によって、必修化が達成された例はすでに存在する。高等学校家庭科の男女共修には、前述の「女子に対するあらゆる形態の差別の撤廃に

[*1] 正確に言えば、指導要領解説の文面上では「英語力だけ」を重視することは慎重に回避されており、むしろ、外国語教育を通じた態度面の育成 (異文化理解や、会話に対する積極的な態度の育成など) に力点が置かれている。しかしながら、必修化をめぐる議論を見れば、「英語力育成の必要性」という現状認識がもっとも重要な要因のひとつであることは間違いない。

関する条約」批准の影響もさることながら、同時に、家庭科教員による共修化を目指した運動が、重要な役割を果たしていた。宮下（2010）によれば、一部の家庭科教員は、女子のみの必修だった 1960 年代からすでに、草の根レベルでの男女共修・家庭科を実践していた。また、1974 年には「家庭科の男女共修をすすめる会」が市川房枝らによって組織され、共修化実現に大きな影響を及ぼしている（家庭科の男女共修をすすめる会編 2005）。

　同様の力学が、中学校外国語科にも生じていた可能性が想定できる。たとえば、1.2 節で引用した松川昇太郎の発言に見たように、新制中学発足直後、せめて中 1 だけでもと必修化を願う声があったからである（松川 1948: p. 11）。また、教育学者の山内太郎も、1950 年代の事実上の必修状況を、「外国語とくに英語の履習を...［人々が］根づよく要求しているため」（山内 1958: p. 106）だとして、その背後に人々の働きかけが存在することをほのめかしている*2。そうした声がもし多数の英語教員から寄せられ、大きなうねりとなっていたのならば、外国語科（英語）の事実上の必修化を後押しした大きな原動力となったと考えられる。この可能性は、5 章で検討する。

人口動態

　以上のふたつの要因ほどわかりやすいものではないが、人口動態の影響も検討に値する。履修率が急増した 1960 年代前半は、第一次ベビーブームによって生まれた世代（1947 年から 49 年に生まれた世代、いわゆる「団塊の世代」）が中学校を通り抜けていく時期にあたるからである。その結果、1960 年代前半の中学校は、生徒数の急増と急減を短期間に経験した。1950 年代の文部省はすでに、こうした生徒数の減少を見越して、学校環境の改善（具体的には、教員ひとりあたりの生徒数の縮小）を狙っていた（小川 1991: pp. 254–69）。じじつ、教育社会学では、1950 年代後半以降の人口動態およびそれに対する行政的な対処が、戦後初期には深刻だった教育の地域間格差の改善に

---

*2 ただし、山内は比較教育を専門とする教育学者であり、外国語科教育に明るかったかどうかは疑問が残る。しかも、この論文（山内 1958）のねらいは、1958 年の中学校指導要領改訂の方針である「生徒の進路・特性に応ずる教育」を、「複線型」カリキュラム編成だと批判することにあった。「単線型」のカリキュラムを支持する山内にとって、外国語が「進路・特性に応じて」選択されることは、批判に値するものだった以上、「人々の外国語必修への要求」という山内の見立てには、慎重な解釈を要する。

役だったことが明らかにされている（苅谷 2009）。同様のメカニズムが外国語科教育に働いていたと考えることも不可能ではない。この可能性は、6 章で検討する。

必修化の阻害要因

　一方で、必修化を阻害していた要因がどのように取り除かれたかを考察することも重要である。言い換えれば、新制中学発足当初に英語を選択科目にしていた力学が、どのように減退していったかという問題設定である。

　阻害要因として筆頭にあげられるものが、まさに上述の新制中学発足当初の外国語科の位置づけである。1.2 節で論じたとおり、国語や社会科といった必修科目とちがい、英語は、学習を希望しない、あるいは必要としない人もいるという理由で選択科目に含められたのであった。にもかかわらず、1950 年代・60 年代に事実上の必修化が成立したということは、戦後初期の「社会の要求」を重視する選択科目の理念が、なんらかの変質を経験したことになる。なぜなら、「学習を希望・必要としない人は学ばなくてよい」という戦後初期の理念と、事実上の必修化は、そのままでは両立し得ないからである。

　阻害要因のもうひとつが、戦後初期に中学校の英語教育現場が経験した様々な苦難である。もっとも大きな苦境は、教員不足である。新学制発足時、新制中学は全教科にわたって恒常的な教員不足にみまわれたが、新たに義務教育段階に導入された外国語科はその最たるものだった（江利川 2006: p. 226）。とりわけ、農漁村部での教員不足は深刻をきわめていた。しかも、1.3.3 節において一部紹介したように、農漁村地域の英語教師の前に立ちはだかったのは、単に物理的・人的リソースの不足だけではなかった。それ以上の難題が、英語教育の必要性を疑問視する生徒・保護者・地域の人々——そして英語教師自身——の存在だった。こうした農漁村地域の「苦境」が何らかの意味で解決されなければ、1960 年代前半に、農漁村地域の英語履修率が爆発的に上昇することはあり得なかったはずである。したがって、農漁村地域の苦境がどのように「解決」されたのかについても、丁寧に検討する必要がある。

　これら阻害要因は、7 章で詳しく確認する。そのうえで、こうした阻害要因が、どのように退潮していったかを続く 2 つの章で見ていく。この点で重要な働きをしたのが、英語教育関係者が当時編んでいた教育言説である。具体的には、「教養のための英語教育」および「正しい英語学習」という 2 種

類のスローガンが、上述の阻害要因への対抗言説として機能した。これらはそれぞれ、8章、9章で検討する。

第3章

高校入試・進学率上昇の影響

　本章では、事実上の必修化を促した要因として、唯一、先行研究で指摘されてきた説明である「高校入試に英語が入ったため事実上の必修になった」という議論を検討したい。

　戦後初期には高校入試の選抜科目から除外されていた英語が、1950年代後半になると多くの都道府県の高校入試に導入されたことは、ある世代以上の英語教育関係者には有名な事実である。そうした事情もあってか、多くの英語教育研究者・英語教師が「事実上の必修化」の原因として、この要因をあげている。たとえば、序章でも紹介したように、英語教育学者の中村敬もこうした説明を行っている。再度の引用になるが、「英語が必修科目であることの意味」と題した小論（中村・峯村2004所収）の一節を見てみよう。

> ［英語は］なぜ実質必修科目だったのか。その直接的理由は、1955年以降英語を高等学校の入試科目に加える県が増えたからである。それが中学校における英語の選択制度を空洞化した大きな理由の一つだ。(p. 171)

　中村以外にも、「事実上の必修化」の背景を高校入試に求める説明は、英語教育界にある程度浸透している。国際的な学術文献にも、こうした記述はしばしば登場する（Butler & Iino 2005: p. 28）。

3.1 高校入試に英語が導入されるとき

　1950年代の高校入試への英語の導入については、河村和也による体系的な研究がある（河村2010, 2011）。本節では、河村の研究に大きく依拠して、当時の高校入試をとりまく状況を確認したい。

　新制中学校に遅れること1年、1948年に新制高等学校は、「大衆に開かれ

たもの」という理念のもと発足した。そうした理念ゆえ、当初は希望者すべてに入学を認める方針を鮮明にしていた。したがって、入学者選抜のために学力検査を行うこと（いわゆる「高校入試」）だけでなく、中学校の成績等に基づいて選抜することそのものも「害悪」として認識されていた（河村 2010）。そのような状況下で、必修科目ですらない英語について、学力検査を行うことは著しく正当性が低かった。

しかしながら、1952 年に初めて、高校入試に英語を課す県が現れる。岡山・宮城・福井の 3 県である。この数は年々増加し、河村（2010）の調査によれば、1953 年初頭（＝1953 年度入学者のための入試、以下同）には 12, 54 年に 23, 55 年に 33, 56 年に 41 と、年を追うごとに増加していき、58 年には神奈川と沖縄を除く 45 都道府県で実施されるまでに至った。

図 3.1 は、河村（2010）や江利川（2011）に基づき、高校入試へ英語を導入した都道府県の数の推移を図示したものである。さらに、高校進学率の推移（出所：文部省『学校基本調査』各年度版）も重ね合わせた。

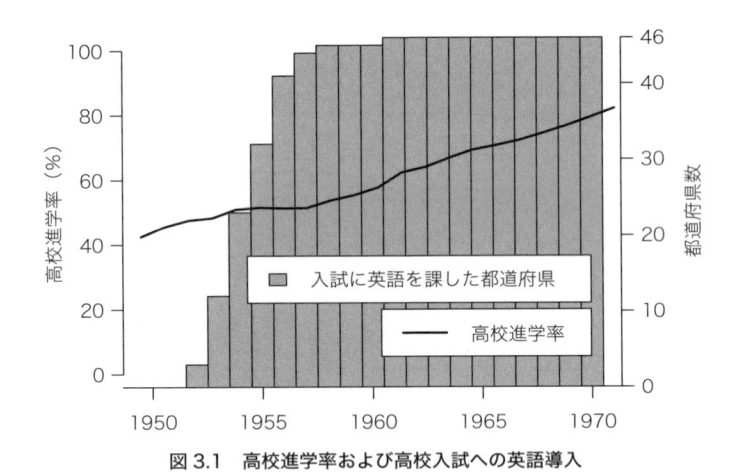

図 3.1　高校進学率および高校入試への英語導入

図示することであらためて、1950 年代半ばに堰を切ったように英語の入試が導入された様子がよくわかるはずである。そして、1961 年の神奈川県の導入を最後に、当時占領下の沖縄を除き、すべての都道府県で高校入試に英語が課されるようになった。英語が事実上の 3 年間必修になる 1960 年代後半には、すでに高校入試への英語導入は全国的に完了していたことになる。

他方、高校進学率も、入試への英語導入ほど劇的な上昇ではないものの、

とくに1950年代後半から60年代にかけて、着実に高まっていく様子が見てとれる。以上から、高まる高校進学率を背景に、高校入試への対応として、中学校の英語履修率は向上したと考えられる。

3.1.1 英語の試験が導入された背景

　では、なぜ高校入試に英語は導入されたのだろうか。その直接的な要因として、河村（2010）は、中学高校の英語教師を中心とした全国的な研究団体である「全国英語教育研究団体連合会」（通称：全英連）の導入推進運動をあげている。河村は、全英連の機関誌『全英連会誌』を検討したうえで、同団体の当時の最重要課題のひとつに高校入試への英語の導入があったと述べている。全英連に主導された積極的な働きかけの結果、各都道府県は、高校入試に英語も課すことを決めたというのが、河村の見立てである。

　ただし、河村が同時に指摘している重要な点は、この導入推進運動は、どちらかと言えば、都市部や高等学校の英語教員の声が反映された結果であるということである。というのも、全英連は、全国組織と言いつつも、東京や高等学校の英語教員の声を代弁しやすい立場だったからである。全英連の発足には東京都高等学校英語教育研究会が深く関与しており、したがって、東京の高校教員の意見を反映しやすい組織であった。高校の英語教員にしてみれば、入試に英語があったほうが好都合な面は多かっただろう。なぜなら、受験者が入試対策として英語も勉強するようになり、その結果、入学者全体の英語力は高まり、また、生徒間の英語力のばらつきもある程度小さくなることが期待できるからである。

　河村があげているもうひとつの重要な要因は、高校入試制度をめぐる行政上の指針の変化である。1954年8月2日付けで文部省初等中等教育局長より出された「公立高等学校の入学者選抜について」という通達において、入試科目に選択科目を課すことを前提とする文言が入ったのである（第4項）。これにより、選択科目である英語を課すことが制度レベルで正当化されたわけだが、文部省の通達にはさらに踏み込んだ記述があった。通達によれば、英語が「選択」教科だからといって出題してならない理由はなく、各都道府県が「実状をよく考慮し、無理のない状態における実施は何らさまたげない」と述べていた（『中等教育資料』第III巻10号、1954年11月、p. 9. 河村2010より引用）。

文部省による上記の見解は、戦後初期にはしばしば確認できる「選択科目は入試に課すべきではない」という論理を明確に否定したものである。河村も推察しているとおり、英語が選択科目であるという理由で導入に躊躇していた都道府県にとって、この通達は、導入に大きく舵をきる重要なきっかけとなったと言えるだろう。そればかりか、理念的な面でも、「必修科目」と「高校入試科目」という結びつきを無効化し、当時はまだ《国民教育》の構成要素になりきれていなかった英語にも、高校入試科目への参入を促したと言える。

3.2 雑誌『英語教育』における高校入試への英語導入

では、当時の英語教育関係者は、高校入試への英語導入をどのように論じていたのだろうか。『英語教育』系統の雑誌を素材に、関係者の「声」を聞いてみよう。

3.2.1 「選択科目は入試に課してはならない」

前述のとおり、新制中学発足当初には、外国語は選択科目なのだから入試に課すべきではないという意識が浸透していた。そうした声は、『英語教育』系統の雑誌にも頻繁にあらわれている。たとえば、1950年に、黒田巍・東京高等師範学校教授（当時）と成田成寿・東京文理科大学教授（当時）による対談（『英語教育』編集部 1950）で、この問題が触れられている。

> 成田　...現在は高等学校の入試に英語がないために、生徒は入学試験のために一生懸命に英語を勉強しないようになりますが、この点をどうお考えになりますか。
> 黒田　困る問題ですが、どうしようもないと思います。選択課目である以上、入学試験に課するということは教育の大方針にもとることになるのではないでしょうか。
> 成田　やる人はやるという具合ですね。
> 黒田　そうですね。入学試験でおびやかすことが出来ないとすれば、外国語の知識の如何に必要なものであるかをよく理解させ、また教師の熱意と教科書の興味とで、ぐんぐん引張って行く外に途はないでしょう。

(pp. 14–15, 強調引用者。原文では、発言者名はイニシャル)

両者の認識は、選択科目を入試に課すのは「教育の大方針にもとる」という点で一致している。対談の数年後の全国的な英語導入を考えると、かなり禁欲的な考え方に見えるだろうが、当時としては必ずしも突飛な認識ではなかった。むしろ、「必修科目＝学力検査の対象」という構図が支配的だったので、選択科目のような《国民教育》の構成要素でないものを高校入試に課すべきではないという意識があったのである。しかしながら、前述のとおり、1954年の文部省の通達によって、こうした構図は退潮し、英語は選択科目という立場を維持したままで、高校入試の試験科目に含まれるようになった。

3.2.2　1950 年代半ばの一大懸案事項

　この問題は、直接的に影響を被る中学・高校の英語教師だけが関心を示したわけではなく、1950 年代半ばの英語教育界でもっとも注目を集めたテーマのひとつだった。これは、『英語教育』の編集方針にも鮮明にあらわれている。表 3.1 は、『英語教育』系統の雑誌において、高校入試への英語導入に言及した記事の推移だが、記事数の単純な増減を見ても、1953 年から 1956 年が同誌における注目のピークだったことがわかる。とくに 1953 年・54 年には、すでに導入済みの都道府県の実施方法を詳細に報告する記事が何度も載っている。この時期は、前述のとおり、多数の都道府県が続々と英語導入を決めていく頃であり、各自治体の導入決定の状況に対し、『英語教育』も敏感に反応していたことが見てとれる。一方、1950 年代末〜60 年代にも言及はいくつか見られるが、そのおよそ半数を、過去を回顧した記事が占めている。高校入試への英語導入は、1950 年代末にはもはや「過ぎ去った過去」になりつつあった。

　表 3.1 は、記事の出版年・出典・内容にくわえて、記事の執筆者が導入に対してどのようなスタンスを示していたかも記載している。分類は、(1) 賛成、(2) 反対、(3) 賛成反対両者に共感を示す中庸、(4) 実施方法や議論があることを報告するのみ、(5) 導入後の運用方法に対する意見である。なお、分類上、何も○がついていない記事もある。

　便宜上、「(2) 反対」という分類や、「(3) 中庸」を用意したが、そのような主張を明確にしているのは、いずれも初期にひとつずつ確認できるのみで

年	著者	所属	賛成	反対	中庸	報告	運用	内容
1950	成田成寿（1950a）	大学教員	○					導入により学習意欲・英語学力が向上
	『英語教育』編集部（1950）	黒田巍＝大学教員		○				選択科目であれば入試に課すべきではない（黒田巍の発言）
1952	斎藤美洲（1952）	大学教員			○			導入賛成者には賛成者なりの、反対者には反対者なりのもっともな理由がある
	『英語教育』編集部（1952a）					○		入試の実施方式について各都道府県の指導主事による簡潔な報告
	『英語教育』編集部（1952b）					○		全日本高校教職員組合による要望、およびそれをめぐる議論
1953	和田忠蔵（1953）	都立中・校長	○					導入により学習意欲・英語学力が向上
	名越覚次郎（1953）	大学教員	○					導入により学習意欲・英語学力が向上
	K. I.（1953）		○					導入により学習意欲・英語学力が向上
	勝亦権十郎（1953）	都立中・教諭						英語導入が切実な問題となっている（賛否明記なし）
	野津文雄（1953）	都立高・校長	○					導入により学習意欲・英語学力が向上
	『英語教育』編集部（1953c）					○		全国指導主事教科別（英語）連絡協議会において英語導入の問題が議論された
	『英語教育』編集部（1953c）					○		岡山県の実施方法の報告
	『英語教育』編集部（1953b）					○		全都道府県の導入の有無・予定
	小林清一（1953）	県指導主事				○		岡山県の実施方法の報告
	『英語教育』編集部（1953a）					○		全都道府県の導入の有無・予定
1954	宍戸良平（1954a）	文部事務官					○	中学教育の本義を強調（高校教育のためにアチーブメントテストがあるわけではない）
	石橋幸太郎（1954）	大学教員	○					導入により学習意欲・英語学力が向上
	宍戸良平（1954b）	文部事務官					○	中学教育の本義を強調（アチーブメントテストで中学教育が振り回されてはいけない）
	『英語教育』編集部（1954）					○		都道府県別の導入状況
	小林正直（1954）	県指導主事				○		新潟県の実施方法の報告
	田淵芳一（1954）	県指導主事				○		長崎県の実施方法の報告
1955	高橋源次（1955）	大学教員	○				○	中学で学んだ科目を検査するのが入試の本義なので英語導入は当然。中高大一丸となって取り組むべき
	村上要人（1955）	都立中・校長	○				○	英語導入には賛成だが、テスト問題によって、生徒の過重な負担や文法偏重にならないように希望

3.2 雑誌『英語教育』における高校入試への英語導入

『英語教育』編集部（1955a）				英語導入がきまり、高校入試に英語がないことを英語教育不振の理由にできなくなった。関係者は覚悟を決めるべし
1956 『英語教育』編集部（1956e）				英語が導入されても、加藤周一が懸念するような「事実上の義務教育」にはならない
『英語教育』編集部（1956a）		○		英語導入がすすんでいるが、テスト対策のための英語教育は本末転倒
『英語教育』編集部（1956c）		○		高校入試の「中学での達成度を検査する」という本義を再確認すべし
『英語教育』編集部（1956d）		○		主として東京都の方式（進学者は必須）に対する異論に対して指導主事が釈明
全英連（1956）		○		都道府県別の導入状況
1957 梶木隆一（1957b）	大学教員	○		英語導入によって、「入試のための英語教育」にならないように注意
1958 『英語教育』編集部（1958a）		○		都道府県別の導入状況
佐々木益男（1958）	都立中・校長			新制中学の10年を回顧し、英語導入を重要なできごととして言及
1959 『英語教育』編集部（1959a）				過去を回顧：英語導入の頃は大変な話題になったが、今はそうでもない
1960 『英語教育』編集部（1960c）		○		神奈川県で英語導入決定
1964 山下穆（1964）	県指導主事			過去を回顧：英語導入による中学校教育への影響を肯定的に評価

表 3.1　高校入試への英語の導入議論

ある。対照的に導入への「(1) 賛成」は多数確認でき、そのほとんどが、高校入試に英語を導入すれば中学生・卒業生の英語力が上がり、中学・高校の英語教育が改善するというロジックを用いている。たとえば、当時、東京都立目黒高等学校の校長だった野津文雄による論文（野津 1953）は、高校側を代表する声の典型である。野津は、高校の英語教育の成果が上がらない一因として、高校入試に英語が課されていないことをあげている（1953年当時、東京都では未導入）。野津いわく、「都内高校入学生の英語の学力低下は厳たる事実」(p. 4) だが、これは、受験科目にないという名目で中3の英語の授業時数が減らされていることに原因がある。したがって、高校入試に英語を導入することで、「生徒の学習意欲は昂まり、英語学力はめきめき向上すること疑いなし」(p. 5) と述べている。同様の論理は、名越 (1953) や K. I. (1953)

などにも見られる。

　表 3.1 を見ると、このような導入賛成のピークは 1955 年前後で、それ以降の議論の主流は、「(5) 運用方法への意見」に転換していることがわかる。実際に導入が決定した以上は、「賛成 vs. 反対」という枠組みで意見を述べるよりも、導入された制度をどう運用していくかという問題に関心の対象が変わることは自然なことだろう。

　さて、本書の問題関心は、選択科目の英語を入試科目に加えることの是非だが、結論から言えば、このような議論はほとんどなされていなかった。導入に慎重な姿勢を示す論者であっても、英語が選択科目であることを問題にしていたわけでは必ずしもなかった。戦後初期において、導入に意欲的だった高校側と対照的に、中学校側は導入にむしろ慎重だったと言われているが、中学校側の慎重論は、新制中学の条件整備が進んでいないことを根拠にしており、必修科目／選択科目という教科の「本質論」にまで踏み込む議論は少ない。たとえば、賛成論・反対論のいずれにも共感を示している英文学者の斎藤美洲は、次のように中学校側の意見を代弁している。なお、引用中の「アチーヴ」とは「アチーブメントテスト」のことで、高校入学時の学力検査（つまり、高校入試）のことである。

　　「...アチーヴに英語がないから、中学校の方で英語科が軽視されるのだ。ぜひ英語をアチーヴに加えることだ」——高等学校にしてみれば、大学側から要求される学力水準と、中学側から送りこまれる生徒の現実の学力とのひらきが、三年間の指導では充たされない所に、なやみがあるのだ。...[高校新入生の英語力低下の] 原因は専ら中学側の 3 [年] の教育にあるのだとなげくのである。
　　それなら、中学側の英語科教師は一体何をしているのだと責めようとしても、それは駄目である。なぜなら中学校英語科には教師がいないのである。いないなら、責めようがないではないか。いないなら、英語のアチーヴメントテストを課すのは第一、生徒にかわいそうではないか。第二に、中学校の校長さんに気の毒ではないか。(斎藤 1952: p. 4)

　斎藤の「代弁」は、「選択科目の本義」から、高校入試への導入を反対したものではない。導入に躊躇せざるを得ない要因は、理念的な問題というよりは、新制中学の教育条件の遅れにあったのである。

　また、当時文部事務官だった宍戸良平は、その立場もあってか、学校教育

全体に目配りをした発言が他の英語教育関係者にくらべても際だって多い。そのような立ち位置ゆえか、中学校側の代弁をしばしば行っている。宍戸の1954年の「高等学校入学者選抜学力検査と英語」という論文（宍戸1954a）では、「導入すれば高校の英語教育が改善する」という高校側の論理に釘をさしている。宍戸は、中学校は進学準備のためにあるなどとは学校教育法には書かれていないと中学校教育の本義を説明したうえで、上級学校のために英語の試験を導入するという考え方は間違っていると厳しく批判し、次のように、アチーブメントテスト、すなわち高校入試の意義を説いている。

　まずなによりも先に、アチーヴメント・テストというものが、中学校3か年の課程においてどれだけのものをアチーヴしたかをevaluateすることを目標としていることが考えられるべきであろう。
　高等学校や大学に入ってから英語で困るからアチーヴメント・テストに英語を加えるべきであるとか、アチーヴメント・テストに英語がないと英語をよく勉強しないから英語を加えるべきであるとする考え方は、終戦後よく行われるpracticeのつごういかんによっては肝心なprincipleまでもくずしていこうとする考え方であろう。(p. 364)

この2ヶ月後にも宍戸は、高校入試によって中学校教育が乱されるという弊害をどのように防いでいくか、ということについて言及している（宍戸1954b）。当時の宍戸が、高校入試への英語導入という大きなうねりの中で、いかに中学校教育の「本義」を守ろうとしていた論者だったかがわかるだろう。しかしながら、宍戸の主張の中にも、選択科目であるから入試に課すべきではない、という議論は見られない。あくまで、選択科目という位置づけをきちんと理解したうえで、入試へ導入するべきだという論調である。

3.2.3　入試はどう運用されたか？

　1950年代では、中3時に英語の履修をやめてしまう生徒は少なくなかったので、高校入試に課すにしても慎重な運用が必要だった。妥当な運用方法としては、常識的に考えれば、「中学校での英語選択者には課してもよい」「3年未満の履修者が不利にならないようにする」といったものが考えられるが、実際のところ、どのような運用方法が模索されたのだろうか。

具体的な運用方法が問題になったのが、1956年に行われた座談会である（『英語教育』編集部1956d）。ここで、東京都の英語入試の方法に異論が集中する。というのも、1956年度より導入した東京都は、受験者全員に英語を課すという方式を採用したからである。この座談会では、同誌編集主幹で東京教育大学教授（当時）の石橋幸太郎と、都立九段高校長（当時）の両角英運が、英語受験選択は受験生の選択にまかせるべきで、東京都のような一律受験はおかしいと疑義を表明している。それに対し、当時東京都の指導主事だった福井保は、彼らの疑義に一応の理解を示しつつ、都内の中学校の状況を精査したところ進学希望者の英語履修率がほぼ100％だったので、一律導入でも問題は生じないと判断したと釈明を行っている。

ただし、東京都のように「全員に課す」という方法は特殊な例であり、他県はもっと柔軟な運用だった。表3.2は、河村（2010）の集計による、各県の英語試験の運営方法である。このなかで圧倒的多数を占めていたのは、2番目の、選択教科群のなかに「英語」を置き、受験者にその中から1つあるいは複数を選択させる方式である。1番目の「受験者の自由」や、5番目の「中学で英語を履修した者」もある程度確認できる。これらは、上記の座談会で石橋らが妥当な方法であると訴えたものであり、また、宍戸によって、学力検査の本来のあり方とされた方法である。

このように、ほぼすべての県が、「軟着陸」のかたちで高校入試へ英語を導入し始めた。つまり、制度的問題が生じないように、当時の選択科目の実情にあわせながら、入試制度がスタートしたのである。逆に言えば、英語入試を「軟着陸」させたものは、当時の新制中学の教育条件であり、「英語＝選択科目」という理念ではなかった。理念ではなく教育条件が導入にブレーキを

		1953年度	1954年度	1955年度	1956年度	1957年度
1	受験者の自由	2県	4	6	1	2
2	選択教科のひとつ	7	11	18	30	31
3	高校で英語を履修する者	1	3	1	2	2
4	全員必須	1	1	1	1	1
5	中学で英語を履修した者	1	4	5	3	7
合計		12	23	31	37	43

河村（2010: 表1）に基づく（原資料は、『中等教育資料』第Ⅴ巻9号、第Ⅶ巻1号）

表3.2　英語試験の運営方法

かけた要因である以上、その教育条件が改善し、履修率が向上していけば、英語の試験が必須のものに移行していくことは当然である。実際、こうした移行は、教育条件が改善する1960年代にかけて見られたものである。たとえば、江利川（2011: pp. 184–88）によると、和歌山県では、英語の試験が1956年度入試に「選択教科のひとつ」（表の2番目の方法）として導入されたが、1968年度から必須の受験科目となった。

　以上の知見を踏まえると、1950年代に高校入試への英語の試験が導入され、高校進学者にとって中学校時に英語を履修することが、より重要になった。そして、1950年代・60年代に高校進学率が大きく上昇し、高校進学の希望をもった中学生が増加すると、英語教育に大きな意義を見いだす学校が増えたことは事実だろう。その結果、英語履修率が急増し、1960年代の英語の事実上の3年間必修化に至ったと考えられる。つまり、高校入試への英語導入は、《国民教育》化につながるいわば「舞台」を用意し、そして、高まる高校進学率が「起爆剤」となったと見ることができる。

3.3　「高校入試への英語導入」という説明の限界

　こうして見てくると、「高校入試への英語導入が、事実上の必修化を生んだ」という説明は、一応納得がいく。しかしながら、同時に、次の2つの理由から完全な説明とは言い難い。ひとつは、1960年代前半の英語履修率上昇と高校進学率上昇のギャップであり、もうひとつは理念面のギャップである。

　第1の問題について。1.4節で、中3時の英語履修率が、1961年から64年まで、83% → 88% → 91% → 94%というように上昇したことを明らかにした。他方、同時期の高校進学率は、62.3% → 64.0% → 66.8% → 69.3%であり、100%に近づいていた英語履修率にくらべて、かなりの開きがある。たとえば、全中学生の約3割が高校に進学していない1964年時点で、3年間履修率はすでに100%に近づいていた。仮に、1964年時点で高校進学者全員が中3時に英語を履修していたとすると、非進学者での中3履修者は、中学生全体の24.7%（94% − 69.3%）程度いたことになる。非進学者（30.7%）全体に占める英語履修率を計算すると、24.7% ÷ 30.7% = 80.5%、つまり、高校進学しない生徒の8割以上が、中3時点でも英語を学んでいた計算になる（高校進学者の全員が英語を学んでいたという仮定が事実かどうかは定かでないが、もし全員でないとすると、計算上、進学しないのに英語を履修し

た生徒はもっと多くなる)。

　高校に進学しない生徒の約8割が中3時にも英語を履修していたということに、たいした矛盾を感じない人もいるかもしれない。しかしながら、1960年代前半の履修率急増を支えたのが農漁村地域であることを考え合わせると、履修率と高校進学のズレはさらに決定的である。たしかに、全国レベルの統計で見れば1960年代は高校進学が一気に大衆化・普遍化していく時期にあたるとは言え、当時はまだ現在と比べてきわめて大きな地域差があったからである。

　では、進学率の地域差を確認してみよう。表3.3は、1960年代前半における全国平均および東京・青森・宮崎の高校進学率を示したものである。青森と宮崎は当時とくに進学率が低かった県であり、1965年3月の高校進学率を見ても、これらの県では中学生のおよそ半数が卒業と同時に就職や家業を継ぐなど社会に出て行く状況にあった。映画『Always 三丁目の夕日』の冒頭に、1958年春、堀北真希扮する青森県出身の六子（ロクちゃん）が集団就職の汽車で東京に向かうシーンがあるが、じっさい、この時期の青森県・宮崎県は、集団就職の「供給源」として有名な県であり（片瀬 2010）、その意味で、「卒業後は、高校に進学せず就職する」ということがごく一般的だった。つまり、当時の農漁村地域のような、進学することが必ずしも当然ではない環境において、高校入試という要因だけが決定的な影響を及ぼしたと考えるのはかなり困難なのである。

　他方、東京都の進学率は1960年度ですでに8割を越えており、英語履修率と大きな乖離は見られない。この点を踏まえると、高校進学率と英語の義務教育化の符合という従来の説明は、都市部に限ってはかなりあてはまるものだった可能性はある。本章の冒頭で「事実上の必修化＝高校入試への英語導入」説を展開していた中村敬も、当時、大都市・名古屋の中学・高校教員

	1961年3月 (60年度)	1962年3月 (61年度)	1963年3月 (62年度)	1964年3月 (63年度)	1965年3月 (64年度)
全国平均	62.3%	64.0%	66.8%	69.3%	70.7%
東京都	81.1%	84.1%	84.3%	86.5%	86.8%
青森県	45.0%	46.2%	51.0%	54.8%	54.3%
宮崎県	44.7%	44.3%	47.8%	51.9%	57.4%

表3.3　1960年代前半の高校進学率（出所：文部省『学校基本調査』各年度版）

であった。

　一方、「高校入試への英語導入が事実上の必修化を生んだ」とする説明のもうひとつの問題点は、理念面のギャップである。前述のとおり、新学制発足当初に示された指導要領試案において、生徒や地域の実情に応じて、外国語（英語）を履修することが、あるべき姿とされた。さらには、履修する生徒としない生徒がいることは、むしろ、「民主的」な教育のあらわれとすら考えられていた。こうした当初の理念が、せいぜい 20 数パーセントの進学率上昇だけで「なし崩し」にされたとは考えにくい。また、高校入試に英語が全国的に導入されたとは言っても、当初は、多くの道府県で必須の科目だったわけではなく、また、他教科並みのウェイトがなかった場合も多い（河村 2010; 江利川 2011）。入試科目のひとつとは言え、最重要科目ではなかった英語に、理念的な大転換を促すだけの影響力があったかは疑問が残るのである。

　こうした理念的なギャップは農漁村地域でより顕著だったと想像できる。「高校には進学しない」「中学卒業後は就職する」ということがごくありふれた地域において、仮に「高校入試があるから英語を学ばなければならない」というような根拠を持ち出しても、多くの生徒は「付き合わされた」状態に置かれただろう。したがって、都市部ならまだしも、地方においては、高校進学のために英語を学ぶという目的論を利用する余地はそれほどなかったと考えられる。幸か不幸か高校受験という誘因があった都市部と違い、地方には、より「本質的」な英語の教育目的・学習目的が必要だったのである。

　以上、本章では、高校入試への英語導入および高校進学率の上昇が、事実上の必修化に及ぼした影響と、その限界点を検討してきた。この要因が、英語の《国民教育》化にとって重要な役割を果たしたことは疑いないが、同時に、この要因だけで完全に説明できるものではないことも明らかになった。とくに、1960 年代の農漁村地域での英語履修率上昇を説明するにはかなり心許ないものである。こう考えると、高校入試への英語導入以外にも、様々な要因が事実上の必修化に介在していたと考えられる。次章以降は、これ以外の要因をひとつひとつ検討していく。

第 4 章

英語の必要性は増大したか

　英語の《国民教育》化に影響を与えた可能性がある次の要因が、英語の必要性の増大である。前述のとおり、新制中学発足時に選択科目とされ、また、1950 年代半ばに加藤周一が外国語科は《国民教育》に値しないと論じた理由は、英語使用を必要としない「国民」の存在だった。これを逆に考えれば、英語の履修率が上がり《国民教育》化が進行したのは、戦後初期の必要性の低さが解消されたから、という可能性が想定できるのである。

4.1 「役に立つ英語」

　戦後の英語教育で、「英語の必要性」と言ったときまず想起される有名な事例が、1950 年代後半から 60 年代のいわゆる「役に立つ英語」論である。これは、産業界が学校英語教育に突きつけた批判であり、その要旨を一言で言えば、従来の学校英語教育は仕事で役に立つような英語力育成をしてこなかった、もっと効率的な英語教育を、というものだった。

　この「役に立つ英語」論は、1950 年代後半〜60 年代の英語論を特徴づける重要なできごととされることが多い。たとえば、英語教育学者・中村敬は、以下のようにこの時期を「役に立つ英語」全盛の時代だったと位置づけている。

　　［英語学習の］目前の「効用」とは、すぐ「役に立つ」ということだが、この「役に立つ」英語教育が「学校」の英語教育における大目標となるのが、昭和三〇年代の初頭からであった。それは、経済の高度成長という国の政策と符節をあわせるように登場する。（中村 1980: pp. 34–35）

　加藤［周一］の選択制論は、全員履修が引き起こす「非能率性」を批判の的に

している。この加藤の主張は、英語教育廃止論と誤解されるほどで、その真意はまるで理解されなかった...［理解されなかった理由は］「役に立つ英語」イデオロギーが猛威をふるい、すべての中学生が学ぶことを当然視する状況の中で、「国民皆英」制度に疑問を呈する者がほとんどいなかったからである。(中村 2004: p. 271)

中村の議論にしたがうならば、1950年代後半から英語の必要性・有用性に対する認識が極度に高まったということになる。これが事実ならば、英語教育の《国民教育》としての正当性を成立させた重要な要因のひとつとして数えることができるだろう。

この論議のそもそもの発端は、1955年に日本経営者団体連盟（通称「日経連」）が語学教育研究所に寄せた「新制大学卒業者の英語の学力に対する産業界の希望」という要望書である。その内容は、川澄（1978: p. 791）の要約にしたがえば、次のようなものである。

1. 基礎学力の充実
2. 語学と専門知識を結びつけた教育
3. 就職後外国文献を読みこなす程度の語学力の素養
4. 会話力を身につける
5. 語学を絶えず勉強するという習慣をつける
6. 中学校、高等学校、大学と一貫性を持った語学教育を要望する

1955年時点ですでに、日経連の内部では、英語の有用性——とりわけ仕事上の有用性——が認知されていたことがうかがえる。同要望書を端緒として、1950年代後半から60年代にかけて「役に立つ英語」論は英語教育界の主たるテーマのひとつとなり、大学教育だけでなく、中学・高校教育もまきこんで、多岐にわたる議論が行われた。もちろん、たとえば「実用のための英語」のような「役に立つ英語」と同種の語は、戦前から流通していたので、1950年代後半に突如、英語の有用性なる概念が誕生したわけではない。しかしながら、1950年代後半は高度経済成長期の入り口にあたり、経済・産業と学校英語教育との連関のあり方が以前にも増して強く意識されていた時代だったのは事実である。

しかしながら、このような象徴的な事例だけをもとに、当時、英語の必要

性・有用性が上昇したと結論づけるのは、序章で批判した「英語教育内部の大事件中心の歴史記述」にほかならない。日経連にしろ英語教育関係者にしろ、日本社会を構成するメンバーのごく一部にすぎず、彼ら彼女らの主張がそのまま日本社会全体の実態を反映しているとは考えられないからである。本書が、英語の《国民教育》化という問題設定をとる以上、「国民」全体という視座から英語の有用性を検討する必要がある。そうであれば、象徴的な事例に過度に依存するよりは、「日本社会」を極力適切に代表するデータを検討していくべきである。こうした理由から、以下では、英語の有用性が当時の日本社会「全体」ではどのような状態だったかという問題関心から分析を行っていく。

4.2　英語の有用性の実態

有用性の2つのレベル——集団 vs. 個人

　当時の「英語の必要性・有用性」を検討する前に、区別するべき重要なポイントを指摘しておきたい。それは、「集団レベルの有用性」と「個人レベルの有用性」である。両者は、しばしば同じ文脈上で同時に現れるが、区別しておかなければ議論の混乱をまねく原因となる。

　個人レベルの英語の有用性とは、ある人にとって英語が役に立つかどうか、役立つとすればどの程度かを指す概念である。一方、集団レベルの英語の有用性は、国家や企業など特定のグループにとって英語が役立つかどうかを問題にしている。その点で、たとえ集団レベルでは英語が有用だったとしても、その集団のメンバーすべてに有用性が認められる論理的必然性はない。たとえば、日本という国家単位で見たとき、幕末から現在まで、英語が有用でなかった時代はまず存在しない。英語が大衆化する以前の近代初期の日本であっても、「文明」の言語のひとつである英語は、国家の成長のために不可欠な要素だった。しかしながら、同時に、国家のメンバーである「日本国民」全員に英語の必要性が想定されていたわけではないことも事実である。だからこそ、1.1.2節での岡倉由三郎の発言のように、英語の知識は「国民教育」や「普通教育」の埒外だと見なされていたのである。

　以上を踏まえると、本書にとって重要なのは、前者の「個人レベルの英語の有用性」である。なぜなら、英語を有用だと感じる個人が増えていき、英

4.2 英語の有用性の実態

語の必要性が日本社会全体に浸透することで、《国民教育》化が生じたとするのが、当初の仮説だからである。

では、個人レベルの英語の必要性・有用性の有無・程度はどのようなデータを検討すれば明らかになるだろうか。もっともシンプルな方法としては、「あなたにとって英語は必要ですか？」「あなたにとって英語は役立ちますか？」という質問紙を「国民」にランダムに配布する社会調査・世論調査である。1950年代・60年代にこの種の社会調査がなされていれば答えにたどりつくことは簡単なのだが、残念ながら、そのような調査は存在しない。以下では、当時のマクロ統計や、外国語の学習意欲に関する世論調査、あるいは仕事における英語の位置づけを調査した資料などを総合的に検討し、当時の英語の有用性の状況を推定したい。

4.2.1 現代における英語の必要性・有用性

1950年代・60年代の検討にはいる前に、そもそも現代では、どの程度の人々が英語を必要とし、また、役立つと感じているのだろうか。2000年以降になると、信頼できる社会調査のいくつかが人々の英語に対する必要感・有用感を調査しているので、簡単に確認しておきたい。

まず、参考になるのが「日本版総合的社会調査」（Japanese General Social Surveys）の2010年版（以下、JGSS-2010と略記）に含まれている、英語の有用感に関する2設問である。ちなみに、JGSSは、日本社会の人々の行動・意識の状態・変化を明らかにするために1～2年に1度のペースで行われている大規模な学術的社会調査である。JGSS-2010の母集団は、2010年時点において日本に居住する20歳から89歳までの男女であり、無作為抽出で標本がとられているので、結果を日本社会全体に一般化することができる。上記の2設問を含むA票は、標本サイズがおよそ4500[*1]、有効回答数は2507（転居・療養中などにより回答不能な468名を除いた実質的な回収率は62.2%）である。

では、具体的な設問を見ていこう。JGSS-2010には、「あなたの仕事にとっ

[*1] 「およそ4500」という曖昧な表現をしたのは、本調査はそもそも標本サイズが $N=9000$ であり、抽出された回答者にA票とB票のいずれかがランダムに配布されるというデザインをとっているためである。

	仕事上	趣味・人づきあい
まったく役立たない	372　(24.7%)	751　(30.2%)
ほとんど役立たない	482　(32.0%)	746　(30.0%)
少しは役立つ	348　(23.1%)	536　(21.5%)
ある程度役立つ	190　(12.6%)	291　(11.7%)
とても役立つ	113　(7.5%)	165　(6.6%)
計	1568 (100.0%)	2489 (100.0%)
現在仕事はしていない	936	
無回答	66	18

表 4.1　英語の有用感（JGSS-2010）

て、英語の力を高めることはどのくらい役に立つと思いますか」、および、「あなたの趣味や人づきあいにとって、英語の力を高めることはどのくらい役に立つと思いますか」という2つの設問があり、回答者はそれぞれ「まったく役立たない」「ほとんど役立たない」「少しは役立つ」「ある程度役立つ」「とても役立つ」という5つの選択肢からひとつを選ぶ。前者は「仕事上の英語有用感」、後者は「趣味・人づきあいの英語有用感」と考えられる。

　回答の結果は、表4.1である。各選択肢の回答者数およびその割合を示した。「仕事」「趣味・人づきあい」いずれの場合も、「まったく役立たない」「ほとんど役立たない」というように否定的に答えている人の割合が約6割にものぼる。一方で、「とても役立つ」という回答は1割に満たず、英語力の有用性を大いに実感している人はかなり少数派であることがうかがえる。国際化が進みつつあると言われている2010年においてもこのような状況であるので、1950年代・60年代に英語を役立つと思っていた人の割合はもっと小さかっただろう。

　JGSS-2010以外にも、英語の有用感・必要感に関係のある設問を含んだ無作為抽出による社会調査はいくつも行われている（たとえば、リクルートワークス研究所「ワーキングパーソン調査」の2000年版など）。その詳細は寺沢（2013a）を参照されたいが、総じて上記の結果と同様、2000年代においても英語の有用性・必要性を感じている「日本人」は、かなり多めに見つもったとしても過半数には達しないことが明らかとなっている。国際化・グローバル化が喧伝される今日ですらこの状況なのだから、1950年代・60年代の日

本で、英語に有用性を感じていた人々はもっと少なかったはずである。

4.2.2　1950年代・60年代の日本

じじつ、1950年代・60年代の日本社会の国際化状況はまだ限定的だった。国際化の指標となりうるいくつかの統計をもとに、その点を確認したい。図4.1は、戦後日本の対外貿易額（出所：財務省）および海外渡航者数（出所：法務省）の推移を示したものである。

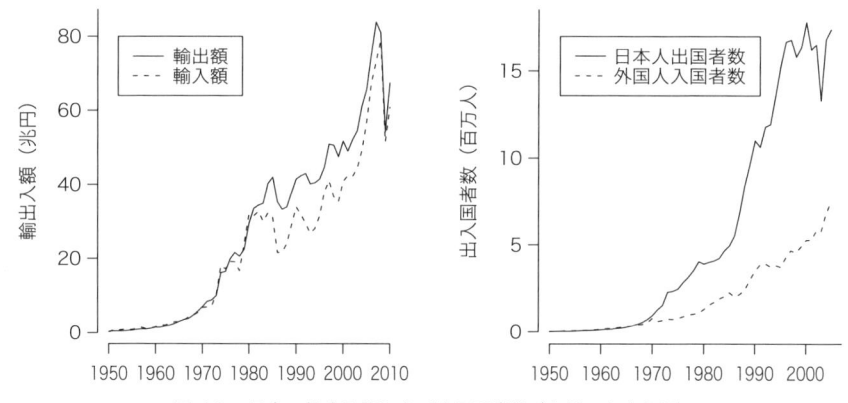

図4.1　日本の輸出入額および出入国者数（出所：本文参照）

図から明らかなとおり、1950年代・60年代の対外貿易額は、2010年に比べ、かなり小さい。輸出入額が急上昇し、したがって貿易の「国際化」が進むのは、むしろ1970年代以降だということがわかる。同様に、海外渡航者・入国者の数も1950年代・60年代にはかなり少ない。それもそのはずで、観光目的の海外渡航が自由化されるのは1964年であり、しかもそれが大衆化するのは、1970年代以降だからである。その点で、人的交流の面での「国際化」も、1950年代・60年代は戦後初期と大差がなかったことがわかる。英語の事実上の必修化は、これらの「国際化」が進行するずっと前に、成立していたことになる。

4.2.3　世論調査から見る英語学習意欲

前述したとおり、1950年代・60年代に、英語の有用感・必要感そのもの

を調べた社会調査は存在しないが、学習意欲を尋ねた世論調査は存在する。戦後、内閣府が行ってきた膨大な数の世論調査のなかに、外国語学習に関する設問を含むものがいくつか存在するからである（なお、1990年代以前の世論調査の全リストは、寺沢（2013b）に掲載しているので参照されたい）。しかも以下に示す内閣府世論調査はすべて、無作為抽出によってサンプルがとられており、日本社会「全体」の状況を検討するのに適している。

ここで注目するのは、外国語学習の意欲・予定について尋ねた設問である。もちろん外国語の学習意欲は、必要感・有用感そのものではない。しかしながら、外国語に何らかの有用性を感じている人が多ければ多いほど、外国語の学習意欲を持つ人が増えると考えるのは自然であり、ひとつの指標として用いても差し支えないだろう。また、当然ながら、「外国語」は「英語」だけを含意するわけではないが、日本社会の多くの人々にとって「外国語」と言えば「英語」を指すと思われるので（cf. 大谷 2007: pp. 145–48）、大きな問題はないだろう。

では、結果を確認したい。調査時点で外国語（英語）学習を行っているか否かにかかわらず、今後行う予定・意欲があるかどうかを尋ねた世論調査を、表4.2にまとめた。各調査について、調査年・調査名・設問の概要、および、選択者のパーセンテージ・総ケース数を記載している[*2]。

このなかでもっとも古い調査が、1962年の「青少年に関する世論調査」であり、1960年代に行われた唯一のものでもある。ただし、対象者は、15歳から25歳までの若年層に限定されている点に注意されたい。同調査には、「職業に関係していることでも何でも結構ですが、あなたは、こういうことを勉強したいとか、こういう技術を身につけたいと思っているものが何かありますか」という問いがある（複数回答可）。この問いに対し、選択肢の「英会話、外国語会話」を選んだ回答者を、外国語（英語）学習の意欲がある人と見なした。選択者数を総ケース数で割れば、当時、英語の学習意欲を持っていた若年層の割合を推計することができる。それ以降の調査の推計値も、およそ上記のような手続きで算出している。

では、その「青少年に関する世論調査」の結果を見てみよう。表4.2を見

[*2] 本書では、外国語の学習意欲だけをとりあつかっているが、調査時点において学習しているかどうかを聞いている世論調査もある程度存在している。こちらについては、寺沢（2013b）が詳細に分析しているので参照されたい。

4.2 英語の有用性の実態

年	調査名	母集団	推計対象の設問・選択肢	男性 % (n)	女性 % (n)
1962	青少年に関する世論調査	全国に居住する満15才以上25才未満の青少年	「英会話、外国語会話」を勉強したい・技術を身につけたい	14.0 (不明)	
1976	婦人に関する世論調査	全国20歳以上の女性	(現在やっているものも含めて)今後「英語などの外国語」を学習予定	—(—)	2.2 (4143)
1981	自由時間における生活行動意識に関する世論調査	全国15歳以上の者	(現在やっているものも含めて)今後「外国語」を学習予定*	5.6 (1774)	3.6 (2291)
1984	婦人に関する世論調査	全国20歳以上の女性	(現在やっているものも含めて)今後「英語などの外国語」を学習予定	—(—)	3.5 (2397)
1992	生涯学習に関する世論調査	全国20歳以上の者	「今後」の「生涯学習」として「語学」をしてみたい	5.9 (993)	9.7 (1198)
1999	生涯学習に関する世論調査	全国20歳以上の者	「今後」の「生涯学習」として「語学」をしてみたい	7.5 (1541)	8.3 (1907)
2005	生涯学習に関する世論調査	全国15歳以上の者	「今後」の「生涯学習」として「語学」をしてみたい	6.6 (1597)	8.5 (1892)

＊：複数のカテゴリを統合・掛け合わせた推計値

表 4.2 「英語(外国語)学習」の予定・意欲がある人の割合 (各種世論調査から推計)

ると、外国語(英語)学習の意欲がある若年者は、回答者全体の 14.0% だったことがわかる。これはそれ以降の世論調査に比べればかなり高い数値である。たとえば、その 14 年後の「婦人に関する世論調査」では、対象者は成人女性に限られるが、ほんの 2.2% の人しか外国語(英語)学習に意欲を示していない。それ以後、2000 年代の世論調査まで見ても、パーセンテージが 2 桁を越えることはない。このように、1962 年の「青少年に関する世論調査」において、比較的高い「学習意欲」が示されていた最大の原因は、おそらく、調査対象者が 15 歳から 25 歳までの若年層に限定されており、相当数の生徒・学生を含んでいたためだと考えられる。逆に言えば、生徒・学生が回答者に含まれていたにもかかわらず、14% しか英会話・外国語会話に学習意欲を示していなかったことになる。当時の若年層全体の外国語学習意識は、ごく低調なものにとどまっていたことを示唆している。若年層ですらこの程度だったのなら、25 歳以上を含めた日本国民全体で見た場合、この数値はさらに低く、おそらく 1 桁台のパーセンテージだったことは想像に難くない[*3]。

こうした調査結果を目の当たりにすると、1950年代・60年代に英語の有用性が社会全体に浸透していたということはかなり考えにくいことではないだろうか。

4.3 「役に立つ英語」論の位置づけ

前節までの検討により、1950年代・1960年代の日本にはまだ、英語の必要性・有用性は限定的にしか浸透していなかったことがわかった。しかしながら同時に、この時期は、本章の冒頭で見たとおり、「役に立つ英語」論議を代表として、英語教育界では、英語の意義が強く認識されていた時代でもある。これらは一見すると大きな矛盾に思えるが、どのように理解したらよいのだろうか。

4.3.1 誰にとっての「役に立つ英語」か

その謎をとくひとつの鍵が、当時の労働市場における英語能力の位置づけである。現代でも、とりわけビジネス誌で、これからの社会人にとっていかに英語力が重要かを強調するセンセーショナルな記事がしばしば載るが、似たような特集が、1960年にも英語教師向けの雑誌である『英語教育』(大修館書店) で行われている (『英語教育』編集部 1960a)。「アンケート『役に立つ英語』――実業界の意向」と題したその特集は、同誌編集部が日本経営者団体連盟教育部と共催で行った調査で、有名企業が新卒社会人にどのような英語力を期待しているかアンケートを行っている。

回答した企業 (全20社) のほぼすべてが有名企業[*4]であり、当然ながら、当時の日本の企業全体から見れば、上層のごく一部にすぎない。したがって、回答結果はけっして一般化できる性格のものではないが、当時、おそらく英

[*3] ちなみに、注[*2]で触れた、「現在、外国語を学んでいる」と答えた人になると、その割合はさらに小さく、1970年代から2000年代までのいずれの世論調査でも数パーセント程度である。寺沢 (2013b) 参照。

[*4] 回答企業は次のとおりである (社名は本文ママ)。シェル石油、東亜燃料工業、三井物産、伊藤忠商事、明治屋、日本航空、日本交通公社、三井船舶、日本原子力研究所、東京芝浦電気、旭化成工業、旭硝子、信越化学、月島機械、十条製紙、極洋捕鯨、三井銀行、日産自動車、日本電気、匿名の計20社。

4.3 「役に立つ英語」論の位置づけ

	高卒者への希望	大卒者への希望
基礎力	17 (89%)	2 (10%)
手紙が書ける	1 (5%)	9 (45%)
文書が読める	4 (21%)	20 (100%)
会話ができる	2 (11%)	10 (50%)
電話の応接	0 (0%)	2 (10%)
企業総数	19 (100%)	20 (100%)

数値は言及のあった企業数

表 4.3　新卒社員に期待する英語（データの出所：『英語教育』編集部 1960a）

語の使用機会がもっとも多かっただろう有名企業が、従業員の英語力に対して、どのような意識を持っていたかを垣間見ることができる点で、たいへん有用な調査である。

　設問は多少こなれていない印象を受けるが、そのまま引用すると次のとおりである——「高校卒・大学卒（文科系・理科系）の新入社員にどのような程度の英語の学力を期待していますか。そのものズバリの役に立つ英語として何を要望しますか」。各社の回答は、同誌上では、具体的に記述されているが、重複するものが多数見つかったので、筆者が表形式にまとめなおした。その結果が、表 4.3 である。

　表 4.3 の結果で注目すべきは、大卒社員に対する期待と高卒社員に対する期待にかなりの温度差がある点である。回答した企業の多くが大卒社員に「書ける」「読める」「会話」といった運用能力を望んでおり、しかも読解力については全社が望んでいるにもかかわらず、高卒社員には多くの企業が「基礎力」程度しか期待していない。この「基礎力」が何を意味するかは定かではないが、たいした運用能力は期待されていない様子がうかがえる。なぜなら、寄せられたアンケート結果を見ると、多くの企業が、大卒社員の英語力に詳細な注文をつけている一方で、高卒社員には「英語の基礎力」という一言で済ませているからである。この事実は、「役に立つ英語」論で企業が関心を寄せていたのはほかでもなく大卒社員の英語力だったということを示唆している。じじつ、「役に立つ英語」議論のなかで、主たる改革の対象とされていたのが、中学高校ではなく大学の英語教育だった（福井 1979: pp. 72–73）。

　ここで問題になるのは、当時、大学新卒の社会人がどの程度存在していたかである。文部省『学校基本調査』によれば、1960 年の 4 年前の大学進学率

（過年度高卒者等を含む）は、7.8％（男性13.1％、女性2.3％）だった。つまり、当時の20歳前後の若者のうちおよそ1割が大卒学歴を手にしていたことになる。有業者全体で見た場合であっても、当時の有業者に占める高等教育卒者の割合は1割程度だった。学歴別就業人口の記載があるもっとも古い『就業構造基本調査』は1968年調査（総理府統計局1969）だが、これによれば、1968年時点でも高等教育卒者は全有業者の10.4％を占めているにすぎなかった。以上を踏まえると、「役に立つ英語」という名のもとに、一部の企業は英語の運用能力を就労者に望んだとはいえ、それは、当時の労働人口から言えばごく一部の人々に対するものだったということである。したがって、1950年代後半から「役に立つ英語」論が英語教育関係者の間で大きな注目を集めたことと、日本社会全体に英語の有用性がまだ浸透していなかったことは何ら矛盾しないと言える。英語の必要性・有用性はたしかにごく一部の企業人には強く意識されていたが、それは、あくまで「ごく一部」にすぎなかったからである。

4.3.2　何のための「役に立つ英語」論か

　もうひとつ慎重に考慮すべきなのは、「役に立つ英語」論が当時果たしていた役割——言うなれば機能——である。本書はここまで、「役に立つ英語」論と、修飾関係を入れ替えた「英語は役に立つ」論を同種のものだとする前提で論じてきたが、正確に言えば、両者は等価ではない。英語が切に必要とされるような状況認識（「英語は役に立つ」）がなかったとしても、「役に立つ英語」を主張することは可能だからである。

　じじつ、戦後しばらくのあいだ、「役に立つ英語」論は、「学校英語は、社会に出てから役に立つものであってほしい」という願望のあらわれであり、したがって、従来の学校英語教育の非効率性に対する不信感がその根底にあったのである。この点は、前述の日経連の要望書にも鮮明にあらわれている。その点で、「役に立つ英語」論は、必ずしも「社会の変化への対応」として主張されているわけではなく、英語教育批判という機能のみで成立している例も非常に多い。たとえば、学校英語教育批判で盛んに用いられてきた決まり文句に、「中高6年間（あるいは中高大10年間）学んできても英会話ができるようにならない」というものがある。こうした不満に基づいて、学校英語教育は実際に役立つように改革すべきだという主張につながっていくわけだ

4.3 「役に立つ英語」論の位置づけ

が、こうしたロジックは、第一に「学校英語への不満」を源泉としているものであり、たとえば「役に立つ英語が身についていないとビジネスで失敗しかねない」といった企業人の危機意識を、必ずしも含意しているわけではない。つまり、英語の必要性・有用性の実態がどうであれ、「役に立つ英語」論は機能しうるのである。

この点を、『朝日新聞』『読売新聞』の内容分析によって明らかにしてみよう。「内容分析」というのは少々おおげさな名前だが、ここで用いているのはいたってシンプル（であるがゆえに地道）な手法である（詳しくは、序章を参照のこと）。要は、新聞記事にすべて目を通して、「役に立つ英語」論と見なせるものを拾い出して集計するだけである[*5]。

その結果、「役に立つ英語」を切望する記事は終戦直後から非常に多く確認できる。1946年に『朝日新聞』の投書欄に寄せられた、ある英語教師の「声」を見てみよう。

> われわれ中等学校の英語教師が昔から悩んできた問題は「外国語を真に活用のきく方法で習わすべきか」「上級校の入試に応じ得るように教えるべきか」の岐れ路であった。それは上級校の英語問題出題者が、たいして必要もない単語や熟語を出して試みることを好み、妙にひねった文法問題で受験者を陥れんとし「和文英訳」と称する中等学校生徒に早すぎる問題を出して苦しめるからである。...外国語教育は、もっと伸び伸びとしたものであるべきだ。もう旧い「訳読主義」教授法は日本に跡を絶ってもいい頃だ。（『朝日新聞』1946年6月9日、強調引用者）

この英語教師は、従来の受験勉強中心・文法訳読中心の学校英語教育を痛烈に批判し、それに代えて「真に活用のきく方法」による外国語教育を提案している。この発言に鮮明にあらわれているのは、実際に使えるようにならない外国語教育は「不健全」であるという意識である。言い換えれば、「語学の本質」として、「役に立つ英語／実用英語」が切望されているわけである。逆に、当時の社会状況が「役に立つ英語」を切に求めていたという印象は、

[*5] 分析対象には、広い意味で「役に立つ英語」論と見なせるものも含んでいる。具体的には、(1)「実用」という言葉を含むもの、(2) 会話を重視するもの、そして、(3)「コミュニケーション」や「生きた英語」といった言葉に代表される、英語の真正性（authenticity）を重視するものである。

この英語教師の「声」からは感じられない。

一方、社会の変化によって「役に立つ英語」がいままさに求められているという主張の代表例が、次に引用する、ある企業人の意見である。

> 国際社会の中で日本が生きていくには、将来は人間を輸出、とくに知能労働者を海外に出し、交流を深めるしかない。そうしないと日本は、孤立してしまう...交流を深めるには、まず語学力が必要で、それには英語を小学生のうちから、それも会話を中心に教育する必要がある。(『読売新聞』1982年12月28日)

この発言には、経済・産業の国際化に対する企業人らしい敏感さが反映されている。前述の「語学の本質」のような語学の内在的な論理を持ち出すのではなく、国際化に対応しなければならないという社会的な必要性を背景にしているからである。

以上のとおり、2種類の「役に立つ英語」論の代表例を見てきた。ここで興味深いのが、2種類の「役に立つ英語」論の出現時期が、それぞれ異なることである。『読売新聞』『朝日新聞』からピックアップした記事を時系列に図示すると、図4.2のようになる(各記事の出典は割愛したが、興味のある方は、寺沢(2010)を参照されたい)。図4.2によれば、「語学の本質」的な「役に立つ英語」論は終戦から1980年代以降まで一貫して確認できるが、社会的ニーズに敏感に反応した「役に立つ英語」論が現れるのは、1960年代後半になるまで待たなければならない。

こうした結果から示唆されるのは、1950年代後半から隆盛した「役に立つ英語」論——さらには、日本社会に底流していた「実用英語」を求める声——が、英語の有用性の高まりに呼応した結果では必ずしもないという可能性である。もちろん前節で見たように、1950年代の一部の

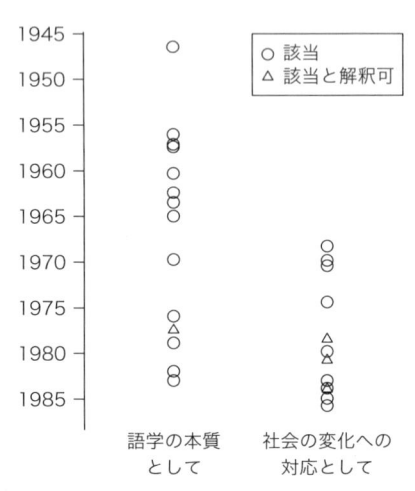

図4.2 「役に立つ英語／実用英語」論の出現時期

企業の「実用英語」に対する要望は、英語の切なる必要性に動機づけられていたことは事実だろう。しかしながら、社会一般で「役に立つ英語」論が唱えられるとき、その多くは学校英語の「不健全さ」に対する批判として機能しているのみで、英語の有用性の高まりを敏感に感じとって生じてきたものではなかったと考えられる。以上から、「役に立つ英語」論が盛んに議論されていたとは言え、1950年代・60年代はまだ英語の必要感・有用感は限定的だったと言える。

4.4 まとめ——限られた層のみに浸透していた「英語の有用性」

本章の検討の結果、1950年代・60年代に、英語の必要性・有用性が上昇したとは考えにくいことが明らかとなった。当時、英語の意義を認識していたのは一部の就労者のみであり、日本社会全体に浸透しているとはとても言えなかったはずである。英語の必要性・有用性が戦後のどの時点で強く意識され始めたかは、本節の分析から確かなことは言えないが、経済的・人的な「国際交流」の趨勢（図4.1の輸出入額・出入国者数の推移を参照）や、実用英語のレトリックの転換（図4.2）を考慮すれば、70年代以降あるいは80年代以降と考えるべきだろう。もっとも、2000年代の各種社会調査・世論調査の結果から明らかなとおり、「社会全体」に浸透したなどとは決して言えないが。

こうした結果に基づく限り、1950年代・60年代に英語が事実上の必修科目となっていった原因として、英語の有用性の高まりを想定するのはかなり困難である。英語の有用性が「国民」すべてに認知されるよりも以前に、英語の《国民教育》化が進行したことになる。たしかに、「英語の有用性が高まったから英語は《国民教育》になった」という説明は直感的には説得力のあるもので、その意味で魅力的なものだが、本章で提示した様々なデータは、こうした「わかりやすい説明」を明確に否定したことになる。

第 5 章

関係者の必修化運動

　「高校入試への英語導入」、「英語の必要性の増大」につづき、本章で検討する要因は、関係者の必修化運動である。この要因も、前章で扱った「英語の必要性の増大」と同様、英語の《国民教育》化を説明するうえで、きわめてわかりやすいものである。教育分野に限らず、ある社会制度や政策のかげには、関係者のロビー活動をはじめとした、政府への働きかけがしばしば存在するからである。

　本章では、まず『英語教育』系統の雑誌にあらわれた英語教員の声を検討しながら、当時の英語教育関係者が「中学校外国語科が選択科目である」という現状をどのように認識していたかを明らかにする。そのうえで、当時、中等英語教育関係者を中心とした全国的な組織である 2 団体（全国英語教育研究団体連合会と日本教職員組合）の動向を検討し、《国民教育》化の運動的側面を検討したい。

5.1　選択科目は妥当か？　必修科目にすべきか？

　1.2 節で見たとおり、新制中学の発足当時、指導要領試案や教育刷新委員会のような公的性格の強い議論ではいずれも、地域の必要性に差があるからこそ英語は選択科目にふさわしいと規定されていた。では、公的な言説から比較的距離のあった英語教育関係者は、英語の選択科目扱いをどのように受けとめていたのだろうか。

　たとえば、当時、岡崎高等師範学校（名古屋大学教育学部の前身）の教員だった星山三郎は、英語が選択科目となったのはなぜかと問いかけ、つぎのような説明を行っている。

　　英語は何故選択課目となったか

これには色々の憶測や解釈が行われ、文部省はどの講習会でもこの質問に会うらしい。しかしこれについては文部省のコース・オブ・スダディ[ママ]の解説の序に「英語については、これを非常に必要とする地方もあるであろうが、またいなかの生徒などで、英語を学ぶことを望まない者もあるかも知れない。それで英語は選択課目[ママ]となったのである」という、この解答は、新制中学に関する限り額面通り素直に受取るのが正しいと考える。(星山 1947a: p. 190, 下線原文)

「文部省はどの講習会でもこの質問に会う」という記述からも、当時すでに英語の選択科目扱いが一部では問題となっていたことが読み取れる。ただし、星山は、学習指導要領試案の説明をそのままなぞっており、とくに異論があるわけではないようである。

選択科目扱いによって、自分たちの教科が他の必修科目より軽んじられたと思い、反感を抱く関係者は多そうなものだが、『英語教育』系統の雑誌を見る限り、そうした反感は必ずしも多くない。むしろ、上記の星山のように、選択科目扱いを妥当だとする、いわば「ものわかりのいい」英語教育関係者がどちらかと言えば多数派だった。

こうした傾向を確認するため、戦後初期から1960年代前半までの中学校英語必修化に対する賛否の推移を見てみたい。『英語教育』系統の雑誌記事を見る限り、全体で40以上の言及があったが、これらを必修・選択に対する態度にしたがって、次のような4種類に分類した。

1. 賛否の表明なし
2. 必修科目化を支持
3. 必修科目化を不支持：選択科目を支持
4. 必修科目化を不支持：現状＝選択科目を肯定

ひとつめは、必修・選択の問題に言及しているが、どちらを支持するかは表明しないもの、ふたつめは、現状の選択科目から必修科目に改革すべきだとするものである。残るは必修科目化を支持しない意見だが、その含意に大きな違いがあったので、上記の3と4に下位分類した。ひとつはいわば「強い不支持論」であり、英語は選択科目であるべきだと強調し、必修化を積極的に否定する主張である。その点で、制度上の必修化だけでなく、なし崩し的な事実上の必修化にも異議を表明し得る立場である。もうひとつ——「弱い

不支持論」——は、必修科目にしなくても、現状の選択制を適切に運用していけばよいとする主張であり、選択科目である当時の状況を前提にしている点で、現状肯定的な不支持論と言える。

　こうした分類にしたがって、1947年から1960年代前半までの『英語教育』系統の雑誌記事を整理したものが表5.1（次ページ）である。前述したとおり、「英語＝選択科目」を支持する主張は、英語教育関係者の間でも決して少数派ではなく、「選択支持」と「現状肯定」をあわせれば、むしろ「必修不支持」の声のほうが「支持」よりも多かった。当時は、たとえ英語教育関係者であっても、英語の《国民教育》としての正当性が必ずしも自明ではなかったことがよくわかる。

　ここで注目すべきは、多くの言及が1950年代に集中していることである。1940年代後半の言及数の少なさはこの時期に『英語教育』系統の雑誌に何度も刊行遅れや休刊が相次いだ点（庭野 1993）を考えると不自然ではないが、総記事数・総ページ数の多い1960年代のほうが1950年代よりも言及がかなり少ない点は、特筆に値する。とくに同誌は1950年5月から1952年3月までは休刊していたので、1950年代前半の言及数の多さは際だっている。これは、1950年代前半が「事実上の選択科目」の時代であり、しかも、3章で見たとおり、必修科目ではない英語を高校入試に加えるか否かが重大な問題となっていたことを反映している。

　その後、1950年代後半も、加藤周一が提起した英語教育の必修化反対論や、日教組教研集会での議論（後述）を受けて、ある程度の言及が見られる。一方で、1960年代には、言及数がごくわずかになる。こうした推移からわかるとおり、1950年代後半以降に事実上の必修が常態化していくにしたがって、英語の「必修／選択」は、英語教育関係者にとって、重要な問題ではなくなっていったのである。じじつ、「英語＝選択科目」という現状を肯定するタイプの必修不支持論は戦後初期に集中し、50年代後半以降にはほとんど見られなくなる。「肯定」すべき「現状」がもはや消滅しつつあったことを物語っている。

　では、1947年から1950年代初頭までの必修／選択をめぐる議論を、具体的に見ていこう。以下では、表5.1で提示した類型に基づいて検討していきたい。ただし、1点目の「賛否の表明なし」型の議論をとりあげる意義はないので割愛し、「必修支持」「選択制支持」「選択科目である現状を肯定」という3つのパタンを順番に検討する。

5.1 選択科目は妥当か？ 必修科目にすべきか？　149

	出所	表明なし	必修支持	必修不支持 選択支持	必修不支持 現状肯定	注記
1947	松川昇太郎 (1947)	○				
	星山三郎 (1947a)				○	
1948	松川昇太郎 (1948)		○			
1949	黒田巍 (1949)			○		
1950	成田成寿 (1950a)		○			
	宮本正雄 (1950)	○				
	大里忠 (1950)				○	
	福井保 (1950)				○	
	『英語教育』編集部 (1950)				○	黒田巍の発言
1952	斎藤美洲 (1952)				○	
	『英語教育』編集部 (1952c)		○			
	広瀬泰三 (1952)				○	
	平馬鉄雄 (1952)		○			
	黒田巍 (1952)		○			
1953	和田忠蔵 (1953)		○			
	名越覚次郎 (1953)		△			明記はないが中学英語の深刻な現状の原因として選択制を提示
	野津文雄 (1953)		○			
	勝亦権十郎 (1953)	○				
	一指導主事 (1953)			○		
	横田弘之 (1953)			○		
	『英語教育』編集部 (1953c)			○		埼玉県英語教育研究会の様子
	『英語教育』編集部 (1953c)	○				全国指導主事教科別連絡協議会の様子
1954	石黒魯敏 (1954)		○			
1956	石橋幸太郎 (1956)			○		
	『英語教育』編集部 (1956e)	○				
	『英語教育』編集部 (1956d)			○		清水貞助の発言
	『英語教育』編集部 (1956d)			○		石橋幸太郎の発言（将来必要がないことが明らかな生徒にまで課す必要はない）
	『英語教育』編集部 (1956d)		○			小山田三郎の発言
	片寄義久 (1956)	○				
	オマタイクオ (1956)	○				
1957	石橋幸太郎 (1957)	○				
	梶木隆一 (1957b)			○		
1958	梶木隆一 (1958b)	○				
	荒正人 (1958)			○		
	安藤尭雄 (1958)		○			
	『英語教育』編集部 (1958b)		△			
1959	五十嵐新次郎 (1959a)	○				
1960	『英語教育』編集部 (1960d)	○				石橋幸太郎の発言
	橋本哲 (1960)				○	

年	著者					備考
	坂原武士 (1960)		○			
1961	『英語教育』編集部 (1961c)			○		宍戸良平の発言
1962	加藤茂 (1962)		○			
1963	五十嵐新次郎 (1963)		○			「事実上の必修状態」を改革するのに反対
1964	大内茂男 (1964)	○				
	総計	11	13	11	9	

○：該当　△：該当と解釈可能

表 5.1　中学英語の必修化に対する賛否

5.1.1 「必修科目」化肯定論

1.2 節でもとりあげた、1948 年の松川昇太郎による「新制中学と英語」と題した論文は、必修化の意義を体系的に論じている初期のものと言える（松川 1948）。松川は、教育条件が整わないままスタートした新制中学英語教育の困難を明確に自覚しつつも、「『第一学年における英語科必修』ということは提唱してもよかろう」(p. 11) と、必修化を提言している。そのうえで、英語が必修科目に値する根拠として、(1) 生活・職業・文化人としての教養のため、(2) 将来必要が生じるかもしれないため、(3) 知能訓練のため、という 3 点をあげている。

この根拠は、2 章で加藤周一らによる論争や平泉・渡部論争で利用されたものとかなり似ていることがわかる。中学校英語必修化をめぐるロジックは、戦後初期にすでに流通していたことがわかる。というよりもむしろ、この種の必修化を正当化するロジックは、戦前・戦中の英語教育廃止論に対する対抗言説として練り上げられたものに依拠していると言ったほうが正確である（詳細は 8 章で検討する）。

戦後初期に体系的に必修支持を論じたもうひとつが成田成寿の論文である（成田 1950a）。成田の議論の特徴は、「普通教育」という、日本国憲法・教育基本法にも用いられている用語を使って理念的に必修化を説いている点である。

　一体、中学において英語が随意科［＝選択科目］であることも問題であると思う。普通教育というものは、人間のなかに、社会の活動のあらゆる方面における可能性の萌芽をうえることである。その点からいえば、中学においては、社会活動に必要なあらゆる学科を必修にしておくべきである。外国語も、人間

5.1 選択科目は妥当か？ 必修科目にすべきか？

活動にとって必要なものであるから必修の方が親切である。(p. 5, 強調引用者)

ここで、「普通教育」を「社会の活動のあらゆる方面における可能性の萌芽をうえること」であるとする成田の理解は、「可能性の萌芽をうえる」に力点がある限り、すなわち「基礎的な知識・技能・態度を育成する」という意味である限り、穏当な解釈だと考えられる。しかし、「外国語も、人間活動にとって必要なもの」だから「普通教育」の範疇に入る、したがって、必修がふさわしい、という論理は、かなり唐突な印象を受ける。そもそも新学制発足時に英語が選択科目になったのは、「外国語を必要としない人もいる」という認識を前提にしていたので、こうした認識と真っ向から対立している。ただ、成田の説明が、レトリック上は一応一貫しているように見えるのは、誰にとって外国語は必要なのかという点を抽象化——悪く言えばあいまいに——しているからである。「すべての国民にとって必要」のように、必要とする主体を具体化するような表現を避け、「人間活動にとって必要」のような抽象的な表現を用いたからこそ、一応の意味をなす主張となったのである。

上の引用に続き、成田は、必修にすべき第2の理由として、中学生の判断能力をあげている。

　さらに、高等学校、大学にあっては、学生は相当の判断力を持つが、中学生は、自己の判断力をあまり持たない。その選択は、本人より、むしろ父兄母姉の意志によることが多い。父兄母姉によって選択されて、本人が将来への萌芽を与えられないことは、ありうべきことでない。(p. 5)

学習者本人はまだ判断能力を持たないから一律必修にすべきだというのは、パターナリスティックな教育課程観の典型とも言える。教育を与える側が、トップダウン的に何を学ばせるかを規定しており、学習者や地域社会の必要性・希望を重視すべきだとした戦後初期の教育理念から見ると異色である。ある意味で、学習者のニーズや地域の要求を無視しているかのような発言であるが、具体的な英語の必要性を、英語教育の根拠として利用することができなかった当時の社会状況を鮮明に反映していると言える。

逆に言えば、「具体的な必要性」以外の根拠であれば、少なくとも一部の関係者にある程度の説得力を持って受け入れられていたとも言える。つまり、成田の必修化肯定論から示唆されるのは、必修化の根拠として、生活や職業

などで英語を使うような具体的なニーズを想定することには無理があるものの、抽象的な必要性や将来的な必要性（の可能性）であれば利用可能であるということである。こうした「抽象的な必要性」「将来的な必要性」という考え方は、これ以降、中学校英語の必修科目化を——さらには英語教育の意義を——正当化するための重要なキーワードとなっていく。詳しくは、8.5 節で検討する。

5.1.2 「選択科目」肯定論

　つぎに、英語が選択科目であることを妥当だとする主張に目を転じてみよう。新制中学発足当初の『英語教育』系統の雑誌記事を見る限り、明確に選択科目であることを支持している主張は、つぎの黒田巍の「新制中学英語科への希望」という論文（黒田 1949）のみである。ただし、黒田の主張には、現代ではおそらくほとんど受け入れられないであろう「露骨」な表現を含んでいる。

> 　新制中学の英語科を、私は草花の苗を育てる温床にたとえたい。この温床時代の世話の仕方がうまく行くのと行かないのとで、その苗の将来が決定するのである。発育不良の苗が高等学校という本畠に移植されたとすると、その苗がうまく育たないばかりか他の草花にも害を与えることになる。
> 　一般に新制中学の英語は、選択科目となっているためか、やってもやらなくてもよい、どうでもよい学科として軽視されがちである。しかし選択科目だから軽視してよいという理屈は成りたたない。ただ全部の生徒に習わせる必要はないというだけで、一部分の生徒には大いに習わせなければならないのである。すなわち優良種の苗を十二分に育成して高等学校へ送り出すのが、新制中学英語科の重大な責務である。必ずしも数の多きを求めず、むしろ精選された良質の苗を期待したい。(p. 24)

　教育を育苗にたとえることは現代でもしばしば見られること——教育学者・村井実の用語で言えば「農耕モデル」（村井 1976）——ではあるが、黒田の「優良種」や「発育不良の苗」という比喩はかなり露骨なエリート主義を感じさせる。このようにエリート主義的な英語教育を行ううえで、選択科目であることは好都合だというのが黒田の論理である。じじつ、「山間の僻村な

5.1 選択科目は妥当か？ 必修科目にすべきか？

どでは英語を選択する者は少数」(p. 24) だから、少数精鋭の「理想的な」英語教育が行えるのに、都市部においてはほとんどすべての生徒が選択してしまうと、さも困った事態であるかのように描写している。黒田にとって、英語を学ぶ中学生が少数であることは、どちらかと言えば歓迎するべきことだったのである[*1]。

以上のとおり、黒田の主張はきわめてエリート主義的な色彩のつよい選択科目肯定論である。しかしながら、こうした見解は、学習指導要領試案の見解とは明らかに異なる。繰り返し述べているように、英語が選択科目にふさわしいとされたのは、地域の必要性に濃淡があるという認識ゆえであり、少数精鋭の教育に都合がよかったからではないからである。その点で、黒田の主張は、選択科目としての正当性を主張する議論のなかではむしろ「異端」である。

実際、1950年代以降に「英語＝選択科目」を肯定した論者は、行政側の人物か、あるいは、地域の必要性の相違を重大視する人物のいずれかである。前者の典型が、東京都の教育委員だった平馬鉄雄である。平馬は、「選択科目としての英語」と題した項で、以下のように述べている。

> 中学校の場合には、中等教育の目標と睨み合せ全国的には必修と定め難いというのは妥当である。英語を選択させるかどうかの指導に当たって、進学と就職の二要件はもとより、その地域の社会条件（現在及び近き将来の）や生徒の家庭的、個人的興味・関心・能力などの条件を考慮する事になっている。(平馬 1952: pp. 17–18)

[*1] ただし、さすがに黒田も、「希望者をさらに選抜して、ごく一部だけに英語を学ばせる」という、極端な選抜教育を肯定しているわけではない。論文のなかでは、「優良種ではない」生徒が英語を学ぶことに対して、一定の譲歩を示し、少数精鋭教育との妥協策を提案しているからである。黒田の提案は、クラスを「特別組」と「普通組」にわけるという、いわば複線型の英語教育である。つまり、特別組には「将来の日本文化の水準益々向上せしめるのため」(24) の少数精鋭型英語教育をほどこす。一方、普通組には、成績は上がらなくてもかまわないから、教育的価値のため、多数の生徒に英語学習機会を与える、という2種類の異なる目的を設定している。ここだけ読めば、黒田にも「大衆」のための英語教育に一応の目配りがあるように見えるかもしれないが、同論文の記述はこれ以降最後まで「特別組」を念頭に置いた指導論が数ページにわたって展開されており、黒田が「大衆」のための英語教育に共感を示していたわけではないことは明らかだった。

つまり、英語が選択科目であることは「社会的情勢」や「中等教育の目的」の観点から妥当であるという主張である。平馬の立場を考えても、おそらく当時の行政を代表するような外国語科（英語）に対する見方だろう。一方、こうした行政的見解とはまた別のタイプの議論として、加藤周一の主張に共感を示す「英語＝選択科目」肯定論も根強かった。この立場の論者は、「英語よりも優先順位が高い学習事項は多数ある以上、必要のない子どもにまで学ばせるべきではない」という論理で、英語が選択科目であることを支持していた。

5.1.3 現状肯定

さて、「必修化肯定論」「選択制肯定論」につづく 3 つめのパタンは、両者の中間に位置づけられる、現状肯定的な必修化不支持論である。必修科目化を支持しないが、かといって、選択科目であることの正当性を強調するわけでもなく、選択科目である現状を前提に、既存の制度を適切に運用していくべきだとする立場である。

表 5.1 を見てもこの立場はとりわけ 1952 年以前に集中している。これは、当時の中学校の英語が名実ともに選択科目だったことを考えれば不自然なことではない。なぜなら、ここでの争点は一応「必修科目 vs. 選択科目」という構図であるとはいえ、現状が選択科目である以上、ことさら「選択科目がふさわしい」などと声高に叫ぶ必要性は小さいからである。そういった事情から、戦後初期の選択科目支持派は、現状肯定的な議論を展開することが多かった。一方、「英語＝選択科目」という建前が崩れ始める 1950 年代半ば以降は、選択科目支持派はより明示的にその正当性を主張し始めたと考えられる。その証拠に、表 5.1 によれば、1953 年以降の必修化不支持論のうち現状肯定的なものは 1 件のみであり、大半は選択制を積極的に支持する主張に変わっている。

では、現状肯定派の主張内容を具体的に見ていこう。次の引用は、大里忠による「高校側は中学の英語に何を望むか」と題した論文からの抜粋である（大里 1950）。タイトルが示すように、大里は当時、高校の教員である。

　　先ず最初に希望したいのは、中学校側で英語という科目に対して正しい認識を持って戴きたいという事である。選択科目としての英語は必須科目の学科と

5.1 選択科目は妥当か？ 必修科目にすべきか？

較べたら、やや軽んじても良いと考えたら、それは大きな間違いである。選択科目の英語を軽んじていい所か、生徒が将来大学までゆく時、語学がどれほど重要な課目であるかを思えば、それは直ちに理解できる事であろうし、そして中学校側もその事はよく考えて居られる事と推察するが、都会地ならいざ知らず地方では、英語教師の不足等の事情もあって、実情は、英語という学科がやや特別扱いにされて居るのではなかろうか。選択科目である以上、将来高等学校に進む意志のない生徒には、もっと職業的な学科を履修させることが必要ではあろうが、英語が、今後の日本人にとって如何に重要であるかを考えて、生徒に最初英語学習の意義を説明して頂きたい。(p. 34, 強調引用者)

「選択科目だからといって軽視してはいけない」とわざわざ述べているところを見ても、当時、英語が選択科目ゆえに一段低い扱いを受けていたことを物語っている。じじつ、前節で引用した黒田巍の発言（黒田1949）にも「やってもやらなくてもよい、どうでもよい学科として軽視されがち」という記述があるし、同様に、前掲の成田（1950a）も同趣旨のことを述べている[*2]。このように、選択科目ゆえに外国語科（英語）が軽視されているという現状認識を持ちつつも、大里は、必修科目化を提案することなく、現状の制度の枠内で外国語科の地位向上を提言している。

興味深いのは、同様の現状認識を持ちながらも、大里と黒田と成田の3者は、それぞれ異なる提案をしている点である。成田の場合、外国語科が軽んじられている現状を必修科目にすることで解決しようという提案であり、反対に、黒田は、同様の現状認識をもとに、選択制のより徹底的な運用（少数精鋭型の英語教育の実現）を提案しているからである。この2者と比較すると、大里の主張が両者の中間に位置する、つまり、現状の制度内での改革を目論む現状肯定的な議論の代表であるということがよくわかるだろう。

上記の引用でもうひとつ注目すべき点は、大里が、高校進学の意志のない生徒には英語を学ばせなくてもよいと述べている点である。進学の有無と英語履修の要不要を直線的に結びつけた主張であり、現代の視点から見るとか

[*2] 「また選択科目であるということによる、その学科への軽視、上級学校における入学考査にないということのために、おこりうるその学科に対する軽視と一般学力の衰退は、わが国の一般文化の向上に非常な支障となるおそれがある。さしあたり高校入学考査に英語を加え、さらに、中学において英語科を必須にすべきものであると私は考える」（成田 1950a: p. 5）

なり奇異なものに映るのではないだろうか。戦後初期の高校進学率（4〜5割程度）と、2013年の大学進学率（49.9%）はおよそ同程度だが、現在、大学進学の意思のない生徒は英語を学ばなくてもよいと述べる英語教師はおそらく少数派だと思われる。すくなくとも、『英語教育』誌上でそのような記事が載ることは滅多にないだろう。

5.1.4　英語教師たちにとっての「必修化」

　以上、『英語教育』系統の雑誌にあらわれた英語教育関係者の声を検討した結果、戦後初期にも1950年代にも、中学校英語を必修科目にすることが、関係者の総意であるとはとても言えない状況にあったことがわかった。むしろ、選択科目の本義をわきまえた、穏当な主張が多かった。

　もちろん、必修化を要望する声がまったくなかったわけではない。しかしながら、それは決して多数派ではなかった。そもそも、1950年代前半において5件（微妙なものを含めても6件）という言及数は、1950年〜54年の総記事数825件と比較すると微々たるものである（パーセンテージで表現すると0.6%ほどである）。この出現率は、休刊時期を考慮すると、7号のうち1回出会う程度の「声」であり、当時の同誌の読者のなかに「必修化の声の高まり」を感じ取った人はほとんどいなかっただろう。実際に筆者が同誌を通読した印象も同様で、50年代前半ですら散発的な議論にとどまるというのが実情である。つまり、関係者の一部が「必修化」を訴え、それらが同誌上で大きなうねりになっていたような事実は見いだせないのである。

5.2　必修化推進運動はあったのか

　もちろん以上の結果はあくまで『英語教育』という一雑誌上にあらわれた傾向である。同誌が特定の団体の利害を代弁する機関誌などではなく、一般に開かれた商業誌だったことを考えれば、政治的な「運動」につながるような主張は掲載されにくかったのかもしれない。では、「運動」ともっと近い位置にいた英語教員の団体であれば、明示的な必修化運動を行っていたのだろうか。本章で検討の俎上にのせるのは、前述のとおり、全国英語教育研究団体連合会（通称「全英連」）と、日本教職員組合教育研究全国集会（通称「日教組教研集会」）における外国語教育分科会の議論である。

5.2.1 「全英連」の動き

　まず、全英連の活動状況を確認してみよう。全英連は、1946年10月に発足した東京都高等学校英語教育研究会を中心にして、全国の英語教育研究会が結集した団体である（結成大会は、1950年12月）。したがって、全英連は、1950年代にすでに、英語教育関係者の全国的な組織となっており、英語教育関係では最大規模を誇る団体のひとつだった。

　全英連の発足は、1950年であり、毎年大規模な年次大会を開いていたが、大会紀要が発行され始めるのは1960年であり、それ以前の資料は必ずしも多くはない。ここでは、結成当時から委員として運営に尽力し、後に会長となる木村武雄の回想記を検討したい。この回想は、年刊『全英連会誌』（1963年〜）の第1号から第11号にかけて、毎号連載されたものである（木村1963, 1964, 1965, 1966, 1967, 1968, 1969, 1970, 1971b, 1972, 1973）[*3]。

　3章ですでに検討したように、全英連の発足当初から重要なテーマだったのが、高校入試への英語の導入である。1951年10月25日に行われた第1回全国理事会における協議では、「話題は専ら高等学校入学者選抜の対象の科目に英語科を何等かの形で加えよという意見が圧倒的」（p. 17）だったという（木村1964）。そして、最終的に「各都道府県毎に研究会が中心となって高等学校長協会と協力して各教委に猛烈に働きかけること」および「全英連としては全国の実情に基づいて文部省に働きかけること」が申し合わされた。こうした動きをうけて、各都道府県の導入状況を網羅的に把握する実態調査が実施された。木村の一連の回想を見る限り、1950年代の全英連は、高校入試への対応を重要な課題としていたことがわかる。それは、年次大会において、この問題が議題にのぼらなかった年はないほど、注目を集めていたことからも明らかである。

　以上のように、全英連は高校入試への英語導入にきわめて大きな役割を果

[*3] ただし、回想記とは言っても資料的な性格は強い。なぜなら、同回想記は、単なる印象的なエピソードを断片的につづったものではなく、「結成当時からのことをできるだけ詳しく会誌に連載」（木村1971a: p. 9）することを目的としたものだからである。木村自身も当時配布された資料やメモを手掛かりにできる限り正確に記述していると述べている。また分量も、毎号1万字を越えており（1頁あたり2,000字〜3,000字が6〜12頁）、要点を並べただけではなく、できるだけ網羅的に記述しようとした跡が見てとれる。

たしたわけだが、では、「事実上の必修化」にはいかなる影響を与えていたのか。結論から言うと、高校入試の場合とは対照的に、直接的にはほとんど何も働きかけを行わなかったのである。

もちろん散発的には、討議の対象にのぼっていた。たとえば、1951年に行われた「全英連でとりあげるべき問題」をたずねたアンケート（木村1964）では、千葉県から「中学校英語科の必修」という回答があった（一方、高校入試への英語導入は、6都道県が回答を寄せており、項目中最多である）。また、1957年の第7回大会では、本部への要求として、「中学校では英語が選択教科になっていて他の教科に比べて地位が低い。...現場では英語科の扱いに困っているので、何とか本部で対処してほしい」（木村1970: p. 11）という意見が出ていたという。また、同大会のパネルディスカッションでは、岐阜県の指導主事が「[[中学英語の問題の] 第1は中学校の英語科は選択制度になっているが、選択制度である限りこれ以上進展しないのではあるまいか。欧米諸国では外国語が必修ないし選択必修になっている」（木村1971b: p. 18）という趣旨を述べている。

しかしながら、木村の記録に基づく限り、必修化を要望する声は、この3件だけである。むしろ選択制を前提にする主張も述べられていた。たとえば、1955年の第5回大会で、英語が選択科目であることに議論が及び、「選択科目であるため授業時間数の多少が英語の学力差を大きくした」（木村1967: p. 12）という懸念が示されているが、だからと言って、「選択制をやめよ」という提案にはつながっていない。むしろ、中学・高校の連携強化が結論として提案されている。中学と高校が連携するということは、高校進学者を前提にした議論であり、非進学者をも考慮に入れた必修化の提案とは距離がある。

このように見てくると、高校入試への英語導入に関しては明示的な運動を熱心に展開していた全英連が、中学校英語の「必修／選択」の問題にはほとんどコミットしてこなかったことがわかる。全英連にとって、きわめて重要な課題だった高校入試への英語導入とは裏腹に、必修化論議はきわめて低調に終わっていたのである。

もちろん、高校入試への英語導入と、事実上の必修化がまったく無関係だったわけではない。むしろ、両者には、強い相関関係が想像できる。なぜなら、高校入試対策として英語の授業が重視されるようになれば、結局、履修者の裾野を広げることにつながると考えられるからである。しかしながら、理念的なレベルでは、両者の間にはやはり大きな断絶があったように見える。た

とえば、木村は、全英連が高校入試への英語導入に積極的に関与した理由について、次のように述べている（木村 1964）。

> 英語を選抜科目に加えないことによって英語を軽視させ、その結果、生徒が高等学校に入学した後に英語で過当な苦しみを受けるとすればこれは決して適切な処置であるとは言えない。全英連はこのような考えから当時この問題に多大の努力をしたのである。(p. 20, 強調引用者)

一見して明らかなとおり、これは、進学者を前提とした議論である。高校に入学した生徒が苦しまないように、英語も試験科目に加えるべきだと提案しているからである。この発言のなかには、高校に進学しない中学生にとって英語学習はいかに位置づけられるかという視点はなく、高校入試に関する問題に比べると、かなりの温度差が感じられる。

5.2.2 日教組教研集会の動き

次に、日教組教研集会外国語教育分科会の検討に移る。全英連とは違い、日教組は、必修化推進運動を行っていたのだろうか。

なお、検討の前に必ず押さえておくべき重要なポイントが2点ある。それは、(1) 1950年代末から1960年代初頭にかけて、外国語教育分科会は外国語科を「国民教育」として理論的に位置づけたこと、そして (2) 日教組は、当時の文部省と著しい敵対関係にあったことである。

第1に、英語教育研究において、戦後の日教組の議論・運動を分析したものは必ずしも多くない（雑誌『英語教育』においても言及は少ない）が、数少ない先行研究はいずれも、重要な事例として、1960年前後の「国民教育」としての外国語科教育の構想を指摘している（相澤 2005; 新英研関西ブロック公刊書編集委員会編 1968; 林野・大西 1970; 柳沢 2012）。これは、日教組教研集会外国語教育分科会で何年にもわたって議論された、外国語科——とくに中学校英語——の目的の体系化・理論化であり、そこでは「国民教育」というスローガンが大きな役割を果たしていた。同分科会の「国民教育」という用語は、本書の《国民教育》とは若干意味が異なり、いわゆる「エリート教育」の対義語のような意味で用いられている言葉である。つまり、新制中学校は、旧制中学校とちがい「大衆」に開かれた存在であって、「学歴エリー

ト」を育てる機関でない以上、あらゆる国民に意義のある教育がなされるべきだという論理である。つまり、「義務教育」「戦後の民主的な教育」といった理念から演繹的に導かれたものが同分科会の「国民教育」である。こうした前提で議論が行われていた以上、「国民教育」を支えるための制度上の改革——つまり、必修化——が推進されていたことは十分考えられるのである。

　第2の点に関して。1950年代から日教組は文部省と激しい対立を繰り返していたことは有名である（たとえば、竹内2011: 3章）。1950年代、政府・文部省は、戦後初期の民主的な教育制度を、中央集権的な教育制度に「復古」させることを目論んでいた。いわゆる「逆コース」と呼ばれる一連の教育政策が強行された時代である。こうした政治情勢のなかで、文部省は、左派である日教組と、激しい対立状態にあった。たとえば、1.3.4節でも論じたとおり、1950年代後半の文部省は、「進路・適性に応じた教育」をスローガンに、外国語科をはじめとした選択教科が「適切」に選択されることを徹底しようとしていたが、これに対し、日教組側は、このスローガンを選別・差別を助長させるものとして厳しく批判していた。こうした点を前提にすれば、「文部省——進路・適性に応じた教育——外国語の選択化賛成」vs.「日教組——選別・差別教育反対——外国語の必修化賛成」という対立構造が生まれてもおかしくない。つまり、文部省との敵対関係から、当時の外国語教育分科会が、必修化推進に舵をきった可能性は十分にあるのである。こうした問題意識に基づき、以下では、1950年代末から1960年代前半までの同分科会の議論を分析する。

　検討する資料は、教研集会の報告書である『日本の教育』（国土社）に掲載された外国語教育分科会の報告である。教研集会自体は、1951年の第1次教育研究全国集会より行われているが、外国語教育分科会が設置されたのは第6次教研集会（1957年）からである。以下、1957年の第6次から1964年の第13次までを分析対象とする[*4]。「報告書」とは言うものの、毎年、執筆する人物はひとりのみであり、年によっては執筆者の持論が展開されることもある。その点に注意しながら、同分科会の議論の推移を確認してみたい。

　選択科目をめぐる問題は外国語教育分科会が初めて設置された1957年の

[*4] 具体的には、次の文献である——第6次（梶木1957a）、第7次（梶木1958a）、第8次（五十嵐1959b）、第9次（五十嵐1960）、第10次（五十嵐1961b）、第11次（五十嵐1962b）、第12次（高橋1963）、第13次（小野1964）。

5.2 必修化推進運動はあったのか

第6次大会ですでに議論されていた。しかしながら、結論から言えば、「英語＝選択科目」という現状を追認するかたちが大勢を占めていた。第6次大会報告の執筆者である梶木隆一は次のように総括している（梶木 1957a）。

> 中学校において英語を必修にすべきだという意見にも有力な根拠があるが、将来の問題は別として、現状においては諸般の事情から急速に実現することは困難であろう。また必ずしもそれが望ましいとは断言できない。集会においては必修制移行を希望する声も出たが、それよりも現在の選択制の意義を十分に生かす方策を講じるべきだという意見が強かったようである。(p. 87)

この見解は、5.1節の表5.1の分類にしたがえば、「現状肯定」型に該当するものだろう。選択科目であることの問題は認めつつ、それを必修化のような制度変更によって解決するのではなく、選択制度の適正な運用によって克服すべきだとする考え方だからである。

上記の見解は、翌年の第7次大会においても踏襲されている（梶木 1958a）。第6次大会と同様、英語の必修化を「一つの理想論としては認めはしたが、その実現を促進すべきだという声はあまり高くなかった」(pp. 60–61) という。むしろ、「現行の選択制度を生かして、その欠点を是正するのが急務である」とする認識は、「現状肯定」型の論理構成である。この点でも、第6次大会の報告と変化はない。

翌年（1959年）の第8次大会、そして、さらにその翌年（1960年）の第9次大会では、前述した「国民教育」としての外国語教育の問題が大きなテーマとなる。前述のとおり、同分科会の「国民教育」という語は、「大衆のための教育／反エリート教育」を意味していた。その意味で、本書における《国民教育》のような教育内容の普遍性を含意しているわけではない。このように、外国語学習の普遍性を厳密に問わないからこそ、「外国語は『国民教育』であり、同時に、選択科目でもある」といった一見矛盾する考え方が両立可能なのである。この点は、同分科会において、外国語を「国民教育」として概念化することに異論がまったく挟まれなかった一方で、「選択か必修かは分科会においても、相当長時間討論されたが、結果は賛否相半ば」（五十嵐 1960: p. 48）だったことが如実に物語っている。

その後、第10次（1961年）でも第11次（1962年）でも、「国民教育」の問題は大きくクローズアップされ、相澤（2005）も述べていたとおり、教育

理念を編み出す「運動」として大きな成果を残した。その反面、必修化の問題は後景に退いていたと言ってよい。話題にされることはあっても、少なくとも、「国民教育」の場合のように、分科会全体の統一見解にはならなかった。じじつ、必修化反対者は毎年、無視できない程度には存在していたことが報告されている。

それ以後（1963 年〜　）の報告書を見ても、教研集会において、必修化推進が大きなうねりになっていた形跡はまったく見いだせない。前節で分析した全英連の場合と同様、日教組にとっても中学校英語の必修化は明示的な運動課題ではなかったのである。「国民教育」というスローガンのもと、全英連とは比較にならないほど、中卒就職者・非進学者——つまり「大衆」——のための英語教育に深くコミットしていた外国語教育分科会ですら、「外国語を必修科目に」というスローガンを前面に出すことにはまだ距離があった。

ここで重要なのは、選択科目に賛意を示す論者も、選択制度を強く支持するというよりは、表 5.1 の分類で言うところの「現状肯定」型の論理構成をとっていた点である。当時、いわゆる「逆コース」の教育政策を推し進める政府・文部省に抗して、「教育の民主化」の護持を叫んでいた日教組のあいだですら、終戦直後の「必要な生徒が学ぶ＝民主的」という等式が退潮しつつあったことになる。必修化は、明示的な「運動」として意識されていたわけではなかったが、関係者のロジックには確かにその片鱗があらわれていたことを物語っている。

5.3　まとめ——「必修化運動」はなかった

以上のとおり、当時の英語教育関係者の声が多数掲載されていた『英語教育』系統の雑誌を見ても、また、有力な英語教育関係者の団体だった全英連および日教組教研集会外国語教育分科会の議論を見ても、関係者が中学校外国語科（英語）の必修化を推進する明示的な「運動」を行ってはいなかったことがわかる。その他、英語教育史の「定説」においても、英語教育関係者の一部が、必修化推進運動を行ったというような話はきかない。「関係者の運動」という、事実上の必修化の「わかりやすい説明」は、またしても否定的な結果になったことになる。したがって、1950 年代・60 年代の《国民教育》化は、より「わかりにくい」要因によって進展した可能性がおぼろげながら見えてくる。

第 6 章

人口動態の影響

　4章・5章では、事実上の必修化成立を説明する「わかりやすい」要因は、いずれもそれほど重要なはたらきをしていなかったことが明らかになった。英語の必要性の増大や関係者の必修化運動に比べると直感的にはその影響がイメージしづらいが、もうひとつ、重要と考えられる要因が、1950年代後半から1960年代前半にかけての人口動態である。というのも、第II部の冒頭で述べたとおり、1960年代前半は、英語の中3履修率が急上昇する時代であると同時に、終戦直後のベビーブームで生まれた世代が中学校に入学・卒業し、歴史的に見てももっとも中学校の生徒数が変動した時代にあたるからである。しかもこうした人口動態の影響は、教育条件の改善や地域間の教育格差の解消に影響を与えたことが明らかにされている。こう考えると、当時の人口動態は、検討に値する仮説であるだろう。

6.1　教員不足と必修化

　人口動態の検討に移る前に、1.2.2節でとりあげた松川昇太郎の必修化支持論（松川1948）を再度見てみたい。以下に引く彼の発言は、一見無関係な話のように思えるかもしれないが、実際のところ、必修化とベビーブームをつなぐヒントを提供してくれる。

　同節で確認したとおり、松川はせめて中学校1年次だけでも英語を必修にしたいと述べていた。しかしながら、同時に、以下のように当時の深刻な教員不足をきわめて重大な課題として認識していた。

> 第一学年の全生徒に英語を学ばせることについては、その先決条件として当然その学校に適当な英語教師が必要である。今日の状況ではこれがなかなか困難な問題であろう。現に中学校のために英語の教師を養成する機関がほとん

できていない。旧制中等学校の先生は何が何でも新制高校にしがみついている...

　そういう観点からすれば、一学年英語科必修というわたくしの提唱には、実施に当たってかなりの困難があろう。しかし教員不足のために英語科を選択科目としたのではなかろうから、何とか実効のある方策を立てるべきである。理想案をならべても、単に英語科教師といわず一般に教員の数も質も向上しない。教員には高い資格が必要であることは誰にもうなずけるが、十分な資格をもった教師が出るまでの空白をどうするのか。この時代の国民教育に断層ができては申訳ないではないか。(p. 12, 強調引用者)

「教員不足のために英語科を選択科目としたのではなかろう」という松川の認識は、あえて指摘するまでもなく、妥当である。学習指導要領試案には「人材不足だから当面は選択科目にする」などと解釈可能な記述は一切ないし、教育政策としても本末転倒の感がある。

　ただし、戦後初期の政策立案者が当時の教員不足の深刻な状況を前提にしていたことも事実である。というのも、選択科目として外国語科を運用することは、当時の英語教員不足と密接に連動していることが理解されていたからである。たとえば、戦後初期の教育刷新委員会（第11特別委員会第26回、1948年11月19日）では、文部省のある係官が答弁に立ち、当時の英語授業時数が週1〜3時間程度と少ないのは、教員不足が原因であると述べていた（国立教育研究所日本近代教育史料研究会 1998: p. 518）。また、同じく教育刷新委員会の第90回総会（1949年2月18日）では、委員の沢田節蔵が中学校には英語の専門的なトレーニングを受けた教員がまだきわめて少ないことを訴え、「［人材確保が］できんものですから英語をやっているとかというばかりでなしに一週間一時間ぐらいでごまかしているところもある、地方のには相当あるという話を聴きました」と報告している（国立教育研究所日本近代教育史料研究会 1996: p. 413）。教員不足と英語の授業時数の少なさが密接に関係していたことを示すエピソードである。

　このような状況を踏まえると、英語が選択科目だったからこそ、新学制発足当初の教員不足は、多くの問題はありながらも壊滅的な状況にまでは至らなかったということも可能である。松川の認識にしたがえば、もし仮に1947年時点で英語が必修化されていたならば、中学校現場は大混乱に陥っていたことが想像できるからである。選択制が、戦後初期の教員不足という苦境を、

いわば「軟着陸」させたのではないだろうか。

この仮説が正しければ、英語教員の不足が解消されていくにつれて、次第に事実上の必修化が進行していくことは不思議ではない。じじつ、英語が事実上の必修科目になっていく1950年代半ば以降は、新制大学の教職課程を終えた卒業生が大量に教育現場に巣立っていく時期と重なるのである。したがって、「中学校3年間必修化」が成立しつつあった1960年代前半にも、このような教員の需要と供給という要因が働いていた可能性は十分にあり得るのである。

6.2　1960年代前半における生徒数の大変動

以上の戦後初期の教員不足、およびそれがその後徐々に解消していったことと、生徒数の推移がつながってくるのである。なぜなら、1950年代末から1960年代初頭は中学校の生徒数が急増した時期であり、そうした状況に対応するため教員を大量に雇用する必要があったからである。

では、まず生徒数の推移を確認してみよう。図6.1は、『学校基本調査』各年度版に基づいて、戦後の公立中学校の生徒数の推移を図示したものである。図が示すとおり、1961年～1963年に大きなピークがある。たとえば、戦後初めて公立中の生徒数が600万人を超えたのが、1961年であり、その翌1962年には703万人と戦後最大の生徒数に及ぶ。しかしながら、ピークはこの1962年で、1963年以降の生徒数は急速に減少していった。

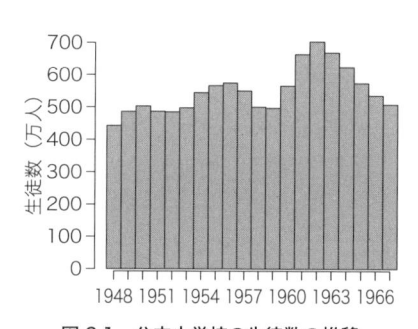

図6.1　公立中学校の生徒数の推移

この時期の中学生数の急増の原因は、戦後初期のベビーブームだった。とくに、狭義のベビーブームは、出生数が突出している1947年から1949年を指し、この時期に生まれた世代は俗に「団塊の世代」とも呼ばれる（以後、この世代を「ベビーブーマー世代」と呼ぶ）。この世代が、中学校に入学する時期は、誕生月によるわずかなズレはあるが、概ね1959年度から1962年度であり、一方、卒業するのは、1961年度から1964年度である。したがって、ベビーブーマー世代が全学年を占めた1962年度の生徒数がもっとも多く、彼

ら彼女らが順次卒業していくにしたがって、生徒数は急速に減少したのである。

ということは、1960年代前半は、中3の英語履修率が増加していく時期であり、かつ、ベビーブーマーが中学校に在学している時期だということになる。この点を踏まえるならば、英語を履修する生徒の絶対数の大幅な増加、そしてそれに伴う深刻な英語教員不足が生じたことが予想される。当時の英語履修者数の状況はどうだったのだろうか。

結論から述べると、そのような深刻な事態は生じなかったようである。図6.2は、全国学力調査の報告書から推計した英語履修率（表1.4参照）に、『学校基本調査』（各年度版）に記載されている各学年の生徒数をかけたものである。なお、中1に関しては、当時すでに「中1必修化」がほぼ達成されていたと考えられるので、履修率＝100％で計算している。

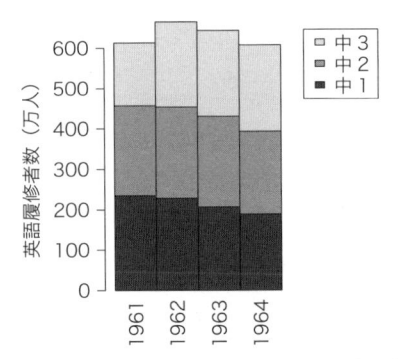

図6.2 1960年代前半の英語履修者総数（推計）

図6.2によると、中2・中3いずれの英語履修率も年々増加していたにもかかわらず、履修者の実数自体は1962年度を境に減少に転じたことがわかる。1963年度以降の生徒数の減少のほうが、英語履修率の上昇を上回ったのである。こうした事実に基づけば、1963年度以降、英語の履修率上昇による教員不足のような深刻な事態が生ずるようなことはなかったと考えられる。実際、『英語教育』系統の雑誌記事にも、この時期に教員不足を訴えた記事はほとんどない。

むしろ、英語教員の人的リソースに比較的余裕があったからこそ、履修率が上昇したという可能性のほうが実態に即していると言えそうである。生徒数の急増に対応するために大量に採用された英語教員が、生徒数減少以降も維持されたならば、英語教員の人的余裕は大幅に改善したと考えられるからである。本節冒頭で述べたとおり、戦後初期、事実上の必修化にブレーキをかけていた要因のひとつが教員不足だったならば、教員不足が改善されれば、履修率が上がるはずである。

6.3　ベビーブーマー世代への対応

　ひょっとするとこの推論に突飛な印象を受けるかもしれない。しかしながら、先行研究にはすでにベビーブーマーの中学校入学・卒業が、当時の教育政策および中学校教育現場に大きな影響をもたらしたことが明らかにされており、同様のメカニズムが外国語科に働いていたと考えても不自然ではない。

　たとえば、教育社会学者の苅谷剛彦の『教育と平等』は、戦後日本の学校教育において、教育条件の格差、とりわけ地域間格差がどのように解消されていったかを跡づけた著作だが（苅谷 2009）、この中で、苅谷は、格差縮小に重要な役割を果たした要因として、ベビーブーマー世代の入学・卒業という人口動態をあげている。そのメカニズムは次のようなものである——小学校児童数が上昇する 1950 年代半ばから、児童・生徒数の増加に対応するため小中学校教員が増員された、増員された教員はベビーブーマーの卒業により生徒数が減少した後も維持された、その結果、生徒一人当たりの教員数が増加し、結果的に教育環境が改善した、というものである（苅谷 2009: pp. 136–38）。じじつ、当時の文部省は、ベビーブーマー卒業後の人口減を見越して、生徒教員比の改善を念頭に置いていた（小川 1991: pp. 254–69）。1957 年には、文部省調査局調査官だった柴沼晋が「教育人口の将来と教育計画」という論文のなかで次のような見通しを述べている。

> わが国においても、義務教育人口の三十七年度以降の予想される減少に対して、その教育計画がただちに教員数の削減、校舎の転廃用などと結びつくのではなく、むしろ余分な収容力がでるその時にこそ、いわゆる「すしずめ学級」の解消、教員の資格要件の向上、あるいは施設、設備の改善などにつとめる好機会たらしめなければならないといえるであろう。（柴沼 1957: p. 47, 強調引用者）

　文部省が、1950 年代の段階ですでに人口動態の趨勢を読みながら、義務教育の教育条件改善の見通しを持っていたことになる。そうである以上、この原理は、中学校外国語科にも当然適用されたはずである。つまり、次のようなメカニズムである。まず、ベビーブーマー就学への対応として、とくに 1960 年頃にはすでに履修率 100% に達していたと考えられる中学校 1 年生の英語指導者として、大量の英語教員が採用される。ベビーブーマーの入学が終わり、中 1 の人口が減少すると、中 1 の指導を担当していた英語教員が、

上級学年に配置される。結果、中2・中3の履修率があがる。以上の可能性を、以下、実証的に検討してみたい。

まず、外国語科の教員数の推移を確認しよう。図6.3は、公立中学校でいわゆる「5教科」を担当した本務教員の数の推移を、3年ごとに行われている『学校教員統計調査』に基づいて示したものである。どの教科でも1962年に一時的に教員数が上昇しているが、ベビーブーマー卒業後の1965年になると、英語以外はほぼ1950年代の水準に回帰している。一方、英語教員数だけは、1950年代と比較して、相対的に増加している。

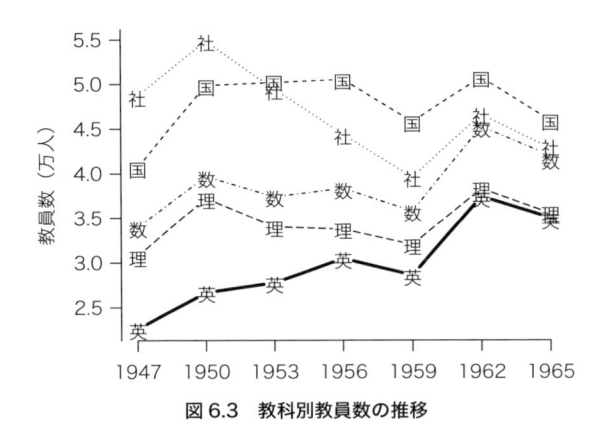

図6.3　教科別教員数の推移

これは、生徒・教員比で比較するといっそう明確になる。59年度と65年度で生徒千人当たりの英語教員数は、5.75人 → 6.10人と増加しているが、数学科教員の微増（7.20人 → 7.31人）を除くと、他教科の教員はみな減少に転じているからである（国語：9.21人 → 7.99人、社会：7.96人 → 7.45人、理科：6.44人 → 6.19人）。ベビーブーマー入学・卒業の時期を境にして、英語教員が中学校教員に占めるシェアは拡大しており、外国語科は以前よりも人的な面で余裕が生まれた教科だったことがわかる。

6.3.1　教員採用方針と外国語科のシェア拡大

こうした傾向は、都道府県を単位とした分析によっても裏付けることができる。3年ごとに実施されている『学校基本調査』には、都道府県別・教科別の教員数が記載されており、1959年度版と1965年度版を比較することで、ベビーブーマー入学以前・以後で英語教員のシェアにどのような変化があっ

たか知ることができる。ただし、残念ながら 1962 年度の報告書にはその情報がないため、ベビーブーマー在学期の状況はブラックボックスとせざるを得ない。ここでは、このシェアの変化と、教員の採用状況の指標になると考えられる全教員数との関係を検討したい。なお、1.4 節で明らかにしたとおり、都市部においては 61 年時点ですでに中 3 履修率も 9 割を越えており、ベビーブーマー対応のインパクトはあまりなかったと考えられるので、都市部の 6 都府県を除外し、また、学校数・教員数が生徒数に比して極端に多い北海道も除いている（ただし、除かなくても多少相関が弱まる程度で結果に大きな差はない）。したがって、以下の分析は残りの 39 県の状況である。

図 6.4 は、横軸に教員採用方針の指標である「全教員増加率」を、縦軸に 1959–65 間の各教科教員のシェア（単位：％）の差をとり、39 県をプロットしたものである。

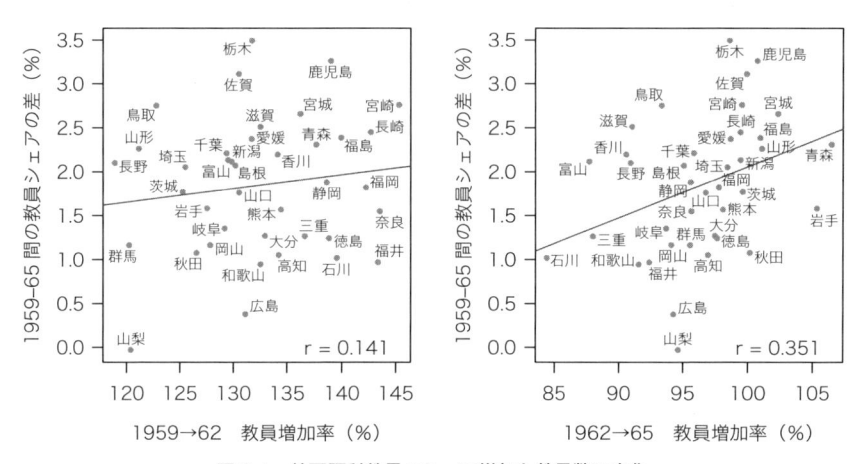

図 6.4 外国語科教員のシェア増加と教員数の変化

図 6.4 の左側の図を見ると、教員のシェア変動と 1959 → 62 間の教員増加率の間にはほとんど相関が見られず（r=.141）、ベビーブーマーへの対応として教員をどれだけ採用したかという点と、英語教員のシェア拡大に関連はほとんど見いだせない。一方、右図、つまり 1962–65 の教員増加率（減少率）を横軸にとった図では正の相関が見られる（r=.351）。つまり、ベビーブーマー在学期が過ぎても全体の教員数に大きな減少がなかった県（あるいは、むしろ増えている県）のほうが、英語教員のシェアが拡大しているのである。

対照的に、こうした関係は、他教科では英語ほど明確ではない。外国語教

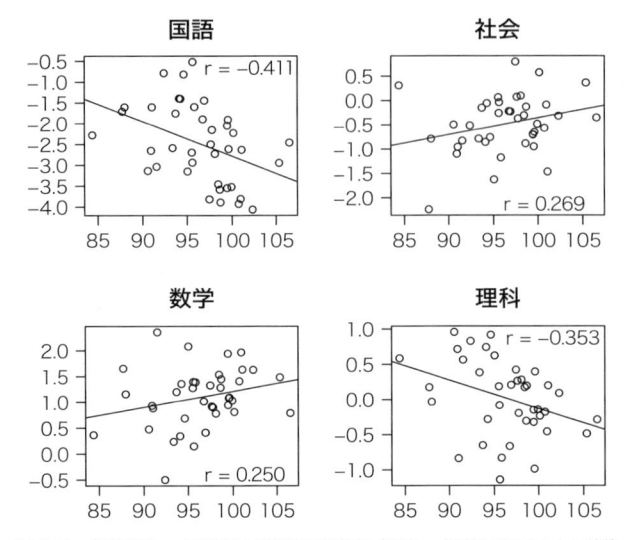

図6.5　各教科シェア増加と教員数の変化（縦軸・横軸は図6.4と同様）

員のプロットの場合と同様に、他教科についてもプロットしたものが、図6.5である（縦軸に1959→65の各教科教員のシェア［％］の差、横軸に1962→65教員数の増加率［％］）

この図から明らかなとおり、最大は社会科の$r=.269$であり、国語と理科は負の関係（それぞれ、$r=-.411, r=-.353$）を示している。このように、他教科と比較するならば、ベビーブーマー在学以後、教員数を維持する方針をとった県ではとりわけ英語教員を維持する傾向があったことがいっそう鮮明になる。言い換えれば、英語教員のシェアを向上させたのは、ベビーブーマーへの対応それ自体ではなく、それ以後の人的余裕によることがわかる。このように、英語科における人的リソースの改善が、中3の英語履修率を向上させた一因であると考えられるのである。

6.4　まとめ——「ベビーブーマー」が生んだ事実上の必修化

以上のように、ベビーブーマー入学・卒業という、1960年代前半に中学校が経験した人口動態的変化が、英語履修率の拡大に影響を与えた可能性が高いことが明らかとなった。ベビーブーマー就学による生徒数増加への対応として、英語教員を大量に採用したことが、その後、生徒数が減少した後、英

6.4 まとめ――「ベビーブーマー」が生んだ事実上の必修化

語教員の人的余裕を生みだし、英語授業の新規開講を可能にしたのである。戦後初期においては、英語の授業を開講したくても、人材不足のために満足に開講できず、したがって、履修率は100％には至らなかったが、ベビーブーマー卒業後、英語教員の人的リソース面の条件が劇的に改善されると、英語授業の開講が促進され、「事実上の必修化」が現出したと考えられる。

もちろん教員の人的余裕そのものには、履修率を上昇させる力はない。生徒一人当たりの教員数が増加したとしても、増えた分の教員で、新たな英語授業を開講しなければならない義務などないからである。理論的に言えば、履修率はそのままで、各教員の受け持ち授業数が減るということはあり得る。しかしながら、1960年代当時の状況は、人的余裕があるのであれば、英語の授業を新たに開講させるだけの誘因が揃っていた。3章で見たとおり、1960年代にはすでに高校入試に英語が課されることが一般化しつつあり、英語学習・英語教育の重要性が教師・生徒双方に痛感され始めていたからである。人口動態・教員採用方針、そして高校進学上の英語の重要性の高まりが、複合的に作用することで、1960年代の履修率の急上昇はもたらされ、その結果、事実上の必修化が現出したと考えられる。

第7章

2つのジレンマ——大衆性と戦後教育思想

　本章および続く2つの章で検討したいのは、戦後初期の「英語＝選択科目」という図式を正当化していた要因、つまり、《国民教育》化の阻害要因がいかに取り除かれたのか、ということである。代表的な阻害要因は、第II部の冒頭で示したとおり、(1) 戦後初期の理念である「学習者・社会の要求に応えられる科目のみが必修科目にふさわしい」とする必修科目観、そして、(2) 戦後初期に農漁村地域の英語教師が直面してきた幾多の苦難である。まず、本章で、これら「阻害要因」の詳細を確認した後、続く8章・9章で、それらが減退していった背景を明らかにしたい。

7.1 「社会の要求」という難問

　まず、《国民教育》化の強力な阻害要因は、1947年および1951年の指導要領試案のコアにあった「社会の要求に応じた教育」という理念だった (1.2.1節参照)。この理念は、当時、学校教育全般の基本的な原理とされており、当然ながら、外国語科もその影響下にあった。それは戦中のトップダウン的な教育の反省に立ち、生徒や地域社会など「市民」の生活上のニーズに直結したカリキュラムを編成していこうという理想だった。こうした理念に基づく教育実践は、「経験主義的カリキュラム」などと呼ばれ、国語科や社会科では一定の成果を収めた (坂口 2009)。

　経験主義的カリキュラムのような戦後新教育の実践が、国語科・社会科と親和的だったのは不思議なことではない。なぜなら、国語科・社会科の対象となる知識は、児童生徒の日常生活の至るところに埋め込まれており、したがって、両者を関連づけることは比較的容易だったからである。その一方で、英語の場合、「生活」との接続は困難をきわめた。というのも、たとえ本土占領期であっても、当時の日本の多くの地域では、外国語である英語が「生活

場面」にまで浸透していたわけではなかったからであり、この点は、当時の英語教育関係者の一部には、明確に自覚されていた[*1]。したがって、「生活」「社会的ニーズ」という概念に基づく限り、外国語科は《国民教育》にはなりえなかった。そればかりか、「社会の要求」論に過度に依拠すると、外国語科（英語）の存在意義すら否定されてしまう危険性があった。なぜなら、英語の必要性を当時切に感じていた生徒や地域社会はきわめて少数だった以上、もし「社会の要求」を文字通りに理解すると、ほんのわずかな生徒しか英語を履修する必然性がなくなってしまうからである。これが、新制中学校外国語科が直面した、きわめて重大なジレンマだった。

ただし、理念が変わっただけということならば、たいしてジレンマとならなかったかもしれない。地域によっては、占領軍・米軍と恒常的に接触する児童生徒もおり（吉見2007）、また、港湾都市など、戦前から外国との交流が盛んだった地域も存在したからである。こうした地域での英語教育は、「生活」や「社会的ニーズ」と必ずしも矛盾しない場合も多かったはずである。こう考えると、上述のジレンマは、学制改革に伴う理念上の転換と、戦後の英語教育の大衆化が結びついたことによって生み出されたものであると言える。つまり、義務教育課程の新制中学校に英語が導入され、学習者人口が爆発的に増加したことにより、英語の社会的ニーズが定かではない生徒も含めて、きわめて幅広い層が英語教育を受けるようになったことによるジレンマである。

戦後の中学校外国語科はこうしたジレンマに対処していかなければならなかった。このジレンマを放置しておいた場合、英語教育の正当性は大きく損なわれるからである。「社会の要求」の過度の追求は、英語の必修科目化ばかりか、選択科目としての英語ですら、大幅に意義を減じてしまいかねなかったのである。

[*1] たとえば、1951年版の学習指導要領試案の2章I-4では、経験主義的なカリキュラムのひとつである「コアカリキュラム」は、英語と接続困難であることが論じられている。また、戦後初期、英語のカリキュラムの作成方法を詳細に論じた禰津義範の『英語カリキュラム』（禰津1950）でも、経験的カリキュラムが「現代のわが国の情勢下に於ては、英語教育に如何に不適当であるかは明瞭」（p.5）だと結論づけられている。

7.2 英語の学習意義への疑義

　もうひとつの阻害要因は、第1の「社会の要求」とも関係が深いが、当時の中学校教育現場、とりわけ農漁村地域の中学校が直面していた、英語の学習意義に対する疑義である。たとえば、5.2.2節で1960年前後の日教組教研集会外国語教育分科会において「国民教育としての外国語科」が重要な議題となっていたことを見たが、同時に同分科会では、農漁村地域の英語教師たちの苦悩も大きな問題となっていた。より正確に言えば、こうした農漁村地域の教師たちの苦境が、「国民教育」論を精緻化する契機になるのである。

7.2.1 「英語を学んでもしょうがない」

　当時の日教組教研集会外国語教育分科会の声を、農漁村地域の英語教師の苦悩という観点から詳細に分析したものに、教育社会学者の相澤真一の研究がある（相澤2005）。少々長くなるが、重要な部分なのでそのまま引用する。

> 1950年代当時、「英語を学んでもしょうがない、という気持が生徒に、父兄に、また教師自身にもあるのではないか。英語を役立てるということから遠い環境におかれているものの苦悩である」（青森県教職員組合編1958, 2頁）と報告書に記述されたように、外国語は役に立たないという不信を教育関係者も含め抱いていた。すなわち、教育知識の学習必要性が問題化していた。このため「『先生英語を何のためにするんだい』ということ、こういうことを生徒にきかれ、教師は何といってよいのかわからなかった」（群馬県教職員組合編1958, 1頁）という問答に示されるように、学習意義をどう示すかという問題が教員達の悩みとなっていた。44都道府県から提出された報告書のうち、12県において、このような地元の不信感が教員達の悩みとして表明されていた。この不信は特に都市から離れた地域において顕著であった。このように、「英語を学んでもしょうがない」という地域の声とそれに対して学習意義の説明できない教員達という当時の状況において、教研集会では外国語科は選択であるべきだと考えられた。（相澤2005: p.192, 引用文献はママ）

　ここで依拠している資料は、教職員組合による研究会の報告書であり、単なる一事例にとどまらず、当時の教育現場を知る貴重な情報である。このな

7.2 英語の学習意義への疑義

かで、「英語を学んでもしょうがない」とか「先生英語を何のためにするんだい」と言われ、答えに窮していた「地方」の中学校教師の様子が描かれていたことは重要である。しかも、教研集会で論題としてとりあげられるほど、「地方」の教育現場にとって切実な問題だった。当時、少なくない「地方」の中学生や保護者、さらには教師までもが、「英語を学べば、何らかのメリットがある」などとは考えていなかったのである。じじつ、3章で見たとおり、「地方」の高校進学率・大学進学率はまだ都市部ほど高くなく、したがって「受験に役立つ」という恩恵を得られる中学生も少なかった。

7.2.2 「英語の出来る者は不良の奴」

こうした声は、1960年前後に突如現れたわけではない。むしろ、戦後初期からすでに根強く存在していたものが、1950年代後半の教研集会外国語教育分科会でとりあげられたと考えるべきである。たとえば、1950年に出版された禰津義範の『英語カリキュラム』は、農山村の実情に適した外国語のカリキュラムの編成方法を体系的に論じた著作だが（禰津1950）、その中に当時の人々の英語観もつづられていて興味深い。

禰津は、長野県の「一年間のうち5ヶ月は雪の中」(p.15) の新制中学校に勤務していた英語教師であり、そうした過酷な環境でいかに英語教育を組織していくかを模索していた。しかしながら、彼が直面した苦難は単に地理的・気候的なものだけではなかった。むしろ、農村の持つ文化的な特質こそ、彼が最大の障害と感じていたものだった。彼は農村の知的雰囲気として次のような例をあげている。

> 殊に農山村の地域に於ては、自然のままでは英語に対する要求は全くなく、否むしろ封建的なこの社会では、英語を危険視し、「英語は人間を堕落せしめるものである」という誤った観念さえ持っている (p.2, 強調引用者)

> 家庭は英語教育に対しては全く無理解であり、封建制の強い地域社会に於ては、英語に対して常に杞憂の念をいだき、英語学習のブレーキとなっている (p.5)

> [PTAやその他地域の人々のなかには]「英語などどうでもよいのだ」「英語が出来なくとも他の教科が出来ればよい」「英語が出来てもえらくはない」等は

未だ黙認し得るとしても、「**英語の出来る者は不良の奴だ**」等の甚しく誤った認識をもっているものが農山村等の地域社会には多いのである。(pp. 47–48, 強調引用者)

「英語は人間を堕落せしめるものである」や「英語の出来る者は不良の奴だ」といった発言は、現代人の感覚、とくに現代の英語教育関係者の感覚からすれば驚くものだろう。しかし、戦後初期の農村の少なくとも一部には、英語の必要性に対する懐疑が——場合によっては敵対心すら——存在したのである。

7.2.3 『英語教育』に現れた農山村地域の苦悩

『英語教育』系統の雑誌でも、同様の「悲鳴」が戦後初期から確認できる。たとえば、山形県の農村の実情を伝えた加藤市太郎の 1949 年の手記には、「農村の学校では、生徒の興味は永続せず、大部分の生徒は、卒業後農業に従事するのだから英語は必要がないと考えるようになる」(加藤・石川 1949: p. 29) ことが指摘されている。

このような認識は、農村の教員だけでなく、都市の教員にも浸透していた。1952 年に東京教育大附属中学の教官のあいだで行われた座談会では、英語学習の必要性に疑問を投げかけている地域の存在が論点にあがっている。

B. 英語が選択科目だからといって、もしこれを軽視すれば、それはよくないと思うのですがどうでしょうか。
C. しかし実際問題として、**自分は高校に進まないし、英語なんて必要はない**という者が多かった場合は。
B. いやそれはどちらかというと生徒の側の考えであって、先生としては、それで済ましていてよいというものじゃないですね。私の考えでは、先生はそれに対して一つの目的を持つべきだと思うのですよ。つまり、英語教育の価値を実用方面と教養方面に分けて考えた場合、広い意味での教養価値というか、ちょっと言いあらわし方はまずいと思いますが、思考力をつけるのだと考えたら。
C. 思考力ですか。
A. 実用価値はどうですか。
B. **農村などでは、実用価値はないでしょう。**(『英語教育』編集部 1952c, p. 10, 強調引用者)

7.2 英語の学習意義への疑義

ただし、東京の教員にも認識されていたとはいえ、やはり、英語の学習意義に対する疑義を痛切に感じていたのは「地方」の教員だった。

祐本寿男による愛媛県の中学校赴任時代の回想からは、農村における英語教育の苦難が痛いほど伝わってくる。

> 私の組のYという女の子の日記には、毎日の様に英語の出来ぬ悩みが綴られていった。「肥やしを麦にかけてやると、麦が頭を下げて『有難う、大きくなるよ』と言っている様子。そんなことを言っても心の中には心配一つ…」「そうだそうだ。どん百姓なんか英語なんか覚えるにおよぶものか。日本語の読み書きさえも出来ない人がある。どん百姓は読み書きだ。」「之を書くときにも急に涙が出てなさけない。ああはづかしい。Chiyokonobakasuke….」彼女は一年の終の休に二里近い所を毎日往復して私の所へ英語の勉強に来た。ゆっくりと教えてみて、my を覚えたら me を忘れ、単数になる you と複数になる you に戸迷いしている傷ましい姿に、私は英語教師の悲しい宿命をしみじみ考えた。
> （祐本 1954: p. 70, 三点リーダー原文）

このYという女子生徒は、それでも英語の学習意欲はあるように見えるが、前述の教研集会での議論や欄津義範の報告にあらわれていたとおり、「地方」の英語教師の苦難は、単に学習条件が悪いということだけではなく、保護者や地域の側に英語教育をサポートする体制がととのっておらず、むしろ、英語教育を否定するような空気が少なくとも一部にはあったことである。

たとえば、大分県の「へき地」の中学校に勤務することになった鶴田克昭は、「僻地と英語」（鶴田 1960b）と題した記事で、「へき地」という現実が「事実上の必修科目」に突きつける矛盾をつづっている。

> 私も今日まで、英語が必須課目として取り扱われることに対して、別に疑問をいだくことなく、英語教育に専念してきましたが、このような僻地校に来るやいなや、この問題に関していやおうなく考えさせられるようになりました。というのは、本校では進学を希望する生徒は各学年2～3名程度、もちろん、生徒数も少ないのですが、他は家事（農業）その他といったところです。もちろん、進学する生徒を除けば、卒業後、英語を必要とする生徒はいないでしょう。この傾向が、生徒自身の授業態度にも表われています。英語の必要性を感じないからです。(p. 46)

ほとんどの生徒が進学しないという地域条件のなか、保護者の要望としては、「卒業して、すぐ役に立つ農業関係、あるいは家庭（裁縫等）に力を入れてくれ」(p. 46)という声をしばしば耳にする一方で、英語教育の充実を望む声は、進学する生徒の保護者からわずかに聞かれる程度だったという。このような状況を前に、鶴田は、以下のように、英語を必修にすることの矛盾を吐露している。

　　このように進学希望者の少ない僻地の学校では、英語教師はツマハジキにされているような感じです。もちろん、進学のためのみ英語を勉強するのではないということは、生徒に言ってきかせても現実として通用いたしません。これでも、やはり、英語（生徒の一番頭痛の種である英語）を必須課目として、週4時間、課さねばならないだろうか？　国際語となりつつある英語が必要なことは、言うまでもなく充分承知していながら、その反面 . . . と何か矛盾した考えに陥入りそうです。(p. 46, 三点リーダー原文)

　そもそも、現在でこそ「地方の困難」という観点で英語教育が論じられることはあまりないと思われるが、戦後初期にはごくありふれた論点だった。じじつ、『英語教育』系統の雑誌にも再三このような声があらわれている。表7.1は、『英語教育』系統の雑誌における、地方（農村、田舎、へき地等）の英語教育が抱える困難を訴えた記事の一覧である。言及数から見ても、当時、「地方の困難」は英語教育界の重要なテーマのひとつだった（もちろん、そもそも教育の地域格差は外国語科に限ったものではなく、学校教育全般がこの問題に直面していた）。地域格差の中身としては、教員や教育設備の不足などリソース面の不利さに加え、生徒や保護者が英語学習に意義を見いださないという教育の受け手側の意識も重要な問題だった。

　注目すべきは、表7.1の整理に基づく限り、戦後初期に強烈に意識されていた教員不足・教具不足は、1950年代末期になると言及が少なくなるのに対し、生徒・保護者が英語学習に意義を感じないという「悲鳴」は、依然として、寄せられ続けている点である。前者の人的・物質的格差は、終戦からしばらくして、復興がすすみ、そして教員研修・教員養成が軌道に乗ったことによってある程度解消されたと考えられるが、それに比べて、後者の意識格差を是正することはかなり困難だったはずである。たとえば、「卒業後は農家を継ぐから英語はいらない」「高校に進学しないから、英語の必要性を感じな

7.2 英語の学習意義への疑義

	「困難」の内容
加藤市太郎・石川光泰 (1949)	山形県の新制中学校。生徒の英語に対する興味不足・不要感。教室不足。教員不足。
大里忠 (1950)	地方の英語教師不足。
成田成寿 (1950b)	地方の英語教師不足。
『英語教育』編集部 (1952d)	S. I. 生の投書。山間地の英語教育事情。生徒・保護者の英語に対する不要感。
S. I. (1953)	地方の英語教師不足。
横田弘之 (1953)	地方の英語教師不足。
S.T.R. (1954)	「都会地とは根本的に違った、放っておけない問題が多々ある」
西川利行 (1954)	地方の生徒の英語に対する興味不足。
祐本寿男 (1954)	農村の苛酷な学習条件。
小平清 (1954)	生徒の英語に対する必要性の希薄さ。
星山三郎 (1955)	山間地の中学校の未発達な学習設備。
本郷良訓 (1955)	農村の定時制高校。学力不足。生徒たちの学習態度(農業優先、学業は二の次)。
横田弘之 (1955)	へき地の中学校。生徒・保護者・地域の無理解。教員不足。教材教具の不足。「英語的ふん囲気」の欠如。
『英語教育』編集部 (1956b)	「学校だより」青森県の中学校。教員不足。
梶木隆一 (1957b)	教研集会の報告。農村の英語の困難さ全般。
森礼次 (1957)	農業高校。生徒の学力・学習意欲の低さ。
柴崎武夫 (1958)	辞書を買う余裕がない田舎の生徒。
塩見和一郎 (1958)	へき地。多大な通学時間や家庭の事情などにより学習習慣が形成されない。授業の進度の遅さ。
『英語教育』編集部 (1959b)	本屋がない。多くの家庭が新聞をとっていない。
『英語教育』編集部 (1959c)	生徒の関心の低さ。
荒川博治 (1959)	山間へき地。学習習慣がない。農繁期に授業時間が犠牲になる。
Raymond (1960)	へき地。生徒の英語に対する興味の欠如。
M 生 (1960)	田舎。教材、とくに視聴覚機器の不足。
鶴田克昭 (1960a)	へき地の中学。生徒の学習意欲の低さ。辞書を持っていない生徒あり。
中島治人 (1960)	田舎。生徒の英語に対する必要性の希薄さ。
鶴田克昭 (1960b)	へき地の中学。生徒の英語に対する必要性の希薄さ。
五十嵐新次郎 (1962a)	教研集会での議論。農村における英語に対する必要性の希薄さ。
山田耕作 (1962)	へき地の苛酷な教育条件。教具不足。
福富茂木 (1963)	田舎の教師には、旧態依然の意識の者が多い。
T 生 (1963)	「英語は都会でないと駄目」と、保護者から言われた「田舎」の教師。
一地方教師 (1964)	へき地。生徒の英語に対する興味不足。
関口和夫 (1964)	山間地の中学。地域社会の理解が乏しい。家庭学習のフォローがない。

表 7.1 地方の困難を綴った記事 (1946〜1964)

い」といった意識は、たとえ教育条件が改善したとしても社会構造が根本的な変化を遂げない限り、容易に変わらないものだと思われる。

　このように見てくると、「社会の要求に応える」という理念と、中学校英語教育の実態との間に、いかに大きな齟齬が生じつつあったかわかるだろう。このジレンマは、受験英語も含めて、英語が「生活」から乖離している農村地域においてより深刻だった。このジレンマを解決しなくては、《国民教育》としての英語教育という概念が生じる余地はなかったのである。

　続く2つの章では、英語教育関係者が「社会の要求」という理念に対しどのように対応したか、そして、どのように、矛盾を避けながらこの理念を新制中学校に接続したかを検討していく。もしこうしたジレンマに適切に対処できれば、《国民教育》化の阻害要因を無効化することになり、その結果、《国民教育》化へのスムースな移行が可能になったはずである。

第 8 章

「社会の要求」の読み替えと「教養」言説

　《国民教育》化の阻害要因に対する対抗言説となり得たものは何か。『英語教育』系統の雑誌を網羅的に読み込んだ結果、まず、「教養」がキーワードとして浮かび上がってきた。つまり、「教養」概念をコアに据えた英語教育目的論によって、前章で述べたジレンマが一部解消されたのである。

　英語教育における「教養」の意義を強調した人物として、もっとも有名な人物のひとりに英文学者の福原麟太郎がいる。その福原は、英語が《国民教育》化する数十年も前の1936年の暮れに、中学校英語の必修化を「教養」という観点から支持した。もちろん中学校英語の必修化といっても、戦前のことなので、旧制中学校（および高等女学校）における英語科の話である。しかし、そのロジックは戦後の新制中学の英語必修にも十分通じるものだった。
　福原が上のような声を上げた直接の理由は、当時大きなうねりとなっていた英語教育の縮小・廃止論へ抗するためだった。1936年と言えば、二・二六事件（同年2月）の年である。戦争への歩みが決定的となり、英語教育関係者も日々肩身が狭くなっていく時代だった。そうした風潮のなか、学校英語教育に対して、「日本はもはや英語など学ぶ必要もない文明国だ、実生活で必要もなくムダなのだからやめてしまえ」といった廃止論が浴びせられていた。
　これに対する福原の反対論が、1936年の『英語教育の目的と価値』（岡倉1936）である。著者名が岡倉（由三郎）になっていて紛らわしいが、これは病床の岡倉に代わって福原が筆をとった、という体裁をとっているためであり、実質は福原の論述である（なお、引用ページは、川澄（1978）に採録されたものに基づく。以下同じ）。

　　［旧制中学校の英語教育の］主旨は英語を通じて西洋文化への入門、その批判
　　の練習をする為である。即ちそういう教養価値を持っているのであるから、そ

れをこそ目的として教うべきである。そしてその目的は、将来外国語を実用とするしないに拘らずあらゆる人々に必要である。だからあらゆる生徒が英語を学ぶべきであると信じているものである。もし寒村僻地の生徒であり、又は田舎の女学校の生徒であって、英語は学校以外必要としない人なら、尚更、英語を通じて外国文化を学んで置くべきだと思うのである。(p. 422, 強調引用者)

つまり、実生活に必要があろうがなかろうが、英語を学ぶことの意義は揺るがない、なぜなら学校英語教育は、職業や生活に役立つ英語能力の育成ではなく、文化批評の訓練という「教養価値」を持っているからである、というのが福原の論理である。「文化批評の訓練」と聞くと、かなり高度な技術に感じられるが、実際、福原の議論は、そもそも旧制中学校という「エリートコース（予備軍）」を念頭に置いたものであり、その点で、《国民教育》の問題とは一線を画していた。

戦前では、福原以外にも多くの英語教育関係者が、英語教育における「教養」の意義を強調していたが、多くの場合、上記のような高度な訓練を念頭にしていた。しかしながら、戦後の歴史は、「文化学習」「教養価値」という「エリート」向けのロジックが、いわば「拡大解釈」され、大衆的な新制中学の外国語科（英語）にも適用されていった時代と見ることができる。じじつ、後に見るとおり1951年版の学習指導要領試案には、「終極の目標」として、生徒の「教養」面の育成が位置づけられている。本章では、教養の「拡大解釈」の過程を検討し、この言説がいかに《国民教育》としての英語の正当性を高めたかを見ていきたい。

8.1 英語教育における「教養」

では、まず、英語教育界における「教養」概念の歴史を確認してみよう。日本の英語教育では、明治時代から「教養」が教育目的の重要なキーワードとなっていた。この状況が、戦後にも引き継がれ、1951年の指導要領試案では、「教養上の目標」が学校英語教育の「終極の目標」と規定された。

ただし、「教養」という語は、きわめて雑多な意味を含んでいる点に注意が必要である。「教養」が具体的に何を意味するか、論者の間で共有されていないことも決して珍しくない。さらに、時代とともに、意味が大きく変わってきている。したがって、「教養」という語の用法には細心の注意が必要であ

る。

　そこで、「社会の要求 vs. 教養言説」という本書のそもそもの問題関心にとっては多少回り道になってしまうが、英語教育における教養概念の歴史を丁寧に跡づけておいたほうがよいだろう。戦前については本節で、終戦直後を 8.2 節で、新制中学校発足直後の議論を 8.3 節で、そして、戦後初期の指導要領試案の議論を 8.4 節で、それぞれ検討する。

「教養主義」の端緒──岡倉由三郎の文化教養説

　日本の英語教育史で「教養」と言った場合、「英語教育は、実用のためか？それとも教養のためか？」という二元論がまず想起されることが多い。この「実用 vs. 教養」という構図の萌芽は、竹中龍範が明らかにしたとおり、すでに明治初期に確認できる（竹中 1982）。ただし、いわゆる「お雇い外国人」の時代である明治初期は、日本語に基づく近代的な高等教育体制がまだ整備されていなかったため、外国語を学ぶ（あるいは「外国語で学ぶ」）ことは自明なことであった。したがって、英語教育の目的をわざわざ問題にする必要はなかった。

　しかしながら、明治中頃になって、日本語による学問基盤が整備され、英語が「近代文明の吸収に不可欠な手段」から、「学校教育の科目のひとつ」に移行していくと、英語教育の目的をあらためて考える必要が生じた。その結果、英語教育の目的論が次第に洗練されていったのである。当時の教育目的論の成果としてもっとも有名な著作が、明治末期の岡倉由三郎『英語教育』（岡倉 1911）である。

　岡倉は、同書の中で、旧制中学校の英語科は「実用的価値（Practical Value）」と「教育的価値（Educational Value）」という 2 つの価値を備えていなければならないと述べている（岡倉 1911: p. 39）。岡倉のこの二分法は、竹中（1982）も指摘しているとおり、英語教育界では「実用主義 vs. 教養主義」という二分法の元祖として理解されることが多い。歴史的に見れば、そのような整理は必ずしも間違ってはいないと考えられるが、1951 年指導要領試案の「教養上の目標」（および「機能上の目標」）を考えるうえでは誤解が多い。岡倉の「教育的価値」が意味するものと、指導要領の「教養上の目標」の内容は、大きく異なるからである。

　岡倉の言う英語科の「教育的価値」を要約すると、(1) 英語教材の「内容」から、文化の相対性など柔軟な思考を得ること、および、(2) 母語と異なる

■第8章 「社会の要求」の読み替えと「教養」言説

	岡倉由三郎の目的論	川澄 (1979) の用語	指導要領試案
思考力の育成	教育（修養）的価値	文化教養説	教養上の目標
欧米の思想の吸収	実用的価値		教養上の目標
英語スキル育成	—		機能上の目標

表 8.1　岡倉由三郎と指導要領試案における「教養」概念

言語体系に触れることで、言語の相対性や思考力を育む、という点である。一方で、「実用的価値」とは、英語をとおして「欧米の新鮮にして健全な思想の潮流」(p. 40) を学ぶことだった。現代の文脈で「実用」と言えば、運用能力、とりわけ「話す・書く」などの産出能力を指す場合が多いと思われるが、同書の「実用」はそのような意味ではない。川澄 (1979) や新里 (2002) も述べているとおり、英語のテクストの読解を通じて欧米文化（とくに英国の文化）を吸収することが、「実用的価値」だったのである。

したがって、英語教育史学者の伊村元道も指摘するとおり、指導要領試案の「教養上の目標」は、岡倉の「実用的価値」と「教育的価値」の両者をカバーしたものだった（伊村 2003）。こうした構図を整理すると、表 8.1 のようになる。表から「教養」はいかに錯綜した用語だったかということがわかるだろう。混乱を避けるために、以下の議論からは、岡倉の「実用的価値」「教育的価値」を総合したものを、川澄 (1979) にならって、「文化教養説」と呼び、議論を展開したい。

1.1.2 節で見たとおり、岡倉の『英語教育』では、英語教育は《国民教育》の埒外だと述べられており、また、その記述は旧制中学校・高等女学校を前提としていた。したがって、文化教養説もこのような「エリートコース予備軍」の生徒を念頭に置いていたと言える。この点で、新制中学の指導要領試案と、想定する学習者層が異なるのは明らかである。注目すべきは、文化教養説が、このようなエリートコースに進む学習者を想定していたからこそ、その論理——英語を読むことを通じて欧米の思想を吸収できる——がそれなりの説得力を持って受け入れられたことである。

岡倉の『英語教育』が出版された時期は、大正教養主義の勃興期とほぼ同じである。この大正教養主義とは、文学や思想書などの「高級」なテクストの読書を通じて、人格陶冶を目指すという文化であり、その主たる舞台は旧制高校だった（高田 2005; 竹内 2003; 筒井 2009）。岡倉の文化教養説も、そ

してその後、大正期・昭和戦前期を通じて英語教育関係者に浸透していた文化教養説も、この大正教養主義の影響下にあったことは想像に難くない。

じじつ、岡倉の文化教養説も、大正教養主義と同様、英文学に代表される「高尚」なテクストの読解をきわめて重視していた（山口 2001）。つまり、「高尚」な文章を読むからこそ、「欧米の思想吸収」という目的が輝きを放ち、そして、翻訳ではなく原語で味わうことに意義が見いだせるようになったのである。逆に、たとえば機械の英文マニュアルであれば、「思想吸収」も人格陶冶も、原典を味わう意義も強弁できないだろう。一般的に言って、「高尚」なテクストを原語で味わうことができるのは高学歴層である。岡倉の文化教養説は、高学歴者およびその予備軍、つまりエリートコースの学習者の教育目的に関わる議論だからこそ、一定の説得力を持っていたと言える。

「教養主義」の洗練化――英語存廃論争

岡倉の文化教養説は、大正期・昭和戦前期に、多くの英語教育関係者に支持され、洗練され、そして再生産されながら浸透していった。ただし、英語教育における文化教養説は、大正教養主義に代表される学生文化としての「教養主義」とは、また別の独自の道を歩んでいった点に注意したい。たとえば、学生文化としての教養主義は、大正時代の終わり頃になると、マルクス主義の影響により大きな変貌を遂げたが（竹内 2003）、英語教育界の文化教養説にはそのような変化は見られない。これは、当時の英語教育界は、その学問的・思想的・精神的支柱を英文学、英国文化、そしてイギリス的な自由主義に置いていたため、マルクス主義の影響を免れやすい位置にいたためだと考えられる。

英語教育界に文化教養説が浸透する契機のひとつが、戦前に何度もあらわれた「英語科縮小・廃止論」である（cf. 伊村 2003: 15 章 ; 川澄 1979; 山田 1996）。これは、学校英語教育の非効率性を厳しく問い、学校英語教育の縮減・選択科目化や、極端なところでは全廃を求めるもので、代表的なものとしては、大岡育造の「教育の独立」（大岡 1916）や、渋川玄耳「何を恐るゝか日本」（渋川 1924）、福永恭助「米国語を追い払へ」（福永 1924）、そして藤村作の一連の英語教育批判（藤村 1927, 1938）などがある。これらは、時勢や論者によって多少の多様性はあるものの、国力の増大した日本において英語の有用性はもはや乏しいと主張し、学校英語教育、とりわけ旧制中学校英語科の意義を低く評価するという点で共通している。英語教育関係者も、

「英語廃止論」に激しい反論を繰り返した。「英語存廃論」と呼ばれるこうした論争において、英語教育関係者の理論的・精神的支柱になったものが、ほかならぬ文化教養説であった。

たとえば、藤村作「英語科廃止の急務」(藤村 1927) に対する反論として、帆足理一郎が「廃止には反対である」(帆足 1927) という論文を書いているが、その論理は上述の文化教養説と非常によく似ている。

> 人間的教養に資する最も豊富な教材は広い意味での文学書を措いて他に求めることはできない。文学は人生の総合的批判であり、評価である。直接徳育を目的とする修身教科よりは、人間の人間化や感情の醇化によって間接に道徳的理想を高尚にするため宗教味の豊かな文学を味わせる(ママ)ことは、現代の智育偏重なる教育の欠陥を補うにどれだけ役立つか知れない。...翻訳にては左程の印象なく読過する事柄でも、原語の匂いを通して獲得したその思想的内容は実に吾等の肉となり血となったものであって、その教養的価値を疑うことはできない。
> (川澄 1978: p. 277-78 より引用)

英文学は「人間的教養に資する」ものであり、翻訳ではその効果が薄い、「原語の匂いを通して獲得したその思想的内容」こそが、真に身につくものである、という論理は、岡倉の文化教養説の延長上に位置づけられるものである。川澄 (1979) が詳しく検討しているとおり、大正期・昭和戦前期に幾度となくわき上がった英語科廃止論に対し、英語教師は、概して「教養」を盾に対抗言説を編んでいった。実用に資するかどうか、つまり実際に役立つかどうかは定かではないにせよ、生徒の人格陶冶に英語学習は確実に貢献する以上、英語科の意義は大きいという反論である。

こうした反論が少なくとも英語教師の間では一応の説得力を持ったのは、その「主戦場」が旧制中学校の英語科だったからであると考えられる。英文学のような「高尚」なテクストに触れさせ、そこから「人格陶冶」という成果を期待できたのも、旧制高校・大学への「予備軍」たる旧制中学校の生徒だったからこそだろう。じじつ、江利川 (2006) が明らかにしているとおり、戦前における「教養」志向の英語教育の象徴が、旧制中学校の英語科だった。対照的に、実業学校や青年学校など「非・エリートコース」の中等教育機関で行われていた英語の授業は、「実用」志向が強く、「教養」の面は比較的薄かったのである。また、旧制中学校の教師には、他の中等教育機関に比べて、

旧制高校・大学の学歴を持つ者が多く（山田 2002: 5 章）、「英文学に触れることで人格陶冶が達成される」という論理に親和的な教師が多かったことも、その傍証と言える。

抑圧された「教養主義」——太平洋戦争期

しかしながら、日本が太平洋戦争に突入すると、文化教養説は大きく変質する。イギリス・米国が「敵国」となり、「英米の思想に触れることによる人格陶冶」とか「英米の文化吸収」などというロジックは使用不可能になってしまったからである。太平洋戦争中には、それに代わって次の2つのレトリックが、英語教育を正当化するために用いられた（川澄 1979）。ひとつは、敵の実情を知るために英語を学ぶというものであり、もうひとつは、英語を「大東亜共栄圏」の共通語として利用すべきだとする主張である

こうした英文学者・英語教師たちの「転向」ぶりを整理した川澄は、英文学者・英語教師たちにきわめて辛らつな評価を与えている。

> ［英文学者・英語教師は］ついこの間まで、英米の国民の「優秀な思想や感情に接して国際的見解と同情心を養う」だとか、イギリスの紳士・淑女こそ「道徳的理想」の権化であり、英米の文学こそがヒューマニズムの文化であるかのごとく説いてきた人たちである。（川澄 1979: p. 125）

こうして、太平洋戦争開始以降、文化教養説はきわめて急速に退潮していった。文化教養説の復活は、日本が戦争に敗れるまで待たなければならなかった。しかしながら、新学制における文化教養説は、戦前のそれを完全に復元できたわけではなかった。

8.2 「新しい日本」と英語教師の役割

太平洋戦争が終わり、戦時中は極度に抑圧されていた、学生文化としての教養主義は復活した（竹内 2003; 福間 2009）。同様に、戦時中抑圧されていた英語教育とともに、文化教養説も復活した。福原麟太郎が、戦前、体系的な文化教養説に基づいて、英語科の必修を訴えたことはすでに見たとおりだが、彼は、1946年の語学教育研究所の講習会においても「英語教育は文化的教養でありたい」と題した講演を行い、文化教養説を再現している。

同講演をもとにした「英学復興」という論文[*1]には、「正しい英米を取り入れる為に開けられた窓」「日本及国語を反省する力」「振幅の広い心」といった、福原が戦前に唱えてきた文化教養説ときわめて類似したレトリックがちりばめられている（唯一大きく異なるのは、戦争に対する反省・自責の念——ただし、犠牲者に対する「加害者」としての反省ではない——くらいだろう）。この発言自体はまだ旧学制下のものであり、戦前の文化教養説の特徴をまだよく備えていた。

また、戦時中、出版統制もあり、廃刊・休刊の憂き目にあっていた英語教育関係者を対象とした雑誌は、戦後、相次いで刊行され始める。大修館『英語教育』の前身である『英語の研究と教授』が復刊するのも、戦後の1946年6月である。復刊号の冒頭のページには「本の話（再刊の辞を兼ねて）」と題する福原麟太郎の言葉が寄せられている（福原1946）。福原曰く、戦争が終わり、本誌の使命はますます重くなっている。なぜなら、「今のような英語氾濫の時代」（p.2）には、低俗な英会話や新聞、雑誌、小説があふれかえり、「正しいものが見失われ」ているからだ。学校英語教育は今こそ「正しいもの」をきちんと伝えていく使命を負っている、と。続いて、福原は、英語教師の役割にも言及する。

> これから新しい日本が建設される。それには英語の教師が大きな一役を買っている。それは然し、英語そのものだけに関してではない。英語教師の持っている智識、識見がものをいうべきである。…新しい考え方や風俗がどんどん日本に流れ込む、それを一々点検して、日本に入れるべきものと、そうでないものを区別して示す、それも仕事の重大なものである。(p.2)

終戦からまだ1年もたっていないこの時期、復興、そして「新しい日本」の建設はどの分野においても最優先事項だった。福原の発言は、英語教育界は「新日本建設」にどう貢献すべきかという点への、いわばマニフェストである。福原によれば、戦後英語教育が果たす役割は、一言で言えば、外国文化（とくに米国文化）の門番である。つまり、新日本に必要な英米文化とそうでない英米文化が一挙に流れ込んでいるから、前者だけを選択的に受容できるようにせよと英語教育界に忠告しているのである。現代の英語教育に期待

[*1] 『英語教育論』（福原1948）に所収。

8.2 「新しい日本」と英語教師の役割

されているものとくらべて、かなり高度で、また、エリート意識にあふれた期待であるように思える。実際、現代の英語教育関係者に対して、外国文化の「検閲官」を期待するような人はほとんどいないだろう。しかし、本章冒頭における福原の文化教養説にあったとおり、旧学制下において英語教師は、文化の批評者という役割を期待されていたことを考えると、納得がいく。

英語教育が「新しい日本」にいかに貢献するかは、福原以外にも様々な論者が何度も提起している。ただし、旧学制下の 1946 年時点の議論は、福原の場合と同様、「国民全員が英語を学ぶこと」がいかに「新しい日本」を建設するか、という点に踏み込むことはない。あくまで抽象的に英語教育の意義を述べているだけである。ただし、この「抽象性」が、後に重要となってくるのであるが。

たとえば、復刊号の次の号（10月号）最終頁の「雑録」には、T. K. と名乗る執筆者（英語学者の黒田巍と考えられる）が、福原とはまた異なる角度から英語教育の意義を高らかにうたっている。（T. K. 1946a）。T. K. によれば、現在の英語学習熱の著しい向上は、「日本の現在及び将来の国際的関係に対する国民の自覚のあらわれ」（p. 31）であるが、これは敗戦や占領によるアメリカ追随的なメンタリティということでは必ずしもなく、人々の「世界市民」的な意識の現れであるという。

> 外国語を排して自国語だけでやって行けるという状態は、他のあらゆる民族が世界から姿を消してしまった場合にのみ考え得るからである。どんなに貧弱な家でも、それが隣組の一員である以上は、それを無視することが出来ないのと同じである。世界の民族は隣組のようなものである。国際的自覚なしに共栄の実があがろう筈はない。そして外国語の学習は、国際心の涵養上、最も直接な最も有効な手段である。(T. K. 1946a: p. 31)

現代的な表現で言い換えれば、「国際理解のための英語教育」という目的論であり、文言を変えれば現代でも十分通用するだろう。ただし、現代からすれば多少欺瞞的に見える論理も内包している。たとえば、「隣組」の民族との連帯を説いているにもかかわらず、「隣国」への戦争加害はまったく忘却しているかのように見える発言——小熊（2002）によればこのような「世界市民」論は当時よく見られた——がそれにあたる。また、近隣の言語をすべて学ぶのは事実上不可能であり、どれかひとつを学ぶとすれば、「ロシア語も支那語

も、英語ほど偉大ではない」(p. 31) から、英語を選択せざるを得ないというかなり露骨な論理も展開されている。

　こうした欺瞞性は、この主張が、戦勝国、とりわけ米国への追随に対する批判を目的としたものであり、隣国や「世界」との連帯を積極的に模索しているわけではない点に原因がある。執筆者のT. K. は、上記引用の直後で「英語は世界の代表的な国語として、或は一種の国際補助語として、広く世界中に学ばれている国語である。敗戦国なるが故に学ばせられるのではない」(p. 31) と述べており、敗戦国としての「被害者」意識が前提にあったことが読み取れる。つまり、日本は「敗者」で、占領を余儀なくされている「被害者」だが、だからといって勝者・占領者である米国のために英語教育をやるわけではない、というロジックである。ただし、こうした反米的な——とは言わないまでも「反・親米」的な——T. K. の主張は、国粋主義的であるわけではない。次の号 (12月号) でも、T. K. は「雑録」を執筆しているが (T. K. 1946b)、今度は、右翼的・伝統主義的・国粋主義的な勢力への警戒感をあらわにしているからである。T. K. によれば、日本式 (訓令式) ローマ字志向は、日本独特なものを偏重するという国粋主義のあらわれであり、先の戦争の温床となった。英語の正書法に忠実な標準式 (ヘボン式) ローマ字こそが「平和」に通じるものである、という独特の論理を展開する[*2]。そのうえで、次のように当時の文部省のローマ字政策を痛烈に批判している。

　　我々は今平和にかえり得て再び英語を通して日本文化を高めるべき責務の益々大なるを感じて勇躍しつつある時、ローマ字問題に対する文部省の態度によって、極めて失望的な何物かを感じないで居られない。(T. K. 1946b: p. 47, 強調引用者)

　ここには福原と同様の「日本文化を高める」という英語教育目的論が見られるが、T. K. の場合はより「国際理解」「世界平和」を志向したものであると言える。こうした「国際理解」という意義を強調した英語教育目的論も、福原の「教養主義」と同様、新制中学校の英語教育の意義に転用されていく。

[*2]「我々は感情的に訓令式ローマ字と戦争とを互に連想する。一方標準式ローマ字と平和を互に連想する。かたくなな嘗ての右翼的人物は前者と、自由な抱擁力のある世界人は後者と、互に連想する。」(T. K. 1946b: p. 47)

8.3 新学制の開始

　終戦直後の文化教養説は、「新日本建設」という理念が新たに付け加わっていたものの、基本的には、戦中に抑圧される前の文化教養説をほぼそのまま「復元」できた。しかしながら、1947 年、文化教養説は新制中学校と遭遇し、重大な転換をむかえることとなる。

　新学制への転換は、単に制度の変更にとどまらず、英語の学習者数の爆発的な増加を意味した。1.1.1 節で紹介した江利川 (2006) の推算に基づけば、戦前、中等教育機関在籍者に占める英語履修者の割合はおよそ 3 割程度であり、文化教養説の主たる舞台であった旧制中学校・高等女学校の生徒に限れば、1 割台であった。このように、戦前においてはエリートコースのごく限られた生徒層に「最適化」されていた文化教養説も、新制中学校の外国語科に接続されることで変質を余儀なくされたのである。

新制中学発足当初の英語教育論

　戦後の文化教養説の変遷を具体的に検討する前に、新制中学発足当初の英語教育論を確認しておきたい。新制中学の発足は、義務教育課程に外国語科が誕生したことを意味したが、『英語の研究と教授』もそれに敏感に反応している。同時期から義務教育における英語教育の意義を論じた記事が増え始めるからである。

　たとえば、1947 年 4 月号では、さっそく櫻庭信之が、義務教育上の英語教育のあり方を述べている (櫻庭 1947)。櫻庭は、「義務教育に英語が取り入れられた以上、英語教育は殊に教育という見地から考えられねばなら」(p. 108) ない、と述べる。櫻庭曰く、従来の英語教育は、英語の専門家育成や進学準備という性格が強く、したがって、「日本人」全体から見ればごく一部の人々のみを想定していた。そうした目的であったから、翻訳力・読書力だけが重視されていた。しかし、時代は変わった、と櫻庭は言う。

　　ところが時勢は一変した。英語を習う者は今迄の如く限られた一部の者でなく、日本人全体という事になって来た。然も読み書きを必要とする前に話すことが必要となって来た。英語教育はここに新しい面を開拓せざるを得なくなっている。(p. 108)

■第8章 「社会の要求」の読み替えと「教養」言説

　一言で言えば、英語の専門的技能育成から「教育」への転換である。つまり、義務教育下の英語教育は「日本人」全体を対象としている以上、英語の専門家育成の手段であってはならず、「教育的な見地」から考えるべきである。「読み書き偏重」や「受験のために英語を学ぶ」ということは、旧学制下のものであり、《国民教育》にはふさわしくない、という主張である。「教育的な見地」とは何か具体的に述べられておらず、したがって、ブラックボックス的なスローガンという性格はたぶんにあるが、いずれにせよ、新学制に際し、従来の英語教育目的論の限界が切実に意識されていたことはわかる。

　同年9月号の星山三郎の主張は、櫻庭の主張の中ではブラックボックスだった「教育的な見地」をより具体的に論じたものである（星山1947a）。星山は、新制小学校の国語教科書の一節を好意的に紹介し、次のように述べる。

　　［新制小学校の国語教科書は］わが国の過去における皇国文化の宣揚、皇国民錬成という旗印から「教育は、人格の完成をめざし、平和的な国家及び社会の形成者」を作ろうとする教育基本法第一条の精神を汲みとったことの具体的表現であり、これが新しい教育のあり方であろうが、英語教育の世界に於いてもまた同じようなことが云えるのではなかろうか。即ち英語それ自身には昔も今もさほどの変化は見られないが、それを教える<u>目的</u>、従ってその<u>教材</u>の選び方には大きな転換を見せ、且つ<u>教授法</u>には、個性の伸長が考えられるやり方に移行しつつあるということである　(p. 189, 下線原文)

　星山の主張にも櫻庭と同様、戦前をネガとして対比し、戦後の「新しい教育」のあり方を論じる姿勢が鮮明だが、「新しい教育」の指針を教育基本法の理念に求めている点で、いっそう具体的である。もちろん「人格の完成」という言葉自体も依然抽象的ではあるが、「国家に資する人物を育成する教育」という戦時中の教育観への明確なアンチテーゼであることは確かである。

8.4　指導要領試案における「教養」

　では、当時もっとも公的性格の強い文書だった指導要領試案では、英語教育の目的・目標はどのように位置づけられていたのだろうか。重要な点を先取りして言えば、当時の指導要領試案に取り入れられていた「教養」概念が、《国民教育》としての英語教育の正当性を担保するのに非常に重要な役割を果

たした。もちろん、指導要領試案は基本的には「英語＝選択科目」観に立っていたが、それでもなお中学校英語教育を、エリートのためではなく大衆のための教育として構想しなければならなかった点で、《国民教育》論につながり得るものである。

「大衆のため」という立場をとる以上、戦前の文化教養説のような「高尚」な文化批評の技術はもちろんのこと、具体的な英語使用を前提にした目的論を構想することは不可能だった。なぜなら、当時、英語を仕事や生活において必要とするような人はごく少数だったからである。こうした考え方を反映した指導要領試案にとって、英語の運用能力の育成は中学校英語教育の「終極の目標」ではなかった。なかでも1951年の指導要領試案が、「終極の目標」としていたものは、まさに「教養」だったのである。

8.4.1　1947年指導要領試案に見る教育目的

ではまず1947年に発表された『学習指導要領英語編（試案）』における教育目的・目標の記述を確認したい。同指導要領試案の第1章「英語科教育の目標」において、英語教育の目的・目標が4点述べられている。それらを列挙すると以下のとおりである。

1. 英語で考える習慣を作ること
2. 英語の聴き方と話し方とを学ぶこと
3. 英語の読み方と書き方とを学ぶこと
4. 英語を話す国民について知ること、特に、その風俗習慣および日常生活について知ること

これら4項目を大別すれば、1点目から3点目が英語のスキル育成に関連した目標であり、4点目がスキル育成以外の目標であると言えるだろう。前者の3項目は、今野（1998）や奥野（2009）が指摘するとおり、戦前のハロルド・E・パーマーや英語教授研究所の「オーラルメソッド」と呼ばれた英語教授法に大きな影響を受けていると考えられる。じじつ、ここでは割愛したが各項目の直後に付されている解説の文言には、「オーラルメソッド」特有の用語も散見される。

「オーラルメソッド」は、実際の言語運用を重視し、とりわけ音声指導を徹

底して4技能の総合的な育成を目指す指導法である（詳細は、小川（1979）などを参照）。その点で、その根底にあるのは、スキル育成である。上記目標の4点目の「英語を話す国民について知ること」は、「オーラルメソッド」の考え方と必ずしも対立する思想ではないだろうが、少なくとも主たる目標・目的だったわけではない。そう考えると、上記の4つの目標は、「オーラルメソッド」的な考え方と、新制中学校の「学校教育」としての論理が「接ぎ木」されたものである。

では、問題の4つ目の目標に注目してみよう。指導要領試案は次のように説明している。

　　聴いたり話したり読んだり書いたりする英語を通じて、われわれは英語を話す国民のことを自然に知ること（information）になるとともに、国際親善を増すことにもなる。

4点目の説明はこれですべてである。きわめて簡素な記述で、「英語国民を知る」や「国際親善」が具体的に何を想定しているか定かではないが、前者を英語国の文化の吸収と考えれば、8.2節でとりあげた福原麟太郎の文化教養説に似たものであるし[*3]、後者を「世界の平和に資する人材の育成」と考えれば、前述したT. K.——おそらく黒田巍——の主張（T. K. 1946a, b）や、星山三郎の目的論（星山1947a）と近い。戦後初期の英語教育関係者の主張は、けっして『英語教育』系統の雑誌だけに流通していたものではなく、公的性格の強かった指導要領試案にも共有されていたことがわかる。

このごく簡素な記述は、1951年版指導要領試案になると、きわめて詳しい記述に置き換えられる。そこでは、スキル育成以外の意義が、きわめて体系的に議論されていた。

8.4.2　1951年指導要領試案に見る教育目的

では、1951年に発表された『中学校高等学校学習指導要領　外国語科英語編（試案）』の目標・目的に関する記述を検討したい。1.2.1節でも述べたと

[*3] 綾部（2009: p. 102）も、この「英語国民を知る」という目標を、「教養主義」的な目標であると述べている。

8.4 指導要領試案における「教養」　195

おり、同指導要領試案は、日英両言語による 3 分冊で 759 ページという膨大な量を有しており、したがって、1947 年版ではごく簡略的にしか記述されていなかった目標・目的が、かなり詳しく説明されている。これは、この指導要領試案が現場の教員の手引き書としての性格を持っていたこととも関係があるだろう。

　実際のテクストはインターネット上で読むことができる（「学習指導要領データベース」http://www.nier.go.jp/guideline/）。読んでみればわかるはずだが、けっして読みやすい文書ではない。きわめて緻密かつ体系立った記述を意図していたことがよく伝わってくる反面、それが災いして、ほとんど同じ文章が何度も反復されていたり、一般的でない専門用語や、日常語とは異なる独自の定義の用語が頻用されていたりするためである。したがって、本書ではできるだけ要点をわかりやすく述べたい。実際のテクストに興味を持った方は、上記のデータベースを参照されたい。

　同指導要領試案は、全 8 章で構成されている。ただし、目的に関する議論は第 1 章「英語教育課程の目標」に集中しているので、本書も 1 章の検討に限定する。

　指導要領試案では、教育目標を図 8.1 のような階層構造で表現している。つまり、一般目標、機能上／教養上の目標、特殊目標、という 3 段階である。「一般目標」が学校英語教育の大綱的な理念で、そこから 2 種類の「機能上の目標」「教養上の目標」が導出される。そして、それらの目標が実際の指導場面において具体化された、各授業での達成課題が「特殊目標」に該当する。したがって、指導要領の理念を表現しているものは、前 2 者の「一般目標」と「機能上／教養上の目標」である。本書の検討は、これらに限定する。

```
一般目標 ─┬─ 機能上の目標 ─┬─ 特殊目標（a）
　　　　　│　　　　　　　　├─ 特殊目標（b）
　　　　　│　　　　　　　　├─ ・・・
　　　　　│
　　　　　└─ 教養上の目標 ─┬─ 特殊目標（A）
　　　　　　　　　　　　　　├─ 特殊目標（B）
　　　　　　　　　　　　　　├─ ・・・
```

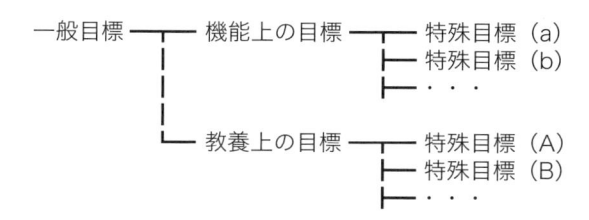

図 8.1　1951 年指導要領試案の目標

一般目標──「教育的価値」の強調

　では、1 章の文言をていねいに見ていこう。まず「一般目標」に関する記

述を見てみよう。1章の冒頭、第1節第1項「中等教育の目標と英語教育課程の目標」では、英語教育課程の目標が、教育基本法の理念や『学習指導要領一般編』に従属すべきと明言されている。「従属」である以上、中学校の英語教育の目的は、学校教育全般の理念と矛盾してはいけないという宣言である。

　　英語教育課程が、それ自身の独立した明りょうな目標をもっているのではないといえる。目標は教育課程のうちに存在するのである。なぜならば、教育課程の目標は、中等教育の目標の達成に寄与し、さらには教育の一般目標の達成に寄与することであると信じられるからである。ゆえに、中等教育の目標に一致し、そこから導びかれるいろいろな目標のみが、英語教育課程の目標として採択されるべきである。(第1章I.–1: 第4段落、強調引用者)

引用冒頭の、「英語教育課程には独立した目標がない」という記述は、かなり大胆な主張にも聞こえるが、前述したとおり、学校英語教育の目的は学校教育一般の目的と矛盾してはいけないという程度の意味と解釈すれば、ごく穏当な主張である。新制中学校は、英語使用者の養成機関などではない、「大衆」に開かれた学校である、という見解である。

次に、「中等教育課程の目標」も簡単に確認してみよう。つづく、第1章第1節第2項「中等教育の目標」は、中等教育が育成すべき目標として「個人的能力」「社会的公民的能力」「職業的能力」の3種の能力育成をあげている。そして、それぞれを達成目標というかたちで具体的に詳述したうえで、次のように総括している。

　　以上の目標のすべてに浸透しているものは、生徒をして平和を愛する個人および公民に発達させるという目標である。言い換えれば、平和への愛なくしては、列挙したその他のいろいろな目標を達成することは不可能であろう。ゆえに平和のための教育は、英語教育課程をも含めた全教育計画の条件であり重要な部分である。
　　生活様式・習慣および風俗に関する個人的ならびに国民的差異を理解しないでは、また自国のものとは異なる生活様式・歴史および文化をもつ人々に対して望ましい態度をもたないでは、生徒は寛容な世界的精神をもつ公民に成長することはできない。さらに生徒は、一般人類の福祉に寄与する公民に成長すべきである。さもなければ、外国語の習得もほとんど意義を有しないであろう。

習得した技能はその目的を離れてはなんの意義も有しないのである。(1章I-2, 7-8段落、強調引用者)

またしても、現代から見ると、かなり強く響く主張が続いている。英語教育の主たる目的を英語スキルの育成だとする考え方がある程度浸透している現代において、「人類の福祉に寄与」しないのなら、英語の習得は無意味だとする主張はやや奇異に映るのではないだろうか。しかしながら、戦争への反省、そして悔恨の念が充満していた当時の教育界にとって(小熊 2002)、たいして突飛な考え方ではなかったはずである。実際、英語教育関係者の多くが世界平和や公民育成を新制中学外国語科(英語)が担う至上命題だと述べていたのは、本章ですでに見てきたとおりである[*4]。

英語教育課程の目標

では、外国語科独自の目標はどのようなものだったのか。指導要領試案によれば、英語科が学校教育に貢献できる意義は、次の5点である。

(1) 世界の学問のうちばく大な量が英語で書かれていることを考えれば、英語は個人の知的発達に資するということがいえるであろう。さらに、英語を用いる能力が、英語国民の学者や識者と接触する機会を得させる。
(2) 文化はしだいに国民的規模から世界的規模に移りつつある以上、文化遺産の価値ある様相を生徒に伝達するのに、英語の果す役割は大きい。
(3) 重要な倫理的原理と慣習とが、言語と文学とのなかに含まれているから、英語は品性の発達に資することができる。
(4) 英語国民の家庭生活と社会生活のうちで、価値ある要素の理解と、また重要な部分が英語国民のなかで発達した全世界の国民の民主的遺産を理解させることによって、英語は社会的能力の発達に大なる寄与をすることができる。
(5) 多くの職業、特に商業は、英語を習得しないでは不可能であり、英語が重要な程度にまで世界の商業語となったので、英語は職業的能力に寄与する

[*4] たとえば、「平和」「人類の福祉」のような言葉を用いて、直接的に世界平和と結びついた英語教育論を展開しているものとしては、この指導要領試案発表以前に限っても、T. K. (1946a, b)、星山 (1947a, b) が見つかる。「公民育成」を民主的な社会の形成者という意味でとれば、さらに多くの主張が該当する (Y. I. 1947; 松川 1948; 北詰 1948; 福原 1949; 石橋 1950; S 1950)。

ことができる。(第 1 章 II-1-A: 第 2 段落)

　要約すると、英語学習によって、(1) 知的・学術的側面、(2) 文化意識、(3) 道徳的態度、(4) 民主的価値観、そして (5) 商取引等のために英語を操る能力が育成されるという。この記述も、現代の英語教育に期待されているものからかなり距離があるように思われる。というのも、英語スキルの育成が、まったく無視されているわけではないが、かなり後景に退いてしまっているからである。たしかに、(1) や (5) では英語スキル育成に関する意義が述べられているが、(1)「英語国民の学者や識者と接触」して英語を使ったり、(5) 商取引で英語を使うような「国民」は、ごく一部の層である。したがって、より広範な層に関連する目的・目標記述は、スキル育成以外の面を想定していたのである。

英語スキルと情操・思想面の統合

　しかし、注意すべきは、同指導要領が、中学校外国語科（英語）は文化意識や道徳意識、民主的価値観など情操・思想面を育成していればよい、英語力育成は副次的なものである、などと宣言していたわけではまったくない点である。むしろ、英語スキル面の育成と、情操・思想・知育などの非スキル面の育成を統合的に捉えるべきだと強調していた。上記の 5 つの意義を提示した直後に、次のような注記がある。

　　実際的な学習指導の目標にとって、機能上の目標はこの上ない重要性を有する。その言語を理解し・話し・読み・書くことを学ばないで、他の目標を達成することはできないからである。便宜上、示唆として次にあげる英語の目標は機能上の目標と教養上の目標とに分けており、機能上の目標をまず最初にあげた。これはその達成のみが教養上の目標の達成を決定するものであることを意味している。両者の関係は単に時の関係である。教養上の目標が終極の目標ではあるが、その達成は機能上の目標の達成をみるまでは、またはこれを除外しては、決して遂げられない。(第 1 章 II-1-A: 第 3 段落、強調引用者)

　「機能上の目標」(functional aims) という言い方は少々わかりづらいが、要は、英語スキルの育成のことである。一方、「教養上の目標」(cultural aims) は、スキル以外の様々な知識・技能・態度の育成に相当する。したがって、

上記の引用を、本書の言葉で言い換えるならば、「英語のスキル育成をとおして、はじめて非スキル面は発達する」となる。

ところで、「機能」も「教養」もきわめて多様な意味を含んでおり、しばしば誤解を誘発する用語なので*5、本書では、「スキル面の育成／スキル以外の面の育成」という用語法を使いたい。もちろん「教養」は、戦後の《国民教育》化を説明する重要なキーワードなので、再び詳しくとり扱うが、「機能」という用語——さらに「教養」の対概念としてしばしば用いられる「実用」も——については、特別な必要がない限り、本書では分析概念として用いない。

重要なのは、同指導要領は、英語スキルの育成（＝「機能上の目標」）と非スキル面の育成（＝「教養上の目標」）がいずれも重要だということ・・・だけを主張しているわけではない点である。両者を「便宜上」区別したという記述からは、両者は独立したものではなく表裏一体のものであるという含意が読み取れる。さらに、「両者の関係は単に時の関係である」という説明からわかるとおり、両者の間にいわば「発達順序」を想定していることがわかる。つまり、学習初期はスキル面の育成を目指し、これが達成されると非スキル面が発達する、という考え方である。

こうした英語教育目的論・発達論を正確に理解するために、もう少し指導要領試案の文言を追ってみよう。以下の引用は、「機能上の目標」「教養上の目標」のいずれかを偏重した指導は指導要領の「誤解」であり、両者の目標のバランスをよく考えよ、と注意を喚起している。

　一つの危険は、機能的または言語的面を強調する教師の場合には、教養上の

---

*5 「教養」は、進藤（1973）や筒井（2009）が指摘するとおり、歴史的にかなり大きく語義が変遷しており、しかも同時代においても社会的文脈によって意味するところが異なる。また、「機能」（function/functional）という語に関しては、同指導要領試案は「言語を理解し・話し・読み・書く」側面を指しており、外国語教育の文脈でも「言語の持つコミュニケーション手段としての役割」を意味することが多いが、こうした用法は、「機能」（function/functional）の一般的な語義からはやや離れた、独特の用法である。そもそも「言語が持つ働き」という意味での「機能」は、コミュニケーション手段に限定されないし、内言などを考えれば、「理解し・話し・読み・書く」だけに留まるわけでもない。以上の議論のとおり、指導要領試案の「機能」の用法は、誤解の恐れのある独特のものなので、分析概念としては用いづらい。

目標をとかく軽視しがちなことである。他方、機能的または言語的面への注意をなおざりにして、教養面を強調する危険もある。生徒はどちらの場合にもわざわいを受けなければならない。これらどちらの場合にも、学習指導が一面的であることを意味するからである。なぜならば、人々の「ことば」をかれらの生活様式から分離することもできなければ、かれらの「ことば」を教えるにあたって、その生活様式を「ことば」から分離することもできない。(第1章II–1–B: 第3段落)

　スキル面・非スキル面を相互排他的にとらえ、どちらかに偏重した指導を戒めたものである。さきほどの引用で見たとおり、「機能上／教養上の目標」という二分法は、あくまで「便宜上」のもので、両者を切り離すことはできないという主張である。
　つまり、あくまで英語の言語的技能 (linguistic skills) の育成をとおして、英語スキル以外の面の発達を目指すべきであって、翻訳を与えたり日本語で外国事情を解説するような指導は誤りである、という注意である。第1章第I節や第II節 1–A までは、情操面・思想面の育成が繰り返し強調されていたのと対照的に、この項（第II節 1–B）では、英語スキルの育成を前提とする記述が続いている。もちろん、すでに何度も述べたとおり、これは矛盾ではなく、発達にしたがって指導上強調すべき点が変わるのだ、という理屈である。少し前で引用した「教養上の目標が終極の目標ではあるが、その達成は機能上の目標の達成をみるまでは、またはこれを除外しては、決して遂げられない」（第1章II–1–A: 第3段落）という文言がこの論理を端的に表現している。

4 技能と「教養」の連関、その不明瞭さ

　指導要領試案の目的・目標を詳細に検討してきたが、以上の論理は、英語教育界の外部の人にとって——もしかしたら「内部」の人にとっても——なじみの薄いものではないだろうか。そればかりか、この論理に違和感を抱く人も多そうである。その原因のひとつは、英語のスキル育成が、なぜ、そしてどのように、非スキル面（「教養」）の発達に貢献するかが明記されていない点である。たしかに指導要領試案は、英語のスキル育成と、文化意識や道徳的態度、民主的価値観のような非スキル面の育成は、表裏一体であると断言しているが、その根拠を明示していない。たとえば、文化意識や民主的価値

8.4 指導要領試案における「教養」

観の育成のためならば、外国語科よりも国語科や社会科のほうがよほど適役ではないか、という批判は十分考えられる。じじつ、1950年代に加藤周一がまったく同様の批判をしていたことを思い出すだろう（2.2節参照）。

おそらく、指導要領試案執筆者たちの意図には、英語は英語話者の文化（culture＝「教養」）を必ず含んでいるので、英語学習はその「文化」への接触になる、といった論理があった。しかしながら、それは「発達・育成」の過程を説明したことにはならない。たとえ「接触」しても学習が成立しないことはあまねく見られるからである。好意的に解釈するならば、英語文化に接することによる暗示的・偶発的な学習に意義を見いだしているとも言えるが、やはり、国語科や社会科で明示的に指導することよりも、どういう点で優れているのかという議論が欠落しているのである。この程度の説明では、たとえば加藤周一は決して納得しなかったはずである。

このように、指導要領試案の英語教育目的論は、説得力に欠ける面があったと言わざるを得ないが、だからと言って、当時の英語教育関係者がみな拒絶したわけではなかった[*6]。むしろ、当時の英語教育関係者のなかには指導要領試案と同様の論理で外国語科の意義を説明する論者が少なくなかった。「教養」と英語スキル育成の間に「発達順序」を想定し、スキル育成をまずは先に徹底すべきだとする見解は、同指導要領試案の以前のものとしては、青木常雄が述べている（高師附中座談会（1948）における発言）。また、同指導要領試案発表以降では、福原麟太郎（1952b）や、石橋幸太郎（1952）、倉長真（1953）、藤井一五郎（1954）など、1950年代前半に限っても多くのものが確認できる。なかでも、福原と石橋が用いている論理は、指導要領試案のものときわめて似ている（ただし、福原も石橋も同指導要領試案の執筆委員に名を連ねていた人物である以上、不自然なことではない）。少なくとも、『英語教育』系統の記事に限れば、同指導要領試案の論理に異論を差し挟む者はいなかった。

ここまでの議論で、戦後初期の指導要領試案では、いかに英語スキル育成

[*6] もっとも、この指導要領試案は教育現場ではそれほど参照されなかったという。しかしながら、若林（1979: pp. 24–27）が論じているとおり、その理由は、文部省発行の文書に対する不信感や、指導要領試案を参照可能なだけの専門的知識を持った英語教員の不足、あるいはオーラルメソッド等の「焼き直し」であり新奇性のない内容である点などだった。つまり、指導要領試案の論理に納得できないがために、参照されなかったわけではないと考えられる。

以外の面が教育目的の重要な位置を占めていたか明らかとなっただろう。では、このスキル以外の要因（=「教養上の目標」）とは具体的にどのようなものだったか。まさにこの点を説明している部分が、第1章第2節第2項の「おもな教養上の目標」である。以下に引用する。

  英語課程の中核として、英語を常用語としている人々、特にその生活様式・風俗および習慣について、理解・鑑賞および好ましい態度を発達させること。したがって、
(a) 聞き方・話し方・読み方および書き方の技能を発達させるにあたって、学習経験を、英語を常用語としている人々の生活様式・風俗および習慣から切り離さないこと。かれらの言語はかれらの文化の中核なのである。
(b) このような鑑賞と態度との発達が、高等学校の内または外においてさらに進んだ学習をしようとする者にとって、健全な基礎として役だつものとなること。
(c) このような鑑賞と態度との発達が、習得した言語とともに、生徒の個人的・社会的および職業的能力に寄与するものとなること。
(d) このような鑑賞と態度との発達が、習得した言語技能とともに、平和への教育の重要な一部として役だつものとなること。（第1章 II–2–C）

 残念ながら必ずしも読みやすい文章ではないが、要約すれば、英語話者の生活様式・風俗・習慣など「広義の文化」を理解することが、教養上の目標だということである。同時に、英語のスキル育成と切り離して指導してはいけないことが繰り返し注記されている。非スキル面の育成という目的（=「教養上の目標」）はいかに「誤解」を誘発しやすいものだったか、そして、「誤読」がいかに指導要領試案の執筆者に警戒されていたかを物語っている。
 非スキル面（=「教養」）の育成という目標は「誤解」されやすかったと述べたが、必ずしも「誤解」した側にすべて責任があるわけではない。「誤解」されやすいものには、それ自体に原因を持っている場合も少なくないからである。実際、前述したとおり、指導要領試案は、英語スキル（=「機能面」）と文化理解（=「教養面」）が表裏一体だと述べているだけで、それがどうして表裏一体だと言えるのか、どのように指導すれば表裏一体になるのかは一切論じていない。そうした関係を説得力あるかたちで提示しないまま、「教養上の目標が終極の目標」だと言ってしまえば、文化理解を集中的に指導すればよい

と「誤解」する教師が現れることは無理もないことだと思われる。

なぜこのような欠陥を指導要領試案は抱え込むことになったのか。そこには、英語教育界で戦前から用いられてきた「教養」という概念に原因があった。以下、戦前の文化教養説と指導要領試案の「教養上の目標」を対比しながら、その欠陥を明らかにしたい。

8.4.3　指導要領試案「教養上の目標」の欠陥

すでに述べたとおり、戦前・旧学制期における文化教養説は、旧制中学校の生徒のようなエリートコース（予備軍）の生徒を対象としていた。したがって、英語スキルの育成を通じて、文化学習のような「教養」面の育成も達成されるという理屈は（少なくとも英語教育関係者には）説得力のあるものだった。

しかしながら、文化教養説が、新制中学、つまり、義務教育の文脈に移植され、学習者の裾野がきわめて大きく広がると、無視できない問題が生じたのである。

英文学の扱い

両者の差異が端的にあらわれているのが、英文学・英米文学の取り扱いである。戦前の文化教養説では英文学が非常に重要な地位を占めた。なぜなら、戦前の文化教養説は「教養」を比較的「高級」なものとして設定しており、そこに至るためには、読むテクストが「高級」である必要があったからである。英文学が、「高級」なテクストの代表格とされたのは8.1節で見たとおりである。

反対に、指導要領試案の新制中学校の章には、英文学を味わうことの意義は一切書かれていない。むしろ英文学を扱うことは、新制中学校ではなく新制高校の英語教育に期待されていたものだった。「中学校英語教育課程の目標」（第1章第2節第2項）には、「文学」という語やそれを暗示する表現は一切出てこない。その一方で、続く「高等学校英語教育課程の目標」（同第3項）には、「文学」が計4回出てくる。さらに、中学校英語の学習内容・指導内容をきわめて詳細に説明している第4章でも文学の言及が一切ない反面、高校英語に関する第5章には、計20回も出てきており、英米文学の指導を前提にした記述が随所に見られる。

指導要領執筆者にしてみれば、大幅に大衆化した新制中学に、いきなり英文学のような「高尚」なテクストを持ち込むことは困難だったのだろう。また、指導要領だけでなく、当時の教科書の構成にもこのような傾向は色濃くあらわれていた。当時の高校英語教科書には文学的題材が多数含まれているのに対し、中学校教科書にはそうした性格がかなり薄かったからである（高梨・出来 1993）。

「英語そのもの」を味わう

では、「英文学」のかわりに「人格陶冶」に資するテクストとして持ち込まれたものは何だったのだろうか。それは、英語国の文化を広い意味で反映している英語そのものだった。つまり、戦前型の文化教養説の「英文学を通じて教養を養う」というロジックが「英語を聞き、話し、読み、書く技能育成を通じて、教養を養う」というロジックに置き換えられたのである。言語と広義の文化は相互に規定し合う関係にある以上、広義の文化が埋め込まれていない言語などは存在しない。英文学のような「高尚」なテクストを使用しなくとも、たとえ機械的なドリル学習だったとしても、言語学習は「広義の文化」に触れる体験になるという論理である。

上記のようなロジックで、スキル育成と非スキル面（＝教養）の育成の接続が可能になった。学習者層が大幅に拡大した新制中学に文化教養説を移植するうえでは、これは最適解だったと言えるだろう。

しかし、同時に、スキル育成と「教養」の間の結びつきに対する説得力を失う結果も招いた。英文学のような「高級」なテクストであれば、人格陶冶もイメージしやすく、また、文学を原語で味わうことの意義もわかりやすい。しかしながら、触れるべきテクストをごく抽象化してしまった指導要領試案においては、「なぜ英語のスキルを育成すると教養が身につくのか」という問いに対し、少なくとも具体的な回答は提示しにくくなってしまった。両者の有機的な結びつきがイメージできないのであれば、「教養上の目標が終極の目標」という文言を文字通りの意味で受け取り、「教養学習」に焦点化してしまう教師が現れることも決して理由がないわけではない。

このように指導要領執筆者側から見れば「誤解」とされる解釈を、指導要領試案は誘発する性質を持っていたのである。しかしながら、こうした「誤解」が1950年代の新制中学校外国語科の《国民教育》としての正当性を基礎づけていくことになるのである。

8.5 「社会の要求」の読み替えと戦後型教養主義

　前節の最後で、指導要領試案に対する「教養」にまつわる「誤解」——つまり、スキル面の育成と非スキル面の育成を分離してしまう考え方——が、《国民教育》化に重要な役割を果たした可能性を提示した。本節ではいよいよ、教養言説が、《国民教育》化の阻害要因だった「社会の要求」概念と、いかに対峙したかを見ていく。

8.5.1 「社会の要求」の読み替え

　上述の「誤解」が、もっとも重宝されたのは、英語スキルの育成に社会的な必要性がまったく見いだせないような教育現場である。高校進学やホワイトカラー職への就労に対する志向性が低い当時の農村において、「教養」のために英語教育はあるという目的論には、大きな魅力があった。

　「教養」的な目的論が積極的に「利用」された事例は、相澤 (2005) の研究に詳しい。これは、前述のとおり、1960年前後の日教組教研集会外国語教育分科会の議論を分析したものである。1950年代後半の同分科会では、英語の学習意義の不明確さが大きな論点となっており、「英語を学んでもしょうがない」「先生英語を何のためにするんだい」という声に対し、自信をもった回答ができない教師の苦悩が報告されていた。

　しかしながら、1960年代前半になると、この問題は一応の「解決」を見ることになる。その解決策とは、関係者の間で「外国語教育の四目的」と呼ばれるもので、「国民教育」としての外国語教育を構成する4つの目的である (cf. 新英研関西ブロック公刊書編集委員会編 1968; 林野・大西 1970; 柳沢 2012)。この「四目的」のなかで重要なのは、英語スキル育成という目的論と、諸国民との連帯や思考力育成、日本語の認識の育成といった非スキル的な目的論を並置し、後者の目的論を英語スキル育成の上位に置いた点である。「並置」されていることからわかるとおり、ここには1951年の指導要領試案に見られた発達段階的なロジックはない。むしろ、並置によって、「英語を聞き話し読み書くことだけが目標ではない」(相澤 2005: p. 193) と宣言することが可能になり、英語の社会的必要性が希薄な地域でも、英語教育の意義が正当化できるようになったのである。

　日教組教研集会における「解決策」の重要な部分は、英語スキル育成以外

の目標に積極的な価値を見いだすことだったが、同様の「解決策」は、すでに戦後初期から確認できる。戦後初期は、まだ「社会の要求」という戦後新教育の理念が強烈に意識されていた時代であり、その理念に真っ向から異を唱えることは難しかった。その代わりにとられた方策は、「社会の要求」「社会的ニーズ」を外国語科(英語)に適合可能なかたちで読み替えることだった。この「読み替え」において、非スキル面の教育目的が援用されたのである。

非スキル面の目的論が「社会の要求」概念と接続可能になったのは、これを抽象的に読み替えたことによる。ニーズと言っても、もし「英語で外国人と会話する必要性」や「英語の契約書を読み書きする必要性」などといった個別具体的なニーズを前提にしてしまうと、そうした必要が生じる「国民」はごくわずかになってしまう。したがって、「社会」の側から「そんなものは不要だ」と異論が出ない程度に抽象化されたニーズを対置する必要があった。ここで持ち出された「必要性」とは、上述の教研集会外国語教育分科会の場合と同様、人格修養、文化の吸収、人間育成、国際理解、視野の拡大、知的訓練などといった4技能以外の目標、つまり、非スキル面のニーズだった。

英語は「コア」になり得るか?

では、「社会的ニーズ」概念が実際に読み替えられた事例を見ていこう。ここで検討するのは、1949年に旧東京高等師範学校の関係者を中心に行われた「コアカリキュラムと英語」と題した座談会である(『英語　教育と教養』編集部1949)。座談会出席者として、宍戸良平、石橋幸太郎、黒田巍、福田陸太郎の名前が冒頭に記載されているが、記載のない櫻庭信之ら数名も発言している。

この座談会の全体の構図をごく図式的に整理するならば、「英語はコアカリキュラムの埒外だとする宍戸」と「典型的なコアとは言えないまでも、積極的に両者の接点を探っていこうとするその他参加者」となる。つまり、宍戸以外はみな大なり小なりコアカリキュラムと英語の連関に肯定的だった。

ここで、コアカリキュラムにおける「コア」とは、日常生活における問題解決のための「生活単元学習」を意味する(一方、それに従属し、読み書きなどを体系的に教えるものは「周辺課程」と呼ばれる)。たとえば、以下のやりとりは、「コア」との結びつきに前向きな櫻庭、否定的な宍戸という構図が鮮明にあらわれている。

8.5 「社会の要求」の読み替えと戦後型教養主義

櫻庭：...我々が考えようとしている英語は、［コアではなく］周辺課程に入るもので、いわゆる基礎技能の練習という問題になってくると思います。しかしこの技能も結局は中心教科に役立つという意味に於てコアに入りうるのだと思う。外国語である英語は、コアに入る面は極めて少ないかもしれないが、都会地ではやはり相当考えられると思います。...

宍戸：外国語だから余り結びついてないと思う。強いて結びつけようとすると、単元のたて方がめんどうになります。(p. 40)

座談会当時（1949年）の状況を考えれば、当時は占領期とは言え、日本の多くの地域では英語が「生活」に浸透しているとは言い難かった。したがって、宍戸の「外国語だからコアカリキュラムは困難」という認識はもっともなように思われる。しかしながら、実際の座談会では、議論はその逆方向に進行した。つまり、「英語も『コア』に接続可能」という流れになっていたのである[*7]。

黒田：コアでは実生活にすぐまに合う面を考えられがちであるが、英語教育を大きく人間完成の一手段と見る時、技能的面と教養的面とに分けられると思う。技能的面の一つである会話の練習などはある特定の地方では社会的要求に合うが、日本全体を考えると、それは一部の人々にのみあてはまることである。中学生全般に共通な目標は、外国語を通した経験から人格の完成をめざす、という事である。そうなるといちばん大切なことは、外国文化の摂取という事で、どういう文化（日本人の立場から必要な）を摂取すべきかが問題になるので、そこにコアの精神をとり入れたらよい。...

石橋：Social needs の needs というのは、子供自身の needs なのか、大人になった時の needs なのか。従来は子供に則した needs であったが、日本の citizen としての needs を考えておいてから、それを子供にあてはめていくのですね。(pp. 41–42, 強調引用者)

上記引用最後の石橋の発言が端的に示しているとおり、ここでは、「ニーズ」「社会の要求」の意味がかなりずれて解釈されていることがわかるだろう。つまり、戦後新教育における「社会の要求」論の「社会」とは、端的に

[*7] ただし、座談会は編集部が文責を持っていたと考えられるため、このような論調になったのは編集のせいかもしれない。

言えば、児童生徒や保護者の生活コミュニティを意味していた。したがって、「社会の要求」といえば、彼ら彼女らがカリキュラム編成に期待するもののことを指していた。一方、石橋らの「社会」とは、「日本社会」「日本の市民社会」というきわめてマクロなものである。つまり、「ニーズ」は、「理想的な市民」のための必要条件、というように読み替えられたのである。そして、（宍戸を除く）座談会参加者の共通見解は、このように「理想的な市民」になるには、外国文化の吸収が不可欠だということである。8.2 節で見たとおり、戦後初期には、英語教育関係者に外国文化の「門番」を期待する、エリート意識に満ちた主張が散見されていたが、この座談会の「社会の要求」の解釈もその延長線上に位置づけられるだろう。

結局、座談会は最後まで「コアへの間接的寄与＝外国文化の吸収」という前提をもとに進む。このような構図にのっとる以上、「社会の要求に応じた教育」が、「外国文化の吸収を通じた人格形成」と同義になることは不自然ではない。これは、前述したとおり、「社会の要求」「社会的ニーズ」概念を、個別具体的なニーズから、抽象的な目的論に読み替えたことによって可能になったものである。

戦後新教育と教養

さて、「外国文化の吸収」が、戦前の文化教養説の根幹にあった目的論だったことは 8.1 節で見たとおりである。上述の座談会でも、いずれの参加者も概ね文化教養説を念頭に置いて「外国文化の吸収」論を論じていた。

一方、「教養」という用語を用いて、より明示的に戦後新教育と英語の接点が論じられているのが、1950 年 3 月号の編集後記である。「S」と名のるこの編集子は、英語教育も生活中心・児童中心の新教育運動の一助となるべきであり、そのためには、新教育の目的である「民主主義教育の徹底…有望な社会人の養成」（S 1950: p. 64）に沿った英語教育が必要であると述べる。そして、今や「ロンドンではない、ランダンだ、ワシントンではなし、ウォシントンだなどと神経質な発音教授や、A dog is a kind of animal. 式は教授法にも再考の時機が到来した」（p. 64）と、戦前の英語教育の偏狭さを戒めている。ただし、「教養一点張りでいく事も英語の現在における高度の実用性を無視」してしまうから、「生活を重んじる教育は、教養と実用面の両者を考慮した教育であってほしい」と述べ、実用（つまりスキル面）と教養のバランスがとれた英語教育が必要であると結論づけている。

このように、戦前の文化教養説と戦後新教育の理念は、暗示的にも明示的にも接続されていた。次節で見ていくとおり、同様の「接続」は、1950年代以降、『英語教育』系統の雑誌上で盛んに展開されていくものである。

8.5.2 「外国語科の意義は、スキル育成以外の点にある」

では、戦後初期から1960年代前半まで、『英語教育』系統の雑誌上にあらわれた主張を網羅的に見ていきたい。英語教育の意義として、英語スキルの育成以外の面を肯定的にとりあげている記事を、列挙したものが表8.2である（なお、中学に関するものか一般論を述べているもののみに限定してリスト化した）。

反対に、スキル以外の面の育成に否定的な意見——言い換えれば「英語教育の目的はスキルの育成それ以上でも以下でもない」とする意見——を明示的に述べている論者はいなかった。戦前の文化教養説の伝統がまだ濃厚で、かつ、指導要領試案でも「終極の目標」は教養面の育成だとうたわれていた当時の空気のなかで、「スキル育成だけやっていればよい」という意見を強弁することは困難だったはずである。

表8.2では、英語の育成以外の意義をうたった主張をリストアップしているが、その内容は多岐にわたる。分類の仕方にもよるが、多いものとしては、(1) 人格育成のため（例、福原 1952b; 五十嵐 1961a; 杉 1964; 大内 1964）、(2) 文化吸収のため（例、坂本 1949; 荒 1958; 成田 1961）、(3) 国際理解・国際交流のため（例、石黒 1954; 坂西 1955; 五十嵐 1962a）、(4) 広い視野を得るため（例、Q 1948; S. T. 1953; 坂西 1958）、(5) 日本語を豊かにするため（例、石井 1958; 上田 1961; 五十嵐 1962a）といった目的論が確認できる。このなかで、(1) は教育基本法や学習指導要領試案に明記されていた「人格の完成」という用法に強く影響を受けたものと見ることもできるし、また、戦前の文化教養説（人格の陶冶）の延長上とも考えられる。同様に、(2)、(4)、そして (5) も戦前の文化教養説の再現と言える。また、(3)(4) のような意義も、加藤周一らの論争で述べられていたことを想起されたい（2.2.3 節参照）。

そして、これらの目的論はすべて、1951年の指導要領試案の「教養上の目標」というカテゴリに含めることができるものである。指導要領試案の「教養上の目標」は、スキル育成以外の種々の雑多な目的論を包摂できる概念だっ

第8章 「社会の要求」の読み替えと「教養」言説

年	著者	学校種	「教養」的目的論を重視	教養の下方拡張	初歩段階で教養育成は困難	注
1948	高師附中座談会 (1948)	中学			○	
	Q (1948)	明記なし	○			
	松川昇太郎 (1948)*	中学	○			
1949	福原麟太郎 (1949)	明記なし	○			
	坂本喬 (1949)*	明記なし	○			
1950	福原麟太郎 (1950)*	明記なし	○			
	S (1950)*	中学	○			
1952	福原麟太郎 (1952b)*	明記なし	○	○		
	『英語教育』編集部 (1952c)	中学	○	○		
	入江勇起男 (1952)	明記なし	○			
	福原麟太郎 (1952a)	明記なし	○			
	石橋幸太郎 (1952)	明記なし	○		△	
	櫻庭信之 (1952)*	明記なし	○			
1953	S. T. (1953)*	明記なし	○			
	倉長真 (1953)	中学			○	
	S.T.R. (1953)	明記なし	○			
	長沢英一郎 (1953)	中学	○	○		
	飯野至誠 (1953)	中学	○			
1954	藤井一五郎 (1954)	中学			○	
	石黒魯敏 (1954)*	中学	○	△[1]	○	
1955	垣田直巳 (1955)*	中学	○	○		
	坂西志保 (1955)*	明記なし	○			
1956	『英語教育』編集部 (1956d)	中学	○	○		
	石黒魯敏 (1956)*	中学			○	
	鈴木保昭 (1956)*	中学	○			
1957	『英語教育』編集部 (1957)*	明記なし			○	
	福原麟太郎 (1957)	中学	○			
	オマタイクオ (1957)	中学	○			
	石井庄司 (1957)	中学	○			
	有光成徳 (1957)*	明記なし	○			
1958	W.L. Moore (1958)	中学	○			
	荒正人 (1958)	中学			○	
	石井庄司 (1958)	中学	○			
	坂西志保 (1958)*	中学	○	○		
1959	小川芳男 (1959)*	中学	○			
	石橋幸太郎 (1959)*	中学			○	
	五十嵐新次郎 (1959a)	中学	○			
	村木正武 (1959)	中学	○			
1960	上野景福 (1960)*	明記なし	○			
	東京都文京区第六中学校 (1960)*	中学	○			
	『英語教育』編集部 (1960b)	中学	○			
1961	寿岳文章 (1961)	中学	○			

8.5 「社会の要求」の読み替えと戦後型教養主義

年	論者	学校種			備考
1961	『英語教育』編集部 (1961b)	中学	○		「英語教育改善協議会」の答申の紹介
	五十嵐新次郎 (1961a)*	明記なし	○		
	桑原武夫 (1961)	中学	○		
	松本守 (1961)	明記なし	○		
	上田潤 (1961)	中学	○		
	大喜多俊一 (1961)	明記なし	○		
	石黒修 (1961)	明記なし	○		
	福原麟太郎 (1961)	明記なし	○		
	成田成寿 (1961)	中学	○		
1962	五十嵐新次郎 (1962a)*	中学	○	○	
1963	Chckoo (1963)*	中学	○		
1964	杉安太郎 (1964)*	明記なし	○		
	大内茂男 (1964)	中学	○	○	

* 「教養」という語を明示的に使用しているもの。
1 「下方拡張」をしているわけではないが、全員に「教養」を与えるべきという趣旨。

表 8.2 『英語教育』誌上にあらわれた「英語教育と教養」(1946〜1964)

たのである。表 8.2 を見ても、ここにリストアップした論者の半数近くが、まさに「教養」という語を使って自説を展開していた。文献の発行年の後にアスタリスク（*）を付したものがそれである。一方、「教養」という用語を使っていない論者であっても、戦前の教養主義や文化教養説、指導要領試案の「教養上の目標」概念の磁場のなかにはあったのは間違いない。

表 8.2 を一見してわかるのは、「教養」的な目的論で英語教育の意義を強調する議論がいかに多かったかということである。前述のとおり、こうした論理構成に明らかな異を唱える主張はなく、当時の英語教育界の「公式見解」だったということがわかる。おそらく現代の英語教育界では、これほど「教養」が声高に叫ばれることはないと思われる。現代では、1950 年代・60 年代に比べて、日本社会の国際化が格段に進行し、「国際語としての英語」の実用性に対するリアリティもある程度は浸透しているからだと考えられる。対照的に、英語スキルの有用性に対するリアリティがかなり希薄だった当時においては、「教養」的な目的論には大きな魅力があったはずである。

では、当時の代表的な主張を見ていこう。以下は、飯野至誠（広島大学助教授＝当時）の主張である。スキル以外の面の育成を英語教育の意義として強調していることに注目したい。

英語を教えるからには英語を聞き、話し、読み、書きできるようにすればよいと単純に考えている人はないであろうか。これは一応正しい答えではあるが、英語教育というからには、もっと高い終極の目的がある筈である。...今日吾々は人類の福祉を増進し、世界の平和に寄与するような人物になることを目標としている。その目標達成に添うような行動 (behavior) に変化を与えることが教育の仕事である。この changing world に身を処して、過ち無き青少年を育てて行く為には 30 年前とは異なった方法がある筈である。彼等は健全な友好的な社会の member であり、自由と平等を愛し、己のことを考えると同時に他人のことを考える余裕のある寛容の持ち主でなければならぬ。(飯野 1953: p. 1, 強調引用者)

　これを読んで「これではまるで道徳教育だ」という印象を抱いた人もいるかもしれない。とくに、「人類の福祉」「世界の平和」といったキーワードは、現在主流の英語教育目的論に慣れた人には、過度の理想主義に感じられるだろう。ただ、英語スキルの育成を否定しているわけではないという点では、穏当な主張である。運用能力を基礎として、究極的には国際親善・世界平和につながるという論理は、学習指導要領試案に則ったものでもある。

　その一方で、以下の福原麟太郎の発言には、飯野の「教養主義」と無視できない差異が含まれいる。福原（1952b）は、学校教育は英語の知識・技能育成だけを目的としているわけではなく、「英語を教えるという作業を通じて、人格識見の向上に資する」(p. 1) ことが第一であり、「英語学習も亦、そのような人間的教養の育成力にならなければいけない」と、学校英語教育の本義を強調している。ここまでは、上記の飯野の理想主義と同様である。しかしながら、スキル育成との関係に関しては、異なる前提が差し挟まれている。

　[人間的教養の育成は] 教材として用いる英語の程度が高い場合に行なわれることであるという考えが普通に流布しているようであるが、われわれは、英語で書かれた教材の思想的又は知識的内容ばかりが、何かの知識と共に教養をもたらすのではなく、初歩の英語を教授する際に於てすら、そのような教養を与えうるものと信じているのである。それは、はじめて習う外国語に接したときの喜びや驚きの中にすら見いだされる...簡単な英語の発音や文章の構造の中にも、日本と外国との差違は、するどく感じられ、言語の意識を磨き、文化の多様性に気づく縁となる。...[英語が] 何の用に立たず全く忘れてしまったとし

8.5 「社会の要求」の読み替えと戦後型教養主義　213

ても、学習の途上で、そのような教育が行われて居れば、英語教授は決して無意味ではなく、新らしい日本の為に重要な役目を果たすであろうと思う。(福原 1952b: p. 1)

　要は、英語教育の初期段階から教養育成は可能だという主張だが、これは 1951 年の指導要領試案のロジックから若干逸脱していることがわかるだろう。なぜなら、8.4.2 節で見たとおり、指導要領試案によれば、「学習初期は英語スキルの育成が先決」「教養面の育成は、スキルが発達した後」というように、発達順序を仮定していたからである。したがって、指導要領試案に忠実に従うならば、「学習初期から教養面の育成」は成り立たない。その点で、福原の主張は指導要領試案の論理を正確になぞったものではないのである。もちろん、福原は同指導要領試案の執筆委員でもあり、こうした事情も熟知していたはずだが、その論理をある程度「柔軟」に解釈したうえで、上記のような主張を展開したのだと考えられる。

8.5.3　「初歩段階では教養育成は困難」

　スキルと「教養」の間に発達順序を仮定する考え方は、戦前の文化教養説の根幹であった。なぜなら、そもそも英語力が身についていなければ、英文学をはじめとした、「教養」に資する「高級」なテクストを味わえないからである[*8]。こうした発達順序観を戦後に受け継いだ人々のなかには、学習初期から「教養上の目標」が達成可能だとする「楽観的」な主張に対し、批判的な見解を述べる人も少なくなかった。表 8.2 中の「初歩段階では教養育成は困難」というカテゴリに該当する論者がそれにあたる。

　「教養」を大正教養主義のように、旧制高校を主たる舞台として、外国文学や思想を体得することであるとすれば、必然的に、その素材は非常に高度な内容を含むはずである。したがって、その意味の「教養」であれば、初歩の英語学習で簡単に扱えるものではない。たとえば、青山学院大学教授 (当時) の倉長真は、「キリスト教的要素——初級英語に見る」という記事 (倉長

　[*8] その点で言えば、上で紹介した福原麟太郎は、戦前からたとえば "a dog" のようなごく初歩的な表現ですら教養育成の契機となると述べていたので、彼の文化教養説はやや異端であった (岡倉 1936, 福原の代筆による)。

1953）で、英語・英文学を学ぶことは、その背後のキリスト教思想をも学ぶことであると述べ、英語教育の思想的意義を強調する一方で、「初級英語のうちに、英文学に於けるが如き思想的作品を見出しうるかどうか、いささか疑問」（p. 4）であり、高等学校の英語ならまだしも、「中学校英語となると、内容的にいって、キリスト教的思想を伝えるほどのものは極めて例外的な存在と言わざるを得ない」と、初歩の段階での「思想的意義」には否定的である。

　また、指導要領試案の執筆委員でもあった石橋幸太郎も、そこまで明示的に表現していないが、スキルの習得を学習初期には優先すべきであると述べている（石橋 1952）。石橋は、英語教育の究極の理想は、「心の糧」「心に新しい窓」のような、スキル以外の面の育成にあることは間違いないとしながらも、それはあくまで英語のスキル育成を通してその域に達するほかなく、したがって、「反復練習という味気ない作業」（p. 1）に没頭しなければならない、と述べている。石橋の論理は、指導要領の「機能上の目標―教養上の目標」の関係と合致する。学習の初期、つまり英語スキルの習得が伴わない段階では、「教養」を達成することは困難だという主張である。

　しかしながら、前述したとおり、この論理は必ずしも筋が通ったものではない。英語スキルと「教養」の間に発達順序を仮定するという考え方は必ずしも説得力があるわけではなく、したがって、非スキル面（「教養」）の育成を、スキル育成と独立したものとして考える英語教師も現れていた。このような立場を「戦後型文化教養説」と呼ぶことにしよう。これに対し、「戦前型文化教養説」に慣れ親しんだ英語教師から、批判が投げかけられることもあった。たとえば、石黒魯敏（＝言語学者・石黒魯平の筆名）は、1954 年の記事（石黒 1954）で、当時の一部の英語教師に「教養」に対する誤解がはびこっていると苦言を呈している。石黒曰く、「教養英語の組を作って、名作を訳して知らせる」（p. 8）と良いなどと言っている英語教師がいるが、これでは英語教育ではなく社会科だ、と。

　石黒は、同様の批判を 1956 年の記事でも行っている（石黒 1956）。「近頃、ただ『教養、教養』と言って、自分のきめた意味に陶酔している人が多い」（p. 2）と述べ、「教養」という語が「数年来濫用の厄に陥っ」ていると非難している。そのうえで、上記のような「教養英語」の授業を引き合いに出し、批判を加えている。

そこで「教養」としての英語が、妙な形で地歩を固めることになった。そしてそれは中学校においても著しい。殊に農山村においても著しい。いわゆる田舎廻りの私は、そういう田舎に苦労する先生からの訴えをよく聞く。...先生が迷羊である以上に英語教育の迷羊たる生徒が沢山いる。それを救うための「英語教養」を与える道は何であろうか。価値ある読物を翻訳紹介するのはその一つと［ある英語教師は］云うが、それは英語の先生が英語の時間にやるだけの話で、それが「英語教養」だということになるまい。「英語の教養」は語学そのものの中に求めるべきであると思うがどうであろうか。(p. 2, 強調引用者)

1885 年生まれである石黒にとって、「教養」と言えば、明治末期の修養主義、そしてそれに引き続く大正教養主義を想起させるものだったことは想像に難くない。いずれにせよ、彼にとっての「教養」と、戦後の「教養」との大きな乖離が、上述のような苦言になってあらわれたのである。

このような意味で、戦後初期は、戦前型文化教養説と、戦後型文化教養説が、せめぎ合いながら併存していた時代だった。これは、新制中学発足に伴う大転換を考えれば不自然なことではない。なぜなら、前述したとおり、全体から見ればせいぜい数割程度の「学歴エリート予備軍」(旧制中学生等)のために編まれていた戦前の文化教養説を、戦後の極度に大衆化した新制中学校にそのまま移植できるはずもなかったからである。とくに、農村の新制中学において、高度な「徳性」や「英国文化」を含んだ「高級」なテクストを「原語のまま味わう」ことは、まず非現実的なものだと見なされたことだろう。現に、さきほど石黒に槍玉にあげられていた英語教師は、長野県の農村の新制中学校に勤務していた教師だった。そういう状況下においては、「教養」が要求するハードルを下げざるを得ないという事情は無理からぬことである。このような事情から、「教養」と英語スキルの育成の間に発達段階・発達順序を仮定せず、学習の初歩段階から教養育成は可能だとする考え方には一理ある。これは、戦前型文化教養説のプラスのイメージを利用しながら、その対象とするレベルを大きく引き下げたという意味で、「教養の下方拡張」と呼ぶことができる。

8.5.4　教養の下方拡張

「下方拡張」に基づく戦後型文化教養説を、戦前のそれと対比的にモデル化

したものが図 8.2 である。「教養の下方拡張」は、戦前型文化教養説へのアンチテーゼではなく、その「読み替え」である。その読み替えの要点は次のとおりである。戦前型の「運用能力の発達を基礎に、教養達成を図る」という発達順序を捨象し、「教養 vs. 運用能力」という（便宜的）二分法のみに注目する、そして、その二分法を初歩段階にも適用する、というものである。

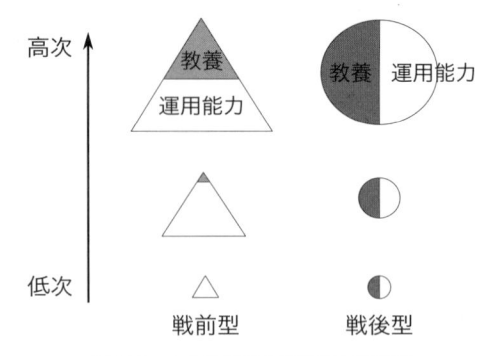

図 8.2　文化教養説の戦前型と戦後型

では、「下方拡張」の実例を見てみたい。たとえば、7 章でも引用したものだが、東京教育大附属中学教員の座談会（『英語教育』編集部 1952c）において、ある教師が、まさに「下方拡張」の典型の発言をしている。

[生徒が英語が必要ないと言ったとしても] 先生としては、それで済ましていてよいというものじゃないですね。私の考えでは、先生はそれに対して一つの目的を持つべきだと思うのですよ。つまり、英語教育の価値を実用方面と教養方面に分けて考えた場合、広い意味での教養価値というか、ちょっと言いあらわし方はまずいと思いますが、思考力をつけるのだと考えたら。(p. 10, 強調引用者)

この「広い意味での教養価値」とは、戦前型の「狭い意味での教養価値」ではないという点で、まさに「教養の下方拡張」と同義である。生徒が英語を必要としない、英語教育の意義が揺らいでいる状況において、「広い意味での教養」は、英語教育の正当性を担保してくれる貴重な目的論だったのである。

また、前節でも引用した福原麟太郎の「初歩の英語を教授する際に於てすら、そのような教養を与えうる」（福原 1952b: p. 1）という主張も「教養の下方拡張」の好例である。当時すでに英語教育界の重鎮だった福原でさえこのような理解を表明していることを見ても、戦後の「下方拡張」が、すでにある程度の「市民権」を得ていたことがよくわかる。

8.5 「社会の要求」の読み替えと戦後型教養主義

そして、戦後型文化教養説を切に必要とした英語教師は、やはり、高校に進学しない生徒や英語の学習意義を感じない生徒への対応に悩む教師だった。東京学芸大学教授（当時）の長沢英一郎は、『英語教育』1953年7月号の巻頭言（長沢1953）で「先日或る中学校で、上級学校へ進まない生徒の英語を習う目的は何か、と尋ねられた」（p. 1）という話を枕に、英語教育の意義を論じている。

> ［英語学習の］実用的価値のことは云う迄もないが、視野も広くすることもその目標の一つだと思う。…一つの外国語をならうことは、一つの新しい世界を発見することだと云った人がある。自国だけしか知らぬ人は、自国をも真に知ることは出来ない…英語を勉強する以上は、英国人の生活様式を知り、その物の見方、考え方を知ることは大切である。Idiom というものがある。英語の idiom を研究することは、英国民の考え方を知る最もよい方法だと思う。(p. 1)

たとえ中学校だけで英語学習が終わろうとも、英語の慣用句（idiom）を学ぶことで、英国文化に触れ、「新しい世界を発見する」ことになる、という主張である。

一方、非進学者ではなく、学習が遅れ気味な生徒への指導でも、「下方拡張」された「教養」概念が重宝された。垣田直巳（当時・広島大学附属高校教諭）は、授業についていけない生徒にどのように対処したらよいかと問いかけ、次のような回答を提示している。

> 英語教育の目的が functional aims（機能上の目標）の達成によって、cultural aims（教養上の目標）を終極の目標としてめざしている以上、そして単に英語を知るために英語を学習するのではないとするならば、英語を完全なる媒体とはしなくても、ある程度はその目的を達するような指導法——例えば、イギリス的な物の考え方、或いは英語の背景となっている事実、——歴史、風俗、習慣など、理解できる限りの英語に基づいて、それらを学習することは、遅進児に対して、あながち正しくない方法ではあるまい。（垣田 1955: p. 18）

引用前半は、一見すると、指導要領試案の「機能上の目標 → 教養上の目標」という発達順序を前提にしているように見えるが、後半はそうではない。運用能力の習得が遅れている生徒であっても、つまり、英語スキルの十分な

伸長を待たずとも、教養上の目標を達成できるような工夫が必要だと述べているからである。学習者の裾野がきわめて拡大した新制中学校の英語教育において、英語学習に困難を示す生徒の対応に迫られる頻度は、旧学制の比ではなかった。英語がよくできる生徒だけでなく、進度がとくに遅い生徒たちにも適用可能な英語学習の意義を考えるうえで、非スキル面の育成に関する目的論は重要な意味を持っていたのである。

現に、1960年前後の日教組教研集会外国語教育分科会では、英語学習の必要性を疑問視する生徒の存在に並んで、学習に困難を示す生徒の存在が大きな論題となっていた（相澤2005）。当時はまだ、知能指数（IQ）によって学習の成否が予測可能であるという意識が残っており、「知能指数が低い」生徒にも英語は学ぶことができるか、つまり、「学習可能性」は大きな問題であった。同分科会においてこの問題は、学校英語教育は英語のスキル育成だけが目的ではないという結論を採用することで、「解決」された（相澤2005: pp. 193–95）。このように、非スキル面の価値が英語のスキル育成と切り離されることで、学習に困難を示す生徒の英語学習の意義を正当化したのである。教研集会の議論からも伝わってくるが、「教養の下方拡張」というアイディアは、指導の難しい生徒にどう対応したらよいかと悩む英語教師たちを、強く勇気づけたものだったはずである。

8.5.5 「教養の下方拡張」が《国民教育》化を進めた

以上見てきたとおり、戦後、学習者層の極度の拡大を前に、戦前のものとは異なる新たな「教養主義」が生まれた。この戦後型文化教養説は、戦前型を読み替えたものである以上、「教養」に含まれるプラスのイメージに頼ったり、「教養」を学校教育の「本質」ととらえ、スキルの育成に優越させる点など、類似点も多かった。その一方で、スキル育成との間に発達順序を仮定しないという点は、戦後型が戦前型と決定的に異なる点だった。こうした転換によって、英語学習の初期から、スキル面以外の価値（広い意味での「教養」）の育成を、英語教育の直接の対象とすることが可能となった。これは、教養育成を学習初期にも適用するという意味で「教養の下方拡張」と呼べるが、こうした下方拡張をとりわけ必要としていたのは、農村部をはじめとした非進学者や学習困難者が多くいる学校だった。

もちろん、英語教育界全体が、戦前型から戦後型に、一斉に転換したわけ

ではない。表 8.2 を見ても、戦前型文化教養説に共感を示し、初歩——つまり新制中学——の段階から、教養的な価値を育成することは困難だと主張していた関係者も相当数存在した。また、「教養の下方拡張」も戦後突然登場したわけではなく、戦前からその萌芽はあった（福原麟太郎の文化教養説など）。しかしながら、全体的な趨勢としてはやはり、徐々にではあるが、戦後初期から 1960 年代にかけて戦後型教養主義への移行が見てとれるのである。じじつ、表 8.2 では、1960 年代には「教養の下方拡張」に疑義を唱える主張は見られなくなる。もちろん「教養の下方拡張」を明示的に論じたものも、1960 年代前半には 2 件しかなく、これだけの差をもって、転換の根拠とすることはできない。しかしながら、次のような事実を考慮するならば、「転換」が生じていた可能性は高い。

指導要領から消えた「戦前型教養主義」

ひとつは、1958 年に告示された中学校の学習指導要領において、「スキル育成 → 教養」の間の発達順序に関する記述が消えた点である。同指導要領の「第 9 節外国語」の目標に関する記述を見てみよう。

第 1　目標
　1　外国語の音声に慣れさせ、聞く能力および話す能力の基礎を養う。
　2　外国語の基本的な語法に慣れさせ、読む能力および書く能力の基礎を養う。
　3　外国語を通して、その外国語を日常使用している国民の日常生活、風俗習慣、ものの見方などについて基礎的な理解を得させる。
以上の目標の各項目は、相互に密接な関連をもって、全体として外国語科の目標をなすものであるから、指導にあたっては、この点を常に考慮しなければならない。（強調引用者）

1958 年の指導要領から、1951 年の指導要領試案にあった「機能上の目標」「教養上の目標」という表現は消える。かわって、目標項目の 3 が「教養上の目標」に対応していると言える。なお、「機能上の目標」は 1 と 2 に対応しているだろう。

ここで重要なのが、目標項目の 3 と、1 および 2 の関係である。単に「相互に密接な関連」を持つべきだとされているだけで、両者の間の発達順序に関する言及が消えているのである。同様に、同指導要領の「解説」（宍戸

1958b）にも発達順序を示唆する記述は一切登場しない。法的性格を持つ1958年の指導要領において、このような記述がなされれば、スキルの育成とそれ以外の面の育成を、発達順序としてではなく並列的に取り扱う見解が教育現場に浸透していったことは想像に難くない。

戦前型教養主義の退潮

　もうひとつは、戦前型の教養主義そのものの消滅である。英語教育と義務教育の接続によるジレンマや、教員の世代交代によって、戦前型教養主義は、次第に退潮していったと考えられる。何度も引用している当時の教研集会外国語教育分科会の議論では、初歩段階で英語のスキル育成をことさら強調するような目的論は、とりわけ農村においては支持を得にくかった。こうした例からもわかるとおり、「教養—スキル」の間に発達順序を仮定するような考え方は、広範な層にまで学習者が拡大した戦後英語教育としばしば衝突し、その限界が徐々に認識されるようになったと考えられる。

　また、教員の世代交代も重要である。江利川（2006: pp. 226–31）が明らかにしているとおり、新制中学校発足当初の英語教員の最大の供給源は、他教科では一般的だった旧制小学校（国民学校）や青年学校の教員ではなく、教員免許状を持たない大学・高等専門学校の卒業者だった。英語の学習量が豊富だった高等教育経験者が、新制中学校の英語教育を担う人材として期待されたのである。このタイプの人々は、戦前の高等教育の学生文化である教養主義（あるいは「大正教養主義」）をある程度内面化していた人々であり、したがって、英語教育に関しても、戦前型文化教養説に親和的だったと考えられる。

　しかしながら、1960年代になると、こうした状況は英語教員の「若返り」によって次第に変質していった。図8.3は、1963年の『学校教員需給調査報告書』に記載されている公立中学校教員の年齢別構成率を教科ごとに図示したものである（各教科は、専門科目（主免許）別に集計されている）。

　1963年の時点で、外国語科教員は、4割弱が29歳以下、34歳以下まで含めると実に7割近くが該当する。当時の外国語科は、保健体育についで2番目に、若い教員たちによって担われていた教科だったことがわかる。1963年時点で34歳以下の教師は、1929年以降に生まれ、戦後に高等教育を経験した世代であり、必然的に、戦前の教養主義に比較的馴染みの薄い世代だった。しかも新制大学の教員養成課程の多くは、旧制師範学校という、旧制中学・

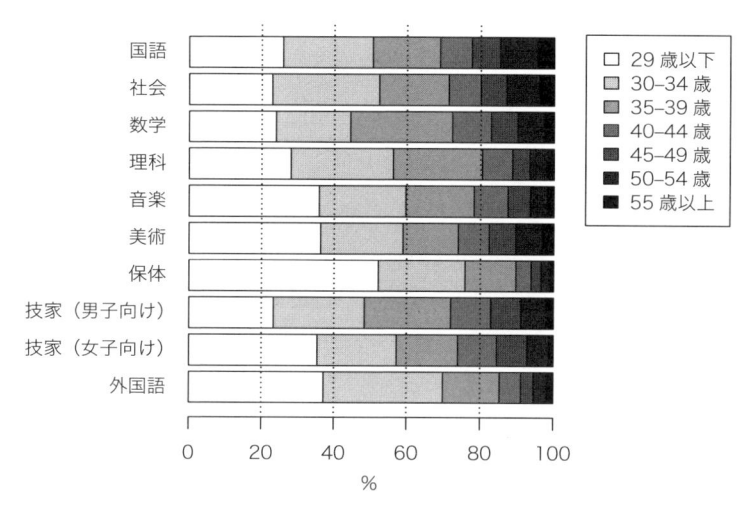

8.5 「社会の要求」の読み替えと戦後型教養主義

図 8.3 教科別教員の年齢構成（1963 年）

旧制高校とは別系統の学校を前身としており、その点で戦前の教養主義から距離を置いていた。1960 年代以降、戦後の教員養成課程の経験者が、中学校外国語科の多数派を占めるようになっていき、戦前型文化教養説は次第に忘却されていったと言える。

このように、戦前型文化教養説が退潮していき、戦後型文化教養説が浸透していくことによって、英語教育の《国民教育》としての正当性は高まっていった。なぜなら、高校に進学しない生徒や、英語使用の必要性をまったく感じていない生徒にも適用可能な教育目的として、「教養」が利用できるようになったからである。これは、戦後初期に「英語＝選択科目」という図式を生み出した「社会の要求」という理念への対抗言説となり得た。そればかりか、「教養」育成こそが、抽象的な意味での「社会の要求」にかなうものとして概念化されたのである。これにより、「英語教育はすべての生徒にとって必要である」という命題が成立する条件がととのったことになる。

もちろん、これは教育を与える側、つまり英語教育関係者の論理である。したがって、受け手側である生徒や保護者が、このような論理で完全に納得したわけではないだろう。しかしながら、この 10〜20 年前までは、英語教育関係者ですら「『社会の要求』に応じるのが戦後教育である以上、英語はすべての生徒が学ばなくてもかまわない」と考えていたのであり、教員側の論

理の転換はきわめて重要である。戦後初期に「社会の要求」概念によって生じたジレンマが、英語教育関係者の間で着実に「解決」されていたことになる。この「解決」のおかげで、1950年代・60年代の「事実上の必修化」への移行は、理念的な矛盾を露呈することなくスムースに行われたのである。

第9章

正しい英語学習 vs. 社会の要求

　「社会の要求」概念に伴うジレンマの解決に重要な役割を果たしたもうひとつが、当時の英語教育界の学問的動向だった。戦後、英語教育界には、欧米の「科学的」な言語習得理論が一挙に浸透した。その理論的支柱をなした「言語の本質」「語学の本質」というキーワードは、ひとつのブームですらあった。こうした「言語の本質」に基づく「科学的に正しい英語学習」という考え方が、農村部を含めて全国に拡大し、その結果、「社会の要求」論の存在感が相対的に低下したのである。

9.1　戦後初期〜1960年代の学問的動向

　まず、戦後初期から1960年代頃までの英語教育界の学問的動向を概観したい。当時最先端の英語指導法を特徴づけていたキー概念が、前述した「言語の本質」「語学の本質」という、言語および言語学習の「本質」を仮定する、「科学的」な言語観／言語学習観だった。
　前者の「言語の本質」は、要するに、音声のことである。つまり、音声が言語のより「自然」な姿であるという言語観である。他方、後者の「語学の本質」とは、実際の運用を前提として言語は学習されるべきだという考え方である。現代の「科学」のイメージからすると、「これのどこが科学的なのか」と疑問を感じる人も多いかもしれない。というのも、「Xの本質はYだ」という言い方は、しばしば独善的に「本質」を設定できる点で、イデオロギー的な物言いにすらなり得るからである——たとえば「教育の本質は愛だ」「いや、教育の本質は強制だ」といった「本質論」は、科学というよりは、「モノの見方」に属するものだろう。
　しかしながら、「言語の本質」「語学の本質」は、当時の学者や教育者にとって、たしかに「科学」だった。なぜなら、これらは、当時最先端の言語科学

によって権威づけられていたからである。その言語科学とは、大別して、以下の2つの知的潮流があった。

ひとつは、「オーラルメソッド」（Oral Method）と呼ばれる言語教育理論である（cf. 伊村 1997）。オーラルメソッドは、提唱者のハロルド・E・パーマーが大正期から日本で活躍していたこともあり、戦前・戦中からすでに一部の先進的な英語教師にはよく知られていた。戦後、パーマーの理論は、学習指導要領試案の作成に大きく影響し、同理論のコアにある考え方である「言語の本質＝音声」も、新制中学に移植された（福井 1979; 伊村 1997; 奥野 2009）。実際、1947年・1951年の学習指導要領試案には、同理論を前提とした記述が随所に登場する（cf. 今野 1998; 奥野 2009）。

もうひとつの学問的潮流が、北米の構造主義言語学・行動主義心理学、およびそれに基づく「オーラルアプローチ」（Oral Approach）と呼ばれる言語教育理論である。この考え方が日本の英語教育界に本格的に浸透するのは、1950年代中頃からである。とくに中心的研究者――フリーズ（C. C. Fries）、トワデル（W. F. Twaddell）――の1956年の来日以降、日本の英語教育現場に一気に浸透した（福井 1979: p. 73）。雑誌『英語教育』でも、1956年以前に、「オーラルアプローチ」を題名・特集名に含む記事は一切なかったが、1957年には5件、1958年には18件と一大ブームと言える様相を呈す（もちろん、これはあくまで題名・特集名に含まれた数なので、本文での言及数に注目すれば、おそらく数倍～十数倍になっていた）。

オーラルアプローチの要点をごく簡潔に述べれば、言語習得をオペラント条件付けによる習慣形成と見なし、学習初期に口頭練習によるドリルを徹底的に行い、対象言語（ここでは英語）の言語習慣を形成するという考え方である。言語学を理論的背景に持っている以上、オーラルアプローチのコア概念にも「言語の本質は音声」という考え方があった。また、口頭技能の練習をとおして実際に運用可能な能力育成を最重要視している点で、「語学の本質＝運用能力の育成」という考え方とも親和的であった。

9.1.1 「言語の本質」「語学の本質」

このように、「言語の本質」「語学の本質」というキーワードは、戦後初期から1960年代の英語教育界を特徴づけるものだった。しかも、オーラルメソッドやオーラルアプローチ、あるいは構造主義言語学や行動主義心理学な

ど、特定の理論と独立したかたちで述べられることも少なくはなかった。その点で、「言語の本質」「語学の本質」は、ある種の「スローガン」と化していたと言える。そして、学者だけでなく、現場の英語教師にも、「言語の本質」「語学の本質」というスローガンを受け入れる素地はできていた——それが、たとえパーマーやフリーズの著作を読んでいない英語教師だったとしても。なぜなら、いわゆる「受験英語」の弊害や、運用能力を身につけさせられない（とされる）旧来の英語教育に対する不満は、現場の教師たちの間にも蓄積されていたからである。

　実際、「言語の本質」「語学の本質」は、「文法・文字偏重」「受験英語」といった「悪しき英語教育」のアンチテーゼとして機能していた。たとえば、当時、東京大学英文科教授で英語学を牽引する存在だった中島文雄は、当時の言語学の潮流、とりわけ構造主義言語学に基づいた「正しい英語学習」を提起している。そこで、彼の「仮想敵」となった「従来の語学教育」の特徴は以下のようなものである。

> 従来の語学教育は、行動としてのことばを教えず、ことばに関する知識を与えて、書物のことばを解きほぐす仕方を教えた。書物を理解するには大きな語彙と文法の知識とが必要である。学習者は単語帳のようなものを作って、できるだけ多くの単語を暗記する。文法はもっぱら解釈のためのもので、そのためには微細な区別まで詮議立てする。このようにして語彙と文法の規則とを知識としてたくわえ、これを頭で考えながら英文を判読する。こういう操作に発音は必要でないから、ことばの音声面は軽視される。大体こういうようにして英語を学んできたし、これが受験英語の性格をなしていると思われる。（中島 1958: p. 4）

　つまり、知識重視・運用軽視、書きことば重視・話しことば軽視で、「受験英語」に親和的な英語教育だが、中島は「これはことばの正しい学び方ではない」（p. 4）ときっぱりと否定する。中島にとって、話し言葉がもっとも基本的であり、したがって最優先に習得すべきものだったからである。そして、音声面の発達を基礎とすることで、読解力や文法知識も形成され、バランスのとれた英語力が育成されると述べている。また、以下のとおり、英文学の鑑賞など従来で言えば「教養」に属すると考えられていた領域にも、オーラルアプローチは有効であるという。

[オーラルアプローチにより] 英語の理解が今までより有機的になり、英文学（特に英詩）の鑑賞や解釈にも好影響があると考えても、むなしい希望ではないであろう。教養のための語学とか実用のための語学とかいう区別は、正しい語学教育においてはないはずである。究極の目的が何であろうと、Oral approach でよいということになる。(中島 1958: p. 5, 強調引用者)

目的によって、「正しさ」が変わるような指導法・教授法は、そもそも正しくない。目的がなんであれ、「言語の本質」「語学の本質」といった「科学的」な言語観に基づく指導法が「正しい指導法」である。中島のこのような見解は、当時、彼以外にも様々な論者によって盛んに主張されていた。

9.1.2 『英語教育』系統の雑誌における「言語／語学の本質」

こうした浸透の様子は、『英語教育』系統の雑誌記事にも明確にあらわれている。表 9.1 は、「言語の本質」「語学の本質」概念を用いて、英語教育を論じている記事をリストアップしたものである。とりわけ 1950 年代後半に言及が集中していることが見てとれる。これは、オーラルアプローチのブームと関連が深い。

実例を見てみよう。まず、終戦直後のものとして、以下の石橋幸太郎の主張を検討する。石橋は、「英語の読解力育成を目的とするのであれば、口頭練習はそれほど必要ない」という意見に対し、以下のように、学習効率および「自然性」の観点から批判を加えている。

[口頭練習なしに読書力を身につけたと言う人が] 口頭練習から始めていたならば、遥に自然に且つ容易に読書力を養い得たであろう...何故なら、言語はその発生過程からいっても又は個人の母語習得過程からいっても、音声を一次的手段とするものであって文字は副次的なものである以上、音声言語に習熟せずして直ちに文字言語に移ることは自然の順序に反する。自然の順序を無視することは、特に言語の如き習慣的行為にあっては、学習者に余分の負担を強いて而も効果が之に伴わないのは理の当然と言えよう。(石橋 1946: p. 22, 強調引用者)

少々分かりづらい文章だが、要は、音声をまず大事にすることが「自然」

9.1　戦後初期〜1960年代の学問的動向

	言語の本質[*1]	語学の本質[*2]	農漁村地域[*3]	備考
1946　石橋幸太郎 (1946)	○			
1947　石橋幸太郎 (1947)	○			
1950　大里忠 (1950)	○			
1952　『英語教育』編集部 (1952e)	○			山中襄太の投書
1953　勝亦権十郎 (1953)	○			
松川昇太郎 (1953)	○			
1954　大中秀男 (1954)		○		
篠田錦策 (1954)		○		
1955　小川泰夫 (1955)		○		
橘正観 (1955)		○		
五島忠久 (1955)		○		
新井廸之 (1955)		○		
『英語教育』編集部 (1955c)		○		
吉川美夫 (1955)		○		
1956　松本亨 (1956)		○		
1957　原沢正喜 (1957)	○	○		
1958　勇康雄 (1958)	○			
中島文雄 (1958)	○	○		
本田実浄 (1958)		○		
石橋幸太郎 (1958)		○		
原沢正喜 (1958)	○			
小笠原林樹 (1958)		○		
塩見和一郎 (1958)	○		○	
村木正武 (1958)		○		
1959　原幹夫 (1959)		○	○	
小川芳男 (1959)		○		
佐藤博 (1959)	○			
1960　沢正雄 (1960)	○			
橋本哲 (1960)	○	○	○	
池永勝雅 (1960)		○		
上野景福 (1960)		○		
中川龍一 (1960)	○			
1961　『英語教育』編集部 (1961b)		○		小川芳男の発言
池永勝雅 (1961)	○			
成田成寿 (1961)		○		
『英語教育』編集部 (1961a)		○		木村武雄の発言
1962　楳垣実 (1962a)	○			
楳垣実 (1962b)	○			
山田耕作 (1962)	○		○	
1964　富井寂 (1964)	○			
福島達雄 (1964)	○	○		
小川芳男 (1964)	○			
ASA (1964)		○	○	

[*1]: 音声言語が「言語の本質」であり「自然」だとする主張。
[*2]: 書き言葉偏重・受験英語などを排し、「英語を英語として」学習すべきという主張。
[*3]: 「田舎」や「へき地」など英語の必要性が希薄な地域を念頭に置いているもの。

表 9.1　『英語教育』誌上にあらわれた「言語／語学の本質」論 (1946〜1964)

の摂理にしたがったもので、だからこそ学習効率も高い、という主張である。「読書力」の育成だけを強調する目的論は、現在でこそほとんど見かけないが、当時は話し言葉に習熟する実用的なニーズがまだ希薄だったこともあり、しばしば見られた。こうした読書力至上主義に対する対抗言説としても、「言語の本質」概念は機能していた。

　石橋の主張は、「言語の本質＝音声」という言語観に基づくものだが、「語学の本質＝運用能力の育成」を伴った主張も、論理構成としては大して変わらない。新制中学校の英語教員の読者投稿を見てみよう。この記事は「入門指導雑感」と題し、投稿者が取り組んでいる導入時の工夫・指導法などを綴っている。その中で、投稿者は、旧学制と新学制の英語教育を対照的に描写しながら、「旧教授法」、すなわち文法訳読法の「不健全さ」を説く。

　　読解式は選ばれた旧制中学生のうちの、それも極く僅かな生徒にしか成功を見ず、真の英語愛好者・練達者は稀れに生まれるのみであった。ややもすれば授業が固くなり、勉強意欲を減退せしめ、学習が義務的になってしまうからである。... 旧教授法では reading と writing のみに能力を限定せしめ、一種の不具的状態を作り出していた。第一、欧米の生活を実感的に理解するには、読み書きだけでは不十分な筈である。（小川 1955: pp. 19-20, 強調引用者）

　こう述べながら、「新教授法」（＝オーラルメソッド）は、「円満な理解・表現能力を育成する上において ... 明らかにすぐれているのであるが、またその readiness を培う点についても旧教授法の比ではない」（p. 20）と、音声中心の指導法の優越性を強調している。旧来型の英語教育を、「語学の本質」という観点から批判している点で、前述の石橋幸太郎とは異なるが、いずれも旧来型を「不自然」で「誤った」方法であると切り捨てている点は同一である。とくに、石橋のような指導的な立場にいる英文学者・英語教育者と、新制中学校の一教員が、同様の理論・論理展開に基づき、同様の帰結を導いている点は重要である。「科学的に正しい英語学習」論が、学者の中だけでなく、中学校の教育現場にも浸透していたことを示す一証左となるからである。

　そもそも旧来型の指導法に対する批判自体は、当時、頻繁に見られた。表9.1 は、あくまで「言語／語学の本質」という問題構成をとったものをリストアップしただけだが、そうでないものを含めれば、きわめて多くの文献で、旧来型の指導法に対し批判がなされている。戦前から、受験のための英語学

習や、実際の運用能力に貢献しないような英語学習を手放しで称賛するような論者は特殊な場合を除き存在せず、多くの場合、「悪（容認できない）」か、せいぜい「必要悪（条件付き容認）」という存在だった。悪しき「旧来型英語教育」からの脱却の機運は、英語教育界を広く覆っていた*1。

　正確に言えば、こうした「旧来型英語教育」を「仮想敵」として、「正しい」英語教育を要求する声は、英語教育界だけに見られたものではなく、日本社会全体に遍在したものだった。4.3.2 節で検討したとおり、「実用英語」を求める声の多くは、1970 年代頃までは、従来の学校英語教育の「不健全」さを批判する言説として機能していた。学校英語教育に「正しい語学」を要求するという論理構成は、すでに確立されていたのである。

9.2　「社会の要求」に優越した「正しい語学」

　さて、当時、音声中心の指導法が、「言語／語学の本質」にかなっており、それゆえ、強く支持されていたことを見てきた。重要なのは、ここで引かれる論拠が「本質」——つまり「科学的な正しさ」——であり、音声技能（聞く・話す）の習得の必要性ではない点である。

　もちろん戦後、英語の話し言葉に習熟することの必要性が一部では強く認識されていたのは事実である。『日米会話手帳』のベストセラー（cf. 朝日新聞社 1995）や、平川唯一の「カムカム英語」の人気（cf. 平川 1995）に象徴される戦後の英会話ブームが一傍証である。また、1950 年代以降は、戦後復興の進行とともに外国との貿易が盛んになりつつあった一方で、冷戦下における緊張が幾度となくあり、国際通商あるいは国際親善の手段として、英会話の必要性が一部では痛感されていたに違いない。

　しかしながら、これは戦後初期〜1960 年代の一側面にすぎない。英会話ブームに湧いた一部の層とは裏腹に、英語学習そのものに対する懐疑が、広

---

*1 誤解を避けるために注記すれば、これは、「英文学の精読は不要だ」とか「訳読は廃止すべきだ」とか、ましてや「文法指導はいらない、コミュニケーションが大事だ」などという考え方がブームになっていたという意味ではない。あくまで、音声軽視の指導法を改めてバランスのとれた運用能力育成を目指すべきだとする——その意味で、ごく穏当な——主張が頻繁に叫ばれていたということである。実際、当時はまだ戦前の教養主義の空気が残っており、現代に比べればはるかに多くの人々が、英文学や訳読の意義を認めていた。

範な層に渦巻いていたからである。そうした懐疑が、とくに農漁村地域に強かったことは、7章で見たとおりである。

そこまでいかなくても、音声メディアの発達がまだ遅れていた当時、英語が役に立つ場面と言えば、主に紙メディア——つまり書き言葉——だった。その反面、「聞く・話す」の必要性は必ずしも強く認識されていなかった。たとえば、4.3.1 節でとりあげた、1960 年の「新卒社員に期待する英語力」アンケートにおいて、企業は明確に読解力を重視していたことを思い出したい。回答企業の 20 社すべてが、「文書が読める」ことを大卒新社員に期待すると答えたのに対し、会話力に期待を寄せた企業は、およそ半数にとどまっていたのである。

「科学的正しさ」の優越

さらに、音声の大切さを声高に訴える論者も、「聞く・話す」技能の実用的ニーズを必ずしも痛感しているわけではなかった。むしろ、以下のように、英会話力が必要な人々は少数であることを認めたうえで、それでもなお、音声中心の指導法を、「言語／語学の本質」という「科学的正しさ」の名の下に支持した議論すら存在する。

当時都立高校教員だった沢正雄は、1960 年の春に、以下のような言葉を卒業生に贈っている（沢 1960）。

> 勿論大多数の人々にとっては、英語を勉強する目的は、英語の本が読めるようになるということです。ですから次のような考えを持っている人がいると思います。「本が読めさえすればいいのだ。一体世の中に英語を一生のうちに話したり聞いたりする機会や必要のある人間が何人いるだろうか。そういう必要のある者だけが会話の練習をすればいいのだ」誠に一応もっともな理屈のように聞こえますが、ことばの本質から考えてみますと、文字になったことばの以前に、話す言葉があることは明らかです。話すことばは文字になったことばの基礎をなすものですから、よく読むことができる為には、先ずよく聞いて話すことが必要です。(p. 2, 強調引用者)

「大多数の人々」にとって「英語の本が読める」ことが英語学習の目的というのは、現代から見れば、かなり極端な主張のように感じるが、当時はしばしば見られた。沢も例外ではなく、英会話の必要はないかもしれない、と認

9.2 「社会の要求」に優越した「正しい語学」

めたうえで、それでもなお、「科学的正しさ」という観点から、音声面の技能育成の意義を強調した。

　同様の論理は、当時慶応大学の助教授だった原沢正喜によっても述べられている（原沢1957）。原沢は、日本の英語教育界には「抽象的、書物的、非生活的、即ち非実用的」(p. 2)な英語がはびこっており、これが諸悪の根源であると、激しい筆致で書きつける。そのうえで、「一日も早く日本の英語を正しい軌道にのせることによって English-speaking communities を除けば極東の日本こそ最も立派な英語が、しかも最も自在に行われている国たらしめたい」と理想を述べる。しかしながら、原沢にとっての障害は、「英語は読めればよい」とする教育観だった。原沢は、この考え方に対し、以下のように反論する。

　　この際注意すべき事は大部分の生徒には終世会話の機会も必要もないのだからただ本が読めればよく、発音や日常英語などはどうでもよいと考えることである。これは絶対に誤った考えであって、その故にこそ日本の英語の今日の悲運が招かれたのである。...仮りに読書力だけが目標だとしてもその方法は言語学習唯一の正道たる、広義に於ける会話法でなくてはならないのである。蓋し話されないものは厳密な意味に於ては言語ではないからである。(p. 4)

　もちろん原沢は「読書力だけが目標」と認識しているだけではないが、たとえその点に大幅に譲歩したとしても、「言語学習唯一の正道」である音声技能育成を第一にした英語教育が不可欠だとしているのである。

ニーズの乏しい地域における「正しい英語学習」

　上述のロジックは、「読書力育成だけで十分」という主張に対し、「言語の本質＝音声」「語学の本質＝運用能力育成」という「科学的正しさ」で対抗したものだった。では、そもそも「読書力」のニーズすらない場合はどうだったのだろうか。何度も述べているとおり、そうした状況は、当時、とくに農漁村地域など非進学者や、農家・ブルーカラー就労者の多い地域に存在した。英語の音声技能ばかりか、英語そのものに「社会的ニーズ」が存在しない場合、「正しい英語学習」概念は、どのように展開されたのだろうか。

　結論から言えば、英語教育の面で「遅れた」このような地域でも「正しい英語学習」概念は非常に強力だった。とりわけ、オーラルアプローチが一般

化し、「言語の本質」「語学の本質」という概念が浸透する1950年代後半以降に顕著だった（その最たる例として、宮城県の郡部の学校にも浸透した山家保によるオーラルアプローチの実践・普及活動が指摘できるだろう。Cf. 山家保先生記念論集刊行委員会 2005）。

　「言語／語学の本質」関連の記事をリストアップした表9.1を再度見てみよう。この表の3列目「農漁村地域」という列に丸がついている文献は、「農村」「田舎」「へき地」など英語の必要性が希薄な地域における実践を綴ったものである。言及の推移を見ると、1950年代半頃から散発的ではあるが、農村のような英語学習ニーズの乏しい地域にも、「正しい英語学習」概念に基づく実践が浸透していったことが垣間見える。

　こうした状況は実際の「声」を見るとわかりやすい。1958年当時、京都府の中学校の分校に勤務していた塩見和一郎は、「僻地における英語指導」と題した論文において、たとえ「僻地」であっても、音声面のドリルを中心にした「科学的に正しい」英語教育を行うべきだと主張している。

　　巷説に今もって「会話を教育しても果して幾人の生徒が卒業後外国に行き、又実際に外国人と話す必要が起きるか？ 中学校の性格からしても会話等教える必要があるものか、文語のみを教えたらよいのだ、そのためにも文法をよくたたきこんでおけばよい」等耳にする。甚だしいには、一歩進んでおるべき英語教師からきかれる時がある。…**利用度等の面だけを考えて結論づけず、言葉を言葉として生きた英語教育がなされねばならない段階に至っていることを再認識してほしいものである**。（塩見 1958: p. 42, 強調引用者）

　こうした認識に基づき、英語の音声面は「どんな田舎においても、また外国人がいなくても、あらゆる利器を用い研修さえ怠らなければ、たやすく指導出来る筈」（p. 42）だと述べている。1.3.3節で見たとおり、当時の農村では、教育条件の整備が遅れていただけではなく、生徒・保護者がそもそも英語学習の意義を理解しておらず、また、音声メディアの技術進展も乏しかったから、「たやすく指導出来る」という発言は、ある程度割り引いて解釈するべきだと思われる。むしろ、「僻地だからといって、『正しい英語教育』が行われないことはあってはならない」という塩見の理想と理解したほうがよいだろう。

　次の山田耕作の回想記も「音声を中心とした正しい英語教育を山村に」と

いう、高い理想にあふれたものである。この記事の執筆時、山田はすでに「山間へき地」の中学校の勤務を終えていたが（当時は徳島市の中学校教員）、赴任時を振り返りながら以下のように書いている。

> "Language is primarily speech." とか "Speech is first." とか言われ、書かれた文よりも話し言葉が第1次的であるということを知ってから Spoken English を学ぶため外人と接することの少ない田舎ではテープレコーダーの助けを借りる必要が大であった。...
> 　卒業後は山間へき地の分校に赴任した。...そこにはテープレコーダーなどはなく本校へ行き、借りて山道をテープレコーダーを背に負い山の子供に録音された外人の生の声を聞かせることが出来た。環境に恵まれないへき地の生徒も教師の力と教授力によってめぐまれた生徒と同様にまたそれ以上にやれると信ずる情熱によって重いテープレコーダーをかついでけわしい山道を登っても、また外人の所へ行って教材を録音してもらうのも少しも苦にならなかった。（山田 1962: p. 46, 強調引用者）

テープレコーダーをかついで山道を行く記述など、現代とは比較できないほど、「へき地」の教育条件は苛酷だったことがわかる。このテープレコーダーはおそらくオープンリール式のもので相当の重量があっただろうし、しかも、それを人力で——自家用車が一般化するのは、いわゆる「3C」時代の終盤、1960年代後半のことである——運ばなければならないほど、物流の面で田舎・へき地には大きな困難があったからである。こうした逆境にありながら、「most efficient な方法と言われる oral approach を実践し、audio-visual aids を用いへき地の後進性をばん回させ」（p. 46）ようと奮闘していた山田の志の高さは特筆に値するものだが、ここで注目すべきは、やはり、「（言語学的・科学的）正しさ」が、必要性に優越していることである。ここまで繰り返し見てきたとおり、農村部の「後進性」とは、音声機器や指導者不足などリソースの面だけでなく、学習者や保護者の学習意欲の低さでもあった。しかしながら、ここでは後者の要因は、不問に付され、前者の要因を「努力」によって解決していこうとする理念が述べられている。少なくとも、教師側においては、「科学的正しさ」が、「地域社会の要求」に優越したことになる。

本節では、農漁村地域における「正しい英語教育」実践を、2つだけ紹介したが、『英語教育』に記録されなかっただけで、当時、こうした努力は日本

中で行われていたと考えられる。農漁村地域の教師たちの「科学的」な努力が、英語教育の地域格差の縮小に大きく貢献したことは間違いないだろう。しかしながら、その地域格差縮小は、「社会の要求」という新制中学校発足当初の理念を「黙殺」したからこその成果でもあった。

9.3 「社会の要求」の意義はなぜ低下したか

以上のとおり、1950年代・60年代には、「言語／語学の本質」という「科学的正しさ」が、「社会の要求」に次第に優越していく状況が存在した。こうした優越のおかげで、社会的ニーズという、外国語科（英語）にとって深刻なジレンマを引き起こしかねない概念が「無害」化され、ニーズが明確でない環境においても、「正しい英語学習」を行うことが可能となった。これにより、《国民教育》化の最大の障害である「社会の要求」概念は減退したのである。

では、なぜ「科学的に正しい英語教育」という概念は、「社会の要求」概念に優越することができたのか。その理由としては、(1)「言語／語学の本質」概念の強力さ、(2)「社会の要求」概念の退潮、そして (3) 高度経済成長期以降の農業人口の減少という3つの要因が考えられる。

第一に、「言語／語学の本質」概念の強力さだが、本節で何度も論じたとおり、当時、オーラルメソッド・オーラルアプローチに代表される音声技能のトレーニングを重視する英語指導法が非常に大きな関心を集めていた。この関心の大きさは、当時最新の言語学の知見に対する期待感によって生み出されたのと同時に、「遅れた／不自然な／邪道の英語教育」として概念化された戦前の英語教育に対する忌避感情によって駆動されたものでもあっただろう。当時の知的状況を踏まえるならば、「言語の本質」「語学の本質」概念の影響力はきわめて大きかったと考えられる。

第二の要因、つまり「社会の要求」概念の退潮は、1950年代のいわゆる「逆コース」と関係が深い。戦後初期に優勢だった、地域や個人の要求に応じて教育課程を編成していくべきだという考え方は、1950年代の政府による教育の国家統制の強化のなかで、減衰していった。そのひとつの帰結が、1950年代後半の法的性格を持った学習指導要領である（中学校指導要領の場合は1958年告示）。英語教育の《国民教育》化は、「戦後新教育」の理念を忘却することで促されたと言える。

さらに言えば、この指導要領改訂も、英語教育言説の流通過程に重要な変化をもたらしたと考えられる。1.3.4 節でも論じたとおり、1958 年の学習指導要領が法的性格を帯びるようになった結果、法令文のような簡素な文体に変わり、戦後初期の指導要領試案に見られたような踏み込んだ記述は消えた。外国語科（英語）の目標記述もごく抽象的なものが占めるようになり、学校教育全体における外国語科の位置づけなどは一切議論されていない。つまり、指導要領試案に見られた、社会の要求・生徒の興味に応じて英語が選択されることが望ましい、あるいは、社会全体にニーズがあるわけではないので選択科目がふさわしい、ということを述べた文言もすべて削除されている。この改訂によって、法的・制度的な拘束が強まる反面、いわば「理念的には自由」になったことになる。教育関係者に大きな影響力を持つ学習指導要領から「社会の要求」が消えたことで、英語教育言説において、「社会の要求」というレトリックが「流行る」ことがなくなったのである。現に、1960 年代になると、地域・個人の必要性に応じて外国語科教育を編成すべきだという主張は、ほとんど見られなくなる。以上のように、1950 年代後半の「社会の要求」論の退潮は、英語教育を《国民教育》化するうえでの最大の障害が取り除かれたことを意味し、これが、その後の事実上の必修化をスムースに移行させた一因であると言える。

9.4 高度成長期以降の就業構造の大転換――農家の減少

第 3 の重要な要因として、当時の就業構造の大きな転換が考えられる。農村・山村・漁村で中 3 英語履修率が大幅に上昇した 1960 年代前半は、農業をとりまく就業構造に大きな転換が現れはじめた時期でもある。農村地域にも「正しい英語学習」言説が浸透したのもおよそこの時期であることを考えれば、両者は無関係ではない。

戦後初期、失職者や復員者・海外引揚者が実家の農家などに身を寄せたことで、農家戸数、農家人口や農業従事者数は一時的に急増したが、高度経済成長期以降には、一転して減少の一途をたどる（cf. 橋本 2009: pp. 124–27, 蘭 1994: pp. 72–74）。表 9.2 は、戦後の農業従事者数の推移を整理したものである。とくに 1960 年代前半は農家人口が大幅に減少していった時期だったことがわかるだろう。

この統計は、農業に従事するあらゆる年齢の人々の動向だが、若い世代に

	農業従事者数 (万人)	人口に占める割合 (%)
1946	1849	25.6*
1955	1932	21.5
1960	1766	18.7
1965	1544	15.6
1970	1562	14.9
1975	1373	12.3
1980	1254	10.7
1985	1163	9.6

＊「全人口」は 1945 年の統計に基づく。

表 9.2　農業従事者数の推移（出所：農林水産省『農林業センサス』）

限ってみれば、こうした「離農」傾向はより顕著に生じていた。苅谷剛彦は、農家世帯の子どもの中学・高校卒業後の進路を記録した『農家就業動向調査』（農林省統計調査部）を検討し、1960 年代前半には中卒者の農業就業率が急速に低下していた可能性を指摘している（苅谷 2001: p. 34）。反対に、農家の子どもの中学卒業後の主な進路は、高校進学と被雇用者（企業・工場等の従業員）に集中していった。1960 年代は、農家の子どもが続々と農業から離脱し、他産業に流入していく時期にあたるのである。なお、念のため付言しておくと、こうした若者の「農家離れ」は、各種統計の集計によって事後的に「発見」されたものではない。なぜなら、離農問題は、高度経済成長期の初期から、農家世帯や国・地方自治体の政策担当者にとって、きわめて深刻な問題として認識されていたからである（今井 1968）。

したがって、「農家の子どもは農業を継ぐ」という状況が現実的でなくなっていった当時の状況を念頭に置けば、「農家の子どもは農業を継ぐ。農業には英語が必要ない。よって、農家の子どもに英語学習は不要だ」という戦後初期にしばしば見られた三段論法が急速に退潮しつつあったはずである。就業構造の転換によって、「農家を継ぐ」というライフコースが不透明になった結果、英語学習の必要性に対する疑義も緩和されたと考えられる。

しかしながらこれは、農村が「これからの時代は英語だ」といった積極的な態度に転じたというわけではない。なぜなら、当時の新聞や文献、『英語教育』系統の雑誌記事を見る限り、このような主張が展開されることは一切なかったからである。その意味で、この転換は、むしろ「農家の子どもに英語

が絶対不要とは言い切れない」といった、消極的な肯定論だった。じじつ、「離農」した若年層が流入したのは、仕事で英語を要求される機会の多い大卒ホワイトカラー職者ではなく、工場作業や建設業等に従事するブルーカラー職者だった（苅谷 2001: p. 34）。その意味で、農家の子どもの大部分は、農家を継がなかったとしても、将来的に英語を使う必要が訪れるかと言えば依然として疑問符がついていたのが現実だろう。しかしながら、いずれにせよ、戦後初期まで強固に存在した「農家の子どもに英語は不要」という論理が解消され始めていたことが、農村への英語学習浸透の大きな契機になったはずである。

　以上を総合すると、高度経済成長期以降の就業構造の転換（とりわけ離農の進行）によって、「農家の子どもに英語は不要だ」という論理が取り除かれた結果、「必要性はどうであれ科学的に正しい英語教育を行うべきだ」という理屈が、それなりの説得力を帯び始めたと考えられる。

― 終　章 ―

自明性の起源と
新たな英語教育目的論の創出に向けて

《国民教育》化に影響を与えた要因

まず、第II部の結果を整理しよう。第II部冒頭で、《国民教育》化に影響を与えた可能性のある要因をリストアップし、第II部ではそれらをひとつひとつ検証してきたが、その結果を整理すると、図10.1のようにまとめられる。

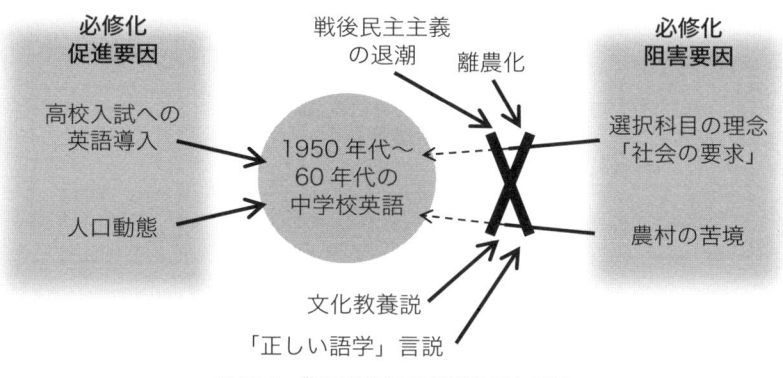

図10.1　《国民教育》に影響を与えた要因

必修化促進要因：高校入試への英語導入、人口動態
必修化阻害要因：選択科目の理念「社会の要求」、農村の苦境
1950年代〜60年代の中学校英語
戦後民主主義の退潮、離農化、文化教養説、「正しい語学」言説

まず、必修化を促進した要因として、高校入試への英語の導入・高校進学率の上昇や、1950年代末からの人口動態の影響（ベビーブーマーの入学へ対応するための外国語科教員の増員、そして卒業後の人的余裕の増加）が重要な働きをしていたことを明らかにした（それぞれ3章、6章）。一方で、「英語の必要性の増大」や「関係者の必修化運動」は、説明としてはわかりやすいものだったが、実際にはたいした影響を与えていないことが明らかとなった（4章、5章）。

他方、必修化を阻害した要因である、戦後初期の「社会の要求」という理

念や農漁村地域の英語教育が直面していた苦境（7 章）は、教養主義言説（8 章）および「正しい英語学習」言説（9 章）によって乗り越えられた。さらに、1960 年代の就業構造の変化（離農化）や、政策上の変化（戦後民主主義の退潮）も、上記のジレンマを退潮させることに貢献した（9.3 節・9.4 節）。

「英語＝《国民教育》」の成立過程

では、得られた知見を要約しよう。本書は、選択科目としてスタートした新制中学校の外国語科がいつ、どのように、そしてなぜ「全員の学習が自明視される」という意味での《国民教育》に移行したかを検討した。

旧学制においては、義務教育課程の埒外に置かれていた外国語科は、新制中学発足と同時に義務教育の構成要素の仲間入りを果たしたが、選択科目としてのスタートだった。戦後初期の学習指導要領試案では、「社会の要求」に普遍的に応えられるものだけが必修科目であるべきで、英語の必要性には地域などにより多様性があるので、必修科目にはふさわしくない、と規定された。また、戦後初期に限って言えば、英語は、制度上だけでなく、事実上も選択科目として運用されていた。当時すでに、中 1 段階では多くの生徒が英語を学んでいたが、中学校時代に一切英語を学ばずに卒業する生徒も少数派ながら存在していた。

1950 年代になると、この「事実上も選択科目」という状況は、「事実上の必修科目」へと移行する。この頃、加藤周一が英語の事実上の必修化に反対する論文を著し、大反響を呼んだ。ただし、50 年代では、「すべての生徒は英語を 1 度は学ぶ」という意味での事実上の必修化であり、2 年生、3 年生と進学するにつれて履修をとりやめる生徒も相当数いた。なお、当時の文部省は、「進路・適性に応じた教育」をスローガンに、外国語科の選択制の徹底をねらっていたが、そうした目論見にもかかわらず、年を追うごとに、事実上の必修化は強化されていった。

その結果、1960 年代になると「3 年間学ぶ」という意味での事実上の必修化が現出した。その主たる舞台が、農漁村地域の中学校だった。なぜなら、1950 年代には非履修者がまだ多く事実上の必修化からほど遠かった農漁村地域の中学校でも、1960 年代になると、英語の履修率が著しく上昇し、100％に近づきつつあったからである。その意味で、事実上の必修化は、農漁村地域の中学生によって完成させられたことになる。

1970年代以降には、「中学校英語＝すべての生徒がすべての学年で学ぶ」という事実が一般にも浸透していき、次第に「伝統」として確立されていく。1970年代半ばの中津燎子『なんで英語やるの？』が話題になった点や、平泉渉参議院議員（当時）と渡部昇一上智大学教授（当時）の間で行われた論争などがそれを象徴している。なかでも、中学校英語の《国民教育》化を特徴づけたのが、1970年代後半の指導要領改訂に伴って巻き起こった、公立中学校の英語授業時数の削減反対運動である。週1時間分の授業時数削減が、また、私立中との授業時数の数時間の差が、外国語（英語）教育——そればかりか学校教育全般——に対する重大な挑戦と受けとめられたのである。戦後初期には、中学校の英語授業時数はきわめて多様で、なかには履修しない生徒すら存在したにもかかわらず、それが英語教育の深刻な危機とは認識されていなかった。戦後初期と比べると、1970年代後半にはすでに、《国民教育》としての英語が強固な基盤を形成しつつあったということになる。そのおよそ20年後、1990年代後半頃から巻き起こる小学校英語論争において、中学校での英語必修は、「疑われることのない前提」にほぼ完全に移行した。戦後の中学校英語教育は、戦後初期の「選択科目としての英語」という理念を忘却してきた歴史であると言える。

では、1950年代・60年代に英語の事実上の必修化が成立したのは、なぜだったのだろうか。本書では、どのような要因が必修化を促進し、また、必修化の障害がどのように取り除かれたのか、という観点から分析を行った。

まず、重要な要因が、1950年代半ばに、多くの都道府県が高校入試に英語の試験を導入したことである。これにより、戦後初期には必ずしも強固ではなかった、高校進学と英語履修の結びつきが増し、戦後の高校進学率の上昇とあいまって、英語の履修率が向上したと考えられる。ただ、この要因が重要であることはまちがいないが、1960年代の英語履修率の急上昇は、当時の高校進学率のゆるやかな上昇で完全に説明することはできない。また、事実上の必修化を完了させたのが進学志向が低かった農漁村地域であることも、この説明とは矛盾する。この事実は、《国民教育》化が、単一の要因の結果ではなく、様々な要因の複合的な結果だったことを示唆している。

履修率の上昇を説明するうえで、もっとも単純で「わかりやすい」ものが、教育内容の意義の向上——つまり、人々が英語の有用性・必要性を強く意識したから——という説明である。しかしながら、1950年代・60年代における、人々の英語の有用性認知は限定的なものだった。たしかに、当時は「役

に立つ英語」というスローガンが盛んに述べられていた時期だったが、それは、国民全体から見ればごく一部の人々にのみ関与するスローガンにすぎなかった。

　また、「英語の必要性増加」という説明と同様に、英語教育関係者が外国語科の地位向上を目指して必修化推進運動を行ったというものも「わかりやすい」説明のひとつだが、実際のところ、このような事実は見いだせなかった。むしろ、戦後初期には、選択科目の本義をわきまえた、いわば「ものわかりのいい」英語教師も多かったのである。明確な必修化志向を現場の英語教師の多くが（そればかりか、文部省ですら）持っていなかったにもかかわらず、事実上の必修化は進行していったことになる。

　一方、前2者ほど「わかりやすい」説明ではないが、当時の中学校現場が経験した人口動態的変化が、履修率上昇という意図せざる結果を生んだ。ベビーブーマー世代の中学校入学により、生徒数が急増し、その対応として外国語科教員が大幅に増員された。こうした教員が、ベビーブーマー世代の卒業以降も維持されたことにより、当時の中学校外国語科の人的リソースは大きく改善した。こうして生まれた人的余裕が、英語クラスの新たな開講につながり、中2・中3の履修率を大きく押し上げたと考えられる。

　上述の促進要因だけでなく、戦後初期に「英語＝選択科目」を正当化していた阻害要因がどのように取り除かれたのかも重要である。《国民教育》化の最大の障害は、戦後初期の教育理念であり指導要領試案にも明文化された「社会の要求」概念、および、農漁村地域をはじめとして英語教育現場が直面してきた数々の苦境である。外国語である英語には、他教科に比べ、生活上の基盤がきわめて脆弱で、したがって、英語学習のニーズが不明確な生徒が多かった。したがって、「社会の要求」概念に厳密な意味で依拠する限り、必修科目としての正当性を得ることは困難だった。この問題はとりわけ、中卒就職者が多く、英語・外国文化の浸透も限定的で、生徒・保護者の英語に対する疑義も根強い農漁村地域において深刻なジレンマを生じさせつつあった。

　上述の阻害要因によるジレンマは、2つの方向から「解決」された。ひとつは、「社会の要求」を抽象的に読み替えることで、「すべての生徒に関係のあるもの」と概念化した点である。つまり、「ニーズ」を具体的な必要性という意味ではなく、「文化吸収」「人格育成」「国際理解」のような抽象性の高い目的論として扱うことで普遍性を高めたのである。

　この読み替えにおいて重要な役割を果たしたものが、戦前から英語教育界

に流通していた文化教養説である。つまり、上述の「文化吸収」「人格育成」「国際理解」がすべて「教養」というカテゴリに放り込まれ、「英語に触れることで教養が養われる」という目的を創出できたのである。ただし、戦前の文化教養説はもっと高尚なもので、英文学や思想書の読解など高度な知的活動を前提としていた。したがって、「英語に触れるだけで"教養"が身につく」などといった教養観とは整合的でなかった。この意味で、「社会の要求」概念を読み替えるために、英語教育における「教養」も読み替えられたのである。

　もうひとつは、当時の学問的潮流である。「言語の本質」「語学の本質」といった「科学的正しさ」を、「社会の要求」に対置することで、具体的な社会的ニーズが明確でなくとも「科学的に正しい英語教育」が行えるような素地を築いたのである。なお、教育の国家統制が強まるなかで戦後初期の理念が減退しつつあったこと、1958年改訂の指導要領から「社会の要求」に関する記述が消えたこと、および就業構造の急激な変化による若者の離農化も、「社会の要求」概念の退潮に拍車をかけたと考えられる。

　このように、高校入試制度の変更、人口動態・教員リソースの変化、そして、戦後初期の「英語＝選択科目」を正当化していた概念が教育言説や社会・政治構造の変化により減退していくことによって、英語の事実上の必修化は、成立した。つまり、《国民教育》としての外国語科は、何らかの単一の要因ではなく、様々な社会的・人口的・制度的・政治的要因の複合的な結果によって生み出されたものである。

「全生徒が英語を学ぶ」という自明性、そして英語教育目的の自律化

　2014年現在、「すべての中学生が英語を学ぶ」という現行のカリキュラムは、ほとんどの場合、自明の前提と化している。たとえば、小学校外国語活動の必修廃止ならともかく、中学校英語の必修が廃止された光景を想像することは、ほとんどの人々にとって、まず困難だろう。じじつ、2.6.2節で検討したとおり、「過剰な」英語教育振興政策に警鐘を鳴らす小学校英語慎重派ですら、中学校英語の必修化に疑義を呈することはない。そうである以上、もし仮に、中学校英語の必修を廃止し、英語をまったく学ばずに義務教育を終了する生徒の存在を許容する政策が提案されたならば、多くの人々は強い抵抗を感じるだろう。こうした抵抗感を生み出すうえで、「中学校英語＝《国民教育》」という、新たな伝統の浸透・日常化が重要な役割を果たしていると考

終章　自明性の起源と新たな英語教育目的論の創出に向けて

えられる。

　ある社会現象が、次第に慣習化・制度化されていくにつれて、当初の理念や機能を離れて、規範的な力を持った「伝統」として確立していくということは、あまねく見られることである。このような「新たな伝統の生成」を扱った研究は、日本の教育現象に限っても、教育史や教育社会学などの分野に膨大な蓄積が存在する。

　その代表例が「学級」である。高橋（1997）は、「学級」を「子どもたちが共に学校生活を営んでいく理想的な空間」と見なす考え方を、「学級＝生活共同体」論と名付け、こうした概念が近代以降に成立し、そして自明化されていく様態を跡づけている。高橋によれば、そもそも「学級」というシステムは、たとえば集団生活でこそ子どもは成長するといった教育的配慮ではなく、指導を効率的に行うための便宜的なものでしかなかった。しかしながら、明治末期頃から、集団としての教授形態、つまり「学級」にプラスの価値が付されていき、「教育は学級をとおしてこそ行われるべきである」という考え方が自明のものとなった。

　また、「教育的」という、私たちが普段当たり前に使っている言葉にすら、伝統の生成とその自明化が働いている。広田（2001）は、「教育的」という語の歴史的分析を通して、政治・社会・経済現象とは独立したかたちで、教育固有の領域としての教育現象が成立したことを明らかにしている。広田によれば、「教育的」という語は、近代初期には、単に「教育に関する」という用法（たとえば、「教育に詳しい」という意味での「教育的政治家」）が一般的だったが、次第に、教育固有の独特の価値を形容する用語（たとえば「教育的指導」）として使用されるようになったという。つまり、「教育的に見て云々」という価値判断が、「社会的／経済的／政治的／法的に見て」といった他律的な価値判断から、教育固有の価値を意味するもの——広田の表現にしたがえば「〈教育〉の自律化と自明化」（p. 24）——に変質したのである。その結果、「教育的」の中身を吟味しない恣意的な「教育的」価値づけが自己増殖していったと、広田は結論づけている。

　同様のメカニズムが、中学校英語の事実上の必修化にもはたらいていたことが本書の結果から明確に見てとれる。つまり、「すべての中学生が英語を学ぶこと」の自律化と自明化である。新制中学校外国語科は、戦後初期において、建前上は「必修科目には相当しない」とされ、また1960年代初期ごろまでは、生徒や保護者だけでなく、一部の英語教員の間にも必修化に対する

疑義が渦巻いていた。しかしながら、「全生徒が3年間学ぶ」という意味での事実上の必修化が成立した1960年代後半、そしてその事実が一般にも広く知れわたる1970年代以降、「英語＝事実上の必修科目」という「慣習」が成立すると、英語教育を《国民教育》の構成要素として当然視する見方が一般化する。

　こうした自明化は、同時に、「事実上の必修科目」としての中学校英語を自律化させることに貢献した。ここで言う「中学校英語の自律化」とは、外国語科の意義として、「仕事で英語を使うから」や「外国人と会話の必要があるから」、はたまた、「国際理解のため」、「教養育成・人格育成のため」のような外在的な目的を援用して正当化せずとも、それ自体に意義があるものだと正当化できるようになったことを意味する。というのも、「英語＝必修科目」という「慣習」が成立したことで、「なぜ英語を全生徒が学ばなければならないのか？」という問いに「昨日までそうやってきたからだ」といった回答が可能になったからである。

　もちろん「昨日までそうやってきたからだ」という回答は、制度の既成事実化を述べただけであり、そもそもの問いを、はぐらかした答え方にすぎない。なぜなら、「なぜ英語を義務的に学ばせるのか？」という問いは、現在の制度がどうなっているかを尋ねているわけではなく、英語教育を義務的に課すことは本当に必要なのか、そうだとすればなぜかを問うたものだからである。しかしながら、1970年代後半以降、高校進学率が100％に近づき、高校が準義務教育化し、高校入試のために英語を学習することがほぼ不可欠になると、「昨日までそうやってきたからだ」という説明は俄然説得力を増していく。必修英語教育の究極的な目的がなんであれ——そして、場合によっては、不明確だったとしても——、英語を義務的に学ぶ／学ばせることが、教師にとっても学習者にとっても、大きな存在感を帯びるようになったからである[*2]。事実上の英語必修という「慣習」が一度成立してしまった後は、その「慣習」に反発し、新制中学発足当初の理念——英語の選択制——を護持

---

　　*2　序章でもとりあげたが、英語教育学者の金谷憲も、義務教育における英語学習の目的は何かという問いに対して、児童生徒にとって「一番筋の通った答え」（金谷2008: p. 140）は、「義務教育のカリキュラムに組み込まれていて英語を学ばないというチョイスはないから」だと述べている。たしかに学習者の側からすれば、もっともリアリティがある学習目的は、「制度がそうなっているからだ＝昨日までそうやってきたからだ」というものだろう。

しようとする態度のほうこそ、学習者に不利益を生じさせてしまいかねない。現在、しばしば「目的論が不在である」と指摘される中学校英語教育だが（例、大津・鳥飼 2002: pp. 47–48, 大津 2004: p. 47）、目的が不明確だからと言って、教師も学習者もみな強烈な無力感にさいなまれているということはない。いやむしろ、昨日までまわっていた「英語＝《国民教育》」という歯車を、今日もそして明日以降も、まわし続けることが運命づけられているという点では、きわめて明確な「目的」意識があるのである。これは、必修科目としての中学校英語が自律的に機能していることのなによりの証左である。

未解決の選択科目の「本義」

以上の自明化・自律化にくわえ、本書のもうひとつの重要な示唆は、こうした自明化・自律化がどのように生み出されたのかという点である。それを一言で言えば、「偶然の産物」ということにほかならない。そして、「偶然性」に対する自覚こそが、中学校英語の教育目的、ひいては、外国語教育そのものの目的を再考する、重要な示唆である。

事実上の必修化は、偶然の産物

「偶然の産物」とはどういうことか。それは、中学校英語の《国民教育》化が、英語教育の必然的な発展によって達成されたわけではない、ということである。英語の意義が向上したから必修化は生まれたわけではないし、「国民」の要求あるいは関係者の「悲願」として必修化されたわけでもない。さらに、新制中学発足当初の「選択科目」としての理念をきちんと解消して、必修化に移行したわけでもない。必修化の誕生にはむしろ、入試制度の変更や高校進学率の上昇、人口動態、教育言説の意図せざる作用、政治経済構造の変化など、中学校英語にとって外在的な要因の役割が大きかったのである。

歴史に「もしも」は禁物とよく言うが、ここではあえて、以上の要因がもしも存在しなかったとしたらどうなっていたか考えてみよう——たとえば、高校入試への英語の導入が関係者の猛反対で頓挫していたなら…。戦後初期のベビーブームがなかったなら…。オーラルアプローチの流行がなかったなら…。経済成長が伸び悩み、日本が依然として多数の農業人口を抱える「農業国」でありつづけたなら…。

以上の「もしも」がひとつでも事実であれば、もしかすると「英語はすべての子どもが学ぶものだ」という現状は生まれていなかったのかもしれない。たとえば一部の生徒に集中的に英語を訓練するような、加藤周一や平泉渉が描いた未来（2章参照）が訪れていたことも十分考えられる。現に、これは戦前の日本ではむしろありふれた光景であり、また、1950年代に文部省が目論んでいたことでもあった。以上が、英語の《国民教育》化は、英語教育の必然的な発展ではなく、偶然の産物にすぎないと述べた理由である。

もちろん「偶然の産物」だからと言って、それ自体が悪いわけではない。理念的な問題を解決しないまま、なし崩し的に《国民教育》化が進行したことは、戦後初期の中学校英語の苦境を考えれば、無理もないことである。また、1960年代前半の人口動態に起因する、英語教員の人的余裕の大幅な改善は、幸運なことだったとすら言える。

新制高校に「先送り」された理念的問題

しかしながら、同時に、これは不運でもあった。なぜなら、新制中学校に代わって、理念的な問題がもっとも顕在化したのは、新制高校だったからである。1950年代・60年代の中学校英語教師の苦悩が、とりわけ農漁村地域の教師たちの苦悩が、現代でも一部の高校英語教師の間で吐露されることがある。たとえば、『だから英語は教育なんだ』（三浦ほか 2002）という書籍には、「技能の育成」よりも「心を育てる」ことを重視する英語教員の声が多数掲載されているが、その中には、英語教育の目標を単に「スキル育成」と見ることの限界——そして空しさ——が綴られている。

たとえば、英語教育学者の卯城祐司は、自身が北海道の離島の高校に赴任していた時代を回想しながら、次のように述べている。

> 離島に赴任してみると、そこには、口は悪いけれども、気さくでざっくばらんな父母たちが待っていた。「先生、俺は漁師やってっけど、生まれてこの方、1回も英語なんて使ったことないし、これからだって使わねえな。何で英語なんてやんなきゃなんないんだ」と言われ[た]...確かにそうであった。「うーん、何で英語やるの」と悩んだ。大学受験をする数名を除いて、進学のための受験英語は必要がない。かといって、実用英語を教えても、漁師などになって島にとどまる多くの者にとって、本当に英語を使う機会があるのだろうか。（卯城

2002: p.212)

　中学校英語の《国民教育》化の一因として、高校進学の「普遍化」およびそれに伴う「英語は受験に必要だ」という正当化ロジックの浸透が認められることは見たとおりだが、高校英語の場合、こうした要因は十分に機能していない。上記の卯城の回想にあるとおり、大学をはじめとする高等教育への進学は、大衆化したとは言え、まだ「普遍化」からはほど遠い状況にあるからである。現在の高等教育進学率を考慮するならば、高校教育全体に、進学を前提とした正当化ロジックを適用するのは困難なのである。

　2013年の大学進学率は、49.9％であった（短大も含めた高等教育進学率は55.1％）。現代であっても、およそ半数の高校生は、大学進学とは無縁で暮らしているのである。こうした生徒にとって、「英語は大学受験に必要だ」という英語教育目的論は、当然ながら適用不可能である。しかも、現代では、大学進学者であっても、推薦入試による進学者など、「大学受験に英語が必要だ」という論理が誘因として働かない生徒も多い。大学入試が誘因にならない生徒たちにとって、「なぜ英語を学ぶのか？――なぜなら、昨日までそうやってきたからだ」という説明は、中学校英語のときほどは効果的に機能しない。前述した三浦ほか（2002）の実践・研究は、そうした条件下で、高校の英語教育の目的論を練り上げる貴重な試みだが、その内容は、本書で検討した1950年代・60年代の中学校英語教師の「声」によく似ている。その理由はほかでもなく、英語教育をとりまく社会条件が、戦後初期の中学校と現代の高等学校とで、相似的であるからである。

　このような構図を前提にすると、必修英語をめぐる理念的な問題は、中学校段階から高校段階に「先送り」されたものだと言うことができる。つまり、中学校段階において「なぜ全員に英語を学ばせるのか」という難問は、高校進学率の上昇によって、理念的な問題を解決せずとも、一応の「解決」をみたが、問題は真の意味で解消されたわけではなく、高等学校に主たる舞台が移されたにすぎない、ということになる。

「中学校英語＝基礎教育」言説をめぐって

　こうした文脈を考慮すれば、「義務教育における英語教育は『基礎教育』の一環である」とする一見きわめて妥当な教育目的論にも、一定の限界性があ

らわになるだろう。その限界を一言で言えば、進学率の上昇等によって、上級学校に理念的な問題が「先送り」できたからこそ、「基礎教育」と概念化することが可能になった、という点である。

たとえば、本書の冒頭で紹介した山田雄一郎の英語教育目的論は、「基礎教育」論の典型である。再度、見てみよう。

> 義務教育の目的は、社会の求めるものに直接応じることではない。義務教育を、職業訓練と同列に扱ってはならない。仮に、英語が国際社会を切り抜けるための武器だとしても、それはあくまでも考慮すべきことであって直接の目的にすべきものではない。義務教育は、学習者が将来必要とするかも知れない諸能力を身に付けるための準備期間である。十分な基礎訓練こそ大切にすべきで、いたずらに断片的知識を増やすことを目的にしてはいけない。（山田 2005a: p. 20, 強調引用者）

以上のように、山田は、義務教育を「学習者が将来必要とするかも知れない諸能力を身に付けるための準備期間」と位置づけたうえで、義務教育が対象とするものは、転用可能性の高い基礎的な知識・技能・態度の育成だと述べている。一方で、英会話力育成を即時的に求めることは、基礎力育成にはつながらないため、義務教育の本義から外れると主張している。

また、2.6.2 節で小学校英語論争を検討した際にも、反対派の一部が、「中学校英語＝義務教育＝基礎教育」という論理を展開していたことを思い出したい。たとえば、茂木弘道は、義務教育は「すぐ役立つなどということを目的とするものではな」いのだから、「全員に基礎力としての英語を教え、実際に必要性を感じるようになったときに、より高度の英語力をつけられるベースを作っておくべき」であると述べている（茂木 2005: p. 49）。また、市川力も、英語使用の必要性がない多くの児童にとって学校教育の意義は何かと問いかけ、それは「『英語に触れる』ことで将来、本格的に英語を習得しようと思い立った際に役立つ基盤を作る」（市川 2006: p. 64）ことだと回答している。

「義務教育は特殊技能の育成の場ではない」という見解は誰しもが受け入れ可能な主張である。したがって、「基礎教育」としての英語教育目的論は、ほぼすべての人々が合意可能であるという点で、妥当性の高いものである。

そればかりか、「基礎教育」論は、その他の英語教育目的論よりも、矛盾が少ないという点で優れている。表9.3 は、各目的論を、「英語の教育内容から

	非逸脱性 (「英語」との関連)	普遍性 (全生徒に関わる)
仕事で英語使用	＋	－
海外メディア	＋	－
人格育成	－	＋
国際理解	－	＋
豊かな言語認識	－（±？）	＋
基礎教育	＋	＋

表 10.1　各目的論の特徴

の非逸脱性」（「英語学習」といったときのコアイメージと関連しているか）および「普遍性」（全生徒に関わる目的論か）という観点から整理したものである（より詳細な議論は、寺沢 2014 を参照されたい）。ここで、「非逸脱性」と「普遍性」にはトレードオフの関係が見て取れる。つまり、「これからの時代、英語使用が必要だから」や「日本語の情報だけでなく、海外の英語メディアが提供する情報が必要だから」といった根拠は、たしかに「英語」には深く関係する一方で、すべての生徒への関連度合いは小さくなる。他方、「人格育成」や「国際理解」、「言語認識を豊かにする」といった抽象的な目的論は、抽象的であるがゆえに「すべての生徒」との関連性は認められるが、「英語学習と無関係」「大げさすぎる」などと少なくとも一部の人々には受けとめられてしまう（ただし、「言語認識」は、「英語も言語の一つである」という理由で、逸脱していないと考える人もいるかもしれない）。したがって、上記の目的論は、いずれも「非逸脱性」「普遍性」を同時に満たすことができないが、「基礎教育」だけは例外的に両立させることが可能である。つまり、「義務教育＝基礎技能の育成」という論理を利用することで、英語のコアイメージから逸脱せず、かつ、すべての生徒に関係する目的論を創出できるのである。

「基礎教育」論の前提条件：上級学校との連関

しかしながら、同時に、次の点は、念頭に置いておかなければならない。それは、「基礎教育」論の主張が説得力を帯びるのは、大多数の生徒が高校進学を果たし、中学校が「基礎」段階として位置づけられる状況があればこそだという点である。高校進学がほぼ普遍化し、大学進学が大衆化したからこ

そ、将来必要があるかどうかを「先延ばし」にすることができ、その結果、義務教育段階では「十分な基礎訓練」に焦点化することができるのである。反対に、中卒就職が一般的だった1950年代において、このような「基礎教育」的な目的論が、必ずしも英語教育関係者に受け入れられていたわけではなかった。

たとえば、村木正武は、1959年の「英語教育の目的をはっきりさせよう」（村木1959）と題する投稿で、中学校英語教育の目的は「社会に出て直接に役立つ英語を技術として習得させることではない」（p. 51）と、上述の山田らと同様の見解を示しつつも、だからと言って、基礎技能の育成だけに回収されるべきものでもないと強調している。

> 中学英語は、会話をしたり、手紙を書いたり、原書を読んだりする能力の基礎になるものではあるが、高等学校に進まない者にとっても、生涯外国人と話したり、原書を読んだりする機会のない者にとっても意義のある、それだけで完結したものでなければならない。(p. 51)

1950年代は、中学校卒業と同時に就職することが明らかだった生徒がまだ多数いた時代である。このような時代に、「将来英語を必要とするかもしれない」などといった名目で基礎技能の育成を強調するような主張が、何の疑問もなく受け入れられるはずはないだろう[*3]。こうした認識に立つ村木にとって、中学生「全員」に適用可能な目的論は、基礎技能の育成ではなく、英語という外国語に触れることで「母国語の構造によって規定される独善的なものの考え方を棄てて、視野を広くすること」（p. 51）だった。

進学しない生徒に対する配慮は、スキル育成をテーマにした記事にも確認できる。東京都文京区第六中学校（1960）による「書き方指導の問題点」と題する記事の冒頭に、次のような注記がある。

> 中学における英語は、いわゆる専門教育の形をとるべきではなく、あくまでも義務教育段階の生徒として必要と考えられる、もっとも基礎的な能力を育成す

[*3] ただし、正確を期すために注記しておけば、「将来英語を必要になったときのための基礎を育成する」という基礎教育的な目的論は当時からそれなりに存在した。

るものであって翻訳技術とか、学としての文法とか、あるいは通訳能力とかを目標とはしていない。卒業後進学するための土台となるべきであり、またそのまま実社会にはいっていく者にとって、それはより有意義な社会生活を営むための有益な教養とならなければならない。(p. 20, 強調引用者)

「基礎教育」的な論理構成をとった主張だが、2000年代に山田雄一郎や茂木弘道が展開した「将来、必要が生じたときのための基礎力」というロジックとは異なり、中卒就職者にも意義のある基礎(教養)を提供するべきだと主張している点に注意したい。東京都は当時全国的にもとくに高校進学率が高かった自治体であり(1960年度に81.1%)、同中学校の生徒の多数も高校に進学していたことは想像に難くないが、だからと言って、非進学者の存在を無視したような目的論を展開することはできなかったはずである。東京から目を離せば、きわめて多数の非進学者・中卒就職者が存在した時代である(1960年度の全国平均の高校進学率は62.3%である)。

現代では、小学校から中学校・高校・大学までの一貫性のある英語教育カリキュラムが、当然のように期待されることがあるが、そうした考え方と相対するものである。「小中高大の一貫性」といった考え方は、上級学校への進学が一般化してはじめて可能になるものであることがよくわかる。

このように1950年代・60年代の目的論と対照することで、義務教育における英語教育を基礎教育として位置づけるタイプの目的論にも限界があることがわかるだろう。「基礎技能の育成」をもって義務教育における外国語科を正当化する議論は、非進学者がごくわずかになって初めて主張可能になるからである。そして、高校進学率が100%に近づき、「中学校英語＝基礎教育」とする目的論が主張可能になると、理念的な問題は、高等学校に回される。現在、大学進学は大衆化したとは言え、普遍化からはほど遠く、また、そもそも高等学校の制度上の位置づけは義務教育ではない。このような高等学校において、すべての高校生に適用可能な「基礎教育」的な目的論を展開することは、非常に困難な作業のはずである。この意味で、義務教育の英語教育の目的を「基礎教育／基礎技能の育成」と規定した、中学校教育内部では一貫性・妥当性のある目的論も、学校教育全体で見た場合、決して本当の「解決」ではなかったのである。

どのような英語教育の目的を構築すべきか

　現代では「英語教育の目的は、英語の技能育成、それ以上でもそれ以下でもない」といった主張がしばしば聞かれることがある。この種の言説は、単に英語の知識・運用能力育成の意義を説いているだけではなく、人格育成や国際理解のようなスキル以外の価値を重視する目的論——広い意味での「教養主義的な目的論」——への対抗言説として機能している場合が多い（例、靜 2009）[*4]。表だって発言されることこそ少ないものの、たとえば「人格育成／人間教育のための英語教育」といった主張が、スキル育成論者からは「胡散臭いもの」と黙殺されることすらある。

　しかしながら、スキル以外の価値を重視する主張を「胡散臭い」と切り捨て、スキル育成を「胡散臭くない」つまり「正統なもの」と見なす考え方には、実は、確たる根拠があるわけではない。なぜなら、本書で明らかにしたとおり、こうした論理は、歴史的に見ればまったく普遍的なものではないからである。むしろ、戦後初期から 1960 年代前半まで、少なくとも筆者が検討した資料に限っては、「英語教育の目的は、英語の技能育成、それ以上でもそれ以下でもない」というような「強い」主張は一切見られない。もちろん、スキル育成の意義を唱える主張は戦前から常に存在していたが、スキル以外の価値を軽視するような主張もまったく存在しなかった。多くの場合、4 技能育成を強調しつつ、「人格育成」や「国際理解」「言語認識の育成」などへの配慮も欠いてはならないと注記されていた。

　したがって、現代になってスキル以外の価値を軽視するような空気が浸透し得たのは、《国民教育》としての英語教育という「慣習」が自明化し、同時に、高校進学率上昇に伴って「中学校英語＝基礎教育」という概念が説得力を帯びたからである。その点で、現代において「英語教育の目的は、英語の技能育成、それ以上でも以下でもない」という主張の説得力は、外国語科の

　　[*4] 英語教育学者の靜哲人は、英語指導法のハンドブックで示した「靜流英語授業道　心・技・体　十五戒」において、次のように述べている。

　　　四．「生きる力」だの「心を育てる」だの口にするのは、やることをやってからにせよ。英語は技能であって道徳ではない。「読み書きそろばん」としてのスキルがしっかり身につかなければ、他の何が育っても英語授業としては意味がない。（靜 2009: p. 202）

「本質」（なるもの）から必然的に導き出されたものではなく、様々な社会条件の相互作用による、偶然の結果にすぎないのである。

　そもそも、戦後初期しばしば不当な扱いを受けていた中学校英語教育が、地位向上を成し遂げることができたのは、当時の英語教育関係者が、スキル以外の価値の意義を地道に理論化してきたことが大きい（その代表が、5.2.2節でも触れた日教組教研集会外国語教育分科会の「国民教育」運動である）。その点で、スキル以外の価値の軽視は、先人たちの奮闘の歴史の忘却であり、しかも、先人の「遺産」を無用なもの――場合によっては有害なもの――として捨て去ることでもある。

　こうした関係は、幼児の自転車に備え付ける補助輪に喩えることができる。そのままでは自転車に満足に乗れないとき、補助輪をつけることで、操作に徐々に慣れていくことができる。一度、補助輪なしで乗れるようになってしまえば、補助輪はむしろスムースな走行の障害になるので、取り外される。これと同様に、「教養」をはじめとするスキル以外の価値は、新制中学校発足時における外国語科の不安定な位置を支える理論的支柱だったが、ひとたび中学校英語が軌道に乗ってしまえば、不要なものとして放棄される。「補助輪」の比喩にしたがえば、こうなる。

　しかしながら、ここで問うべきは、「スキル以外の価値育成」は、自転車の補助輪のように、もはや捨ててしまえるものなのか、ということである。その答えは、すでに前節までの検討で明らかにしたとおり、「否」である。なぜなら、前述のとおり、中学校の外国語科が「軌道に乗った」ように見えるのは、目的論を高校段階に「先送り」したことと表裏一体だからである。一見「自転車を独力で乗っている」ように見えて、実際は、依然、他からのサポートを受けているのである。こうした認識に立てば、現代においても、スキル以外の価値を重視した英語教育目的論を、「胡散臭いもの」などと安易に無視することはできず、現代の社会状況に適合するかたちで丁寧に理論化していかなければならない。

真に妥当性の高い英語教育の目的

　上記までが、本書が英語教育目的論に与えられる示唆である。したがって、どのような英語教育の目的が真に妥当性が高いかを論じるのは、厳密に言えば、「領空侵犯」である。なぜなら、本書の目的は、《国民教育》としての英

語教育の歴史的起源を明らかにすることで、現代の私たちが英語教育に対して抱いている「当たり前」の見方を揺さぶり、そして反省を促すことだからである。そうした目的ゆえ、本書は「どのような目的論が存在したか」という「事実」に関わる記述的な検討を行ってきたが、反面、「どのような目的論が望ましいか」といった、価値判断をめぐる問題はほとんど検討できていない。

　その意味で、現代の英語教育の目的をあらためて構想するうえでは、哲学的・倫理学的な検討が不可欠である。もちろん「哲学」と言っても、「人生哲学」のような人生論の類ではない。英語教育への「熱い思い入れ」だけを唯一の糧にして、人生論的な「べき論」を披瀝するような研究者・英語教師にはそもそも困難な仕事だろう。むしろ、この種の研究は、教育哲学にも関心のある研究者・英語教員・学生に期待したい。というのも、教育哲学では、（人生論や床屋教育談義とはまったく別種の）「教育目的論」という学問領域がきちんと確立しているからである（宮寺 2000）。

　このように、本書の守備範囲は英語教育の目的を積極的に提言することではないが、ビジョンをまったく示さないことも禁欲的にすぎると思われる。領分を過度に越えない範囲で、どのような目的論を創出するか、ひとつの可能性を提示したい。それは、抽象的に言えば、全体としてみたばあい、誰にとっても関連性を少なくともある程度含んだ教育目的を設定することである。具体的には、(ⅰ) 外国語科の持つイメージのコアである「基礎技能の育成」を便宜的にまず設定し、次に、(ⅱ) そうした目的論の恩恵からこぼれ落ちる学習者にも適用可能な「普遍性」の高い目的論を考案する、というものである。重要な点は、「英語はそもそも何のために教えるのか」という「本質論」に踏み込まないことである。なぜなら、そのように「本質」をあらかじめ決め、天下り式に目的を導出するやり方は、その「本質」から遠く離れた場所にいる人々にとって、合意不可能なものになるからである。このように「本質」規定を放棄した以上、(ⅰ) と (ⅱ) の関係はあくまで便宜的な順序関係であり、序列関係ではない。

　この提案に類した目的論の創出の試みは、実は、はるか以前に行われている。それは、1960 年前後の日教組教研集会外国語教育分科会における「国民教育としての外国語教育の四目的」である（5.2.2 節参照）。同時期の教研集会では、4 技能育成にくわえ、諸国民との連帯や思考力育成、日本語の認識の育成などが英語教育の目的として創出されたわけだが（cf. 林野・大西 1970;

新英研関西ブロック公刊書編集委員会編 1968)、これらは空白状態から思弁的に導出されたものではないことはすでに確認したとおりである。つまり、当時は、農漁村地域をはじめとして、英語技能育成の恩恵に浴さない生徒が多数存在しており、従来の英語教育目的論の基準からすると「周辺的」な位置に置かれた生徒をも含めた「すべての生徒」に意義がある教育目的が模索されたのである。この「四目的」は提案されて以降、幾度となく、その時代の状況に合うように改訂されている（詳細は、柳沢 2012）。必修科目としての英語の教育目的を考えるうえでは、不可欠な参照点と言えるはずである。

結　論

　本書は、選択科目としてスタートした新制中学校の英語教育が、とくに 1950 年代・60 年代に、事実上の必修科目に移行していく過程を跡づけながら、英語教育の《国民教育》概念の成立過程を詳細に検討してきた。
　「外国語の必要度には多様性がある」との理由から、新制中学発足時に選択科目が妥当だとされた外国語科は、1950 年代・60 年代を経て、《国民教育》の正統な構成要素のひとつへと成長していった。この《国民教育》化のなかで重要な働きをした要因は、

- 高校入試への英語の試験の導入、および高校進学率の上昇
- 1960 年代前半の生徒数の急激な変動、およびその結果生じた、英語教員の人的余裕
- 戦前から流通していた文化教養説の利用による、非スキル面育成の意義の理論化
- 「科学的に正しい英語教育」概念の「社会の必要性」概念への優越
- 教育政策の転換による戦後教育思想の退潮
- 就業構造の変化（若者の離農化）

といったものである。これらの要因はいずれも中学校英語にとって外在的な要因であり、その点で、事実上の必修化は、様々な社会的要因・政治経済的要因による偶然の産物だったことになる。そして、1960 年代に《国民教育》としての英語教育がひとたび成立してしまうと、中学校で英語を教えるという「伝統」はしだいに自明化されていき、戦後初期の農村をはじめとした多

くの英語教師の苦悩および奮闘を忘却する結果となった。ただし、この忘却は、問題解決の末にもたらされた「平穏」な忘却ではなく、問題を高校段階に先送りしたからこその忘却だった。

　この意味で、1950年代・60年代に成立した《国民教育》としての英語教育が、今日の外国語科の位置づけを大幅に規定したと言える。戦前・戦中・戦後初期には、「すべての子どもが英語を学ぶ」という「慣習」は存在しなかった。存在しないばかりか、そうした「慣習」に対する風当たりも強かった時代である。しかしながら、関係者の尽力や時代の変化など偶然的な種々の要因によって、「慣習」は産声をあげた。一度「慣習」が生まれれば、その「慣習」は、「昨日までやってきた実績」を糧に、自身で自身の正当性を高める、いわば自己増殖段階に達する。いま現在流通している「英語＝《国民教育》」論、そしてそれと表裏一体の「英語教育＝基礎教育」論、これらの来歴は以上のようなものであった。現在、外国語科の意義を声高に叫ばなくても、もはや、こうした「伝統」は揺るがないだろう。

　しかし、揺るがないからこそ、その伝統を支える一見強固な基盤が、実はいくつもの不安定さを抱えていることに目を向けてもよいのではないだろうか。そのような不安定さを直視することは、英語教育のあり方に自己相対化を促すことであり、妥当性のいっそう高い目的論を構築していくことにつながる。ここで妥当性とは、単に「理念に一貫性がある」「論理的欠陥がない」ということではない。英語使用がまず期待されない職業に就職を希望する生徒や、上級学校への進学を予定していない生徒など、英語教育の「理想型の学習者」から外れる「周辺的」な児童・生徒は数多く存在するが、彼ら・彼女らにも納得できる目的論が、真に妥当性の高いものである。

　「歴史から学ぶ」というフレーズは人口に膾炙したものだが、現在の私たちの信念をただ正当化するためだけに史実を恣意的に選択している「歴史から学ぶ」もしばしば見受けられる。たとえば「歴史上の偉人の努力に学ぶ」などはその類である。当然ながら、このような態度は、実際には何も学んでいない。単に現在の私たちの「常識」を、歴史に投影しているにすぎないからだ──わざわざ偉人などに「学ば」なくても、私たちは努力の重要性をすでに知っている。

　一方、言葉の正確な意味での「歴史から学ぶ」は、現在の私たちの「常識」を、過去と対峙させることで相対化していく作業である。外国語科の位置づけについてより妥当性の高い議論を展開するためにも、そして、上述の「周

辺的」な学習者に目を向けるためにも、すべての生徒が英語を学ぶことが「常識」ではなかった時代に目を向け、「正しく歴史から学ぶ」必要があるのではないだろうか。

あとがき

　序章で広げた大風呂敷は終章でとりあえず畳むことができたと思うので、ここでは「まえがき」で示した問いに答えておきたい。
　1 点目、「謎解き」のおもしろさについて。生徒や「国民」だけでなく、行政や教育関係者ですら必修化を推進していなかったにもかかわらず、なぜ中学校英語は事実上の必修科目になったのか、という謎である。この答えを一言でのべれば、様々な偶然の要因の複合的な結果だということになる。この「謎解き」が果たして本当におもしろいかどうか、書いた当人が判定することは無粋だが、少なくとも「陳腐な答え」は脱していると思う。読者の判断をあおぎたい。
　2 点目、学校外国語教育の目的、すなわち、なぜ全員が外国語を学ばなければならないのか、という点について。終章で詳しく論じたとおり、この問いについて本書は、何ら決定的な答えを示していない。むしろ、本書が明らかにしたのは、その種の決定的な答えはおそらく存在しないということである。「英語の《国民教育》化は、必然的な結果ではなく、偶然の産物だった」という本書の結論に納得頂ける方なら、これもまた納得いく帰結だと思う。この意味で、万人が合意可能な学習目的を現代の外国語教育に問うのは、そもそもあまり筋の良くない問いの立て方なのである。
　ここで急いで付け加えておかなければならないのは、私は「中学校英語の必修化に正当性はなかった、選択制に戻すべきだ」と主張したいわけではないことである。このようなある種のエリート主義的な英語教育論に回収されるようなことを、私は望んでいない。なぜなら、事実上の必修化そのものは意図せざる結果だったとはいえ、本書で明らかにしたとおり、その背後にはそれ相応の事情があったからである。とくに、外国語教育関係者——とりわけ、数多の困難に直面していた農漁村地域の英語教師たち——が、外国語学習の意味を地道に理論化してきた歴史をきちんと理解するべきだろう。こうした過去の遺産を適切に継承し、より堅牢な教育目的を編むための道筋を示すこと、これこそが私の意図だった。

あとがき

「謎解き」としてのおもしろさを本書の意義のひとつに加えさせて頂いたが、ここで正直に告白すれば、私は、あたかもミステリー小説の推理を楽しむかのように、純粋な知的好奇心で外国語教育を研究したことは一度もない。むしろ、教育研究の世界に飛び込んだそもそもの動機は、「教育を少しでも良くしたい」という実践的・運動的なものだった。ただ、「素晴らしい教育を創りたい」というポジティブな動機ではなく、教育をめぐる様々な不幸を少しでも減らせれば、という思いであったが。

そのきっかけのひとつが、幼なじみのＳの存在である。彼の家は、私の家のすぐ近所で、保育園から小中高と長い時間、学びの場所を共有してきた。そして、2003年の教育実習では、再び学びを共にした。

その教育実習では、学校教員を進路として真剣に考えている実習生は必ずしも多くはなかった。まるで「消化試合」のように実習をこなす実習生たち──私もそのひとりだったが──を尻目に、Ｓは夜遅くまで授業準備のために学校に残り、日々、ひたむきに生徒たちと向き合っていた。そんな姿を見ていた私は、学校教員はきっとＳの天職だろうと思ったものだった。

そうした予想を裏切らず、Ｓは小学校の教壇に立った。2004年の春のことだ。大学院入試に失敗し、フリーターになって、勉強も仕事も中途半端な状態で暮らしていた私にとって、幼なじみとして誇らしい一方で引け目を感じていたことも事実だった。

Ｓの訃報を受け取ったのは、2004年の秋のことだった。大学院入試を受けに行った帰り道、私はその突然の知らせに耳を疑った。

Ｓがこの世を去る直前、私は入試勉強をしていたことになる。Ｓが苦しみにあえいでいた最中、私は応用言語学の専門用語を丸暗記していたのだ。こう悟ると、自分がこれから学ぼうとしていることがひどく空虚なものに思えてきてしまった。もちろん、応用言語学には何の責任もない、ただ私がそう感じざるを得なかった、ということである。用語集にならぶ、言語習得論に関する文字列がひどくよそよそしいものに見えてきたことを、いまでも鮮明に記憶している。

Ｓがどれほどの苦しみを抱いていたか、今になっては知る由もない。私がそれを事前に知ることができたとして、何もできなかっただろう。むしろ、ひょっとしたら救えたかもしれないと考えることこそ、傲慢以外の何物でもない。ましてや、地道に研究していけば、Ｓと同じ問題を抱えた人々を救えるかもしれない、というのもひどくナイーブに感じる。

だが、そのような「苦しみ」を捨象した教育研究も、あまりに無邪気すぎるものに感じるようになってしまった。私が進学した応用言語学系の大学院では、言語習得や言語使用をめぐる様々な現象が「純粋に興味深い」ものとして議論されていた。もちろん興味深いことには違いなかったが、一方で大きな空虚さを感じていたのも事実だった。

種々の偶然の結果、博士論文では、戦後初期の中学校英語の問題に取り組むことになった。結果的に、現代の教育が抱える困難から、かなり距離が開いてしまった。だから、Sの抱えていた苦しみに寄り添う研究かと問われれば、謙遜を割り引いたとしても「否」と答えるしかない。そもそも、Sは中学校教員でも英語専攻でもなかったのだ。その点は、初めての著作ということでSには勘弁して欲しいと勝手に思っている。本書が一段落した今、これからはもう少し「現代の教育が直面する困難」に関わる研究をしていこうと考えている*1。

＊　　＊　　＊

本書のベースは、2013年3月に東京大学大学院総合文化研究科言語情報科学専攻に提出した博士学位論文「新制中学校英語の『事実上の必修化』成立に関する実証的検討——《国民教育》言説および社会構造の変化との連関を中心に——」である。ただし、後述するとおり、大幅に書き直している。

応用言語学や英語教育研究の世界において、本書の論点はよほどマニアックなのか——そして実際マニアックなのだけれど——なぜこの問題に興味を持ったのかとしばしば聞かれる。もし「私は子どもの頃から英語が嫌いで、どうしてみんなが英語をやらなきゃいけないのかずっと疑問だった云々」と答えられたのなら、「なんで英語やるの？」を問うた本の作者としてうまくストーリーにはまるのだろうが、実際は、英語は嫌いではなかった。10代のころの私にとって英語は、好きでもなければ嫌いでもない、「どうでもよい」存在だったからだ。

私がこのテーマで博論を書くに至ったのは、一言で言えば、紆余曲折の結果である。学部時代の私は、英語英文科や英語教育コースではなく、いわゆ

---

*1 具体的には、現代日本の言語政策・言語教育政策を批判的に検討する研究を行っていく予定である。こうした政策研究の一部はすでに論文化しており（詳細は、研究業績ページを参照されたい。http://researchmap.jp/read0150016/）、これら一連の研究成果をまとめた書籍の刊行も現在計画中である。

あとがき

る「ゼロ免」の教育学専攻に所属していて、研究テーマも、英語教育ではなく、外国人児童生徒の二言語併用教育をめぐる政策だった。この問題を言語習得理論の観点から深めようと応用言語学系の大学院に進学したが、紆余曲折を経て、修士論文は英語教育政策について書いた[*2]。博士課程に進学後は、当時隆盛をきわめていた格差社会論に安易に（？）乗って、英語格差（English divide）の問題を取り扱うことにした。家庭環境によって英語力の学習機会が左右されるとすれば、これはきわめて深刻な問題だと思ったからである。ここには、私自身の劣等感も大いに関係している——農家出身の私の周りには、英語学習を方向付ける文化資本がほとんどなかったからである。

しかし、「英語格差の実証分析をもとに教育政策に警鐘を鳴らす若手教育社会学者」という当初の自己像は、私自身の研究結果によって華麗に裏切られた。たしかに、英語の学習機会が家庭環境によって明確に左右されることは明らかにできたが、だからと言って、それに起因した英語力の差が「富の格差」を生むことまでは確認できなかったからである[*3]。英語（だけ）ができても収入が際立って増えるわけでもなければ、就職のチャンスが飛躍的に広がるわけでもない（なお、英語力と収入の間に相関があることは事実だが、それは学歴・学校歴や職種による擬似相関にすぎないだろう）。一部の英語教育関係者には驚くべきことかもしれないが、多くの教育社会学者——そして、日本社会の生活者として普通の感覚を持った一般の人々——にとって、ごく当たり前の事実が明らかになったにすぎなかった。

こうした「発見」を前に、私の問いはまったく違う方向に変わらざるを得なかった。それは、英語力の差によって富の差が生じるわけでもないのに、なぜ英語学習の機会の差は不公平感を生むのか、という問いである。現に、1980年頃の中学校授業時数削減や、近年の小学校英語導入に際し、こうした不公平感が頻繁に表明されてきたことは本書で見たとおりである。さらに、現代よりもはるかに大きな英語学習の機会の格差が存在した戦前・戦後初期、なぜ人々はそれほど不公平感を抱かなかったのかという点も、解明する意義のある「謎」に思えた。こうした教育機会をめぐる一連の疑問に触発される

[*2] 寺沢拓敬、2007、「小学校への英語教育導入に関する論争の分析——1990年代から現在まで」東京大学大学院総合文化研究科2006年度修士論文。

[*3] Terasawa, T., 2012, "English Divide in Japan: A Review of the Empirical Research and Its Implication," *Language and Information Sciences*, 10: 109-24.

かたちで、「英語をすべての生徒が学ぶ」という、ある種の「機会均等」が、いかに現れてきたかを検討することとなった。

＊　　＊　　＊

　本書は、同博士論文をベースにしつつも、大幅に書き直している。教育社会学や英語教育の研究者だけでなく、中高の英語教員や、英語教育に関心のある一般の人々にも読んでもらいたいという願いから、理論的な記述や、史料の細かな引用を最小限に抑え、その結果、博士論文の3分の2程度の分量になった。とはいえ、内容の面まで薄くなったとは思っていない。というのも、スリムにする過程で筋の通っていないロジックをわかりやすく修正し、また誤記・誤字を大幅に減らしたからである。分量こそ劣るものの、本書のほうが博士論文よりも、より正確で理論的にも洗練されていると思う。その意味で、本書を「決定版」として理解して頂ければ幸いである。

　本書のいくつかの章は、既刊論文をもとにした部分を含んでいる。本書執筆にあたり、文章を大幅に書き直しているため、文言が完全に重複している論文はないが、念のため以下に記す（いずれも単著論文）。

- 「戦後日本社会における英語志向とジェンダー——世論調査の検討から」『言語情報科学』11号、pp. 159–75. 2013年。→ 4章第2節
- 「『全員が英語を学ぶ』という自明性の起源——《国民教育》としての英語科の成立過程」『教育社会学研究』第91集、pp. 5–27. 2012年。→ 1章の一部、および4章〜9章の一部
- 「戦後日本における『英語の教育機会』をめぐる認識の変容過程——新聞記事の分析を通して」『英語教育史研究』25号、pp. 135–55. 2010年。→ 4章第3節
- 「戦後20年の英語教育とナショナリズム——『大衆の善導』と『民族の独立』」『社会言語学』13号、pp. 135–54. 2013年。→ 8章の一部

　博士論文および本書の執筆にあたり、様々な方から多くの貴重なサポートを受けた。

　博士論文の主査である田尻三千夫先生（前東京大学）には、修士課程1年の頃から言語政策の授業などで数多くのご指導・ご助言を頂いた。2009年、当時の指導教員の退官に伴って、行くあてのなくなった私を快く引き受けて

下さった。遅々と進まない私の博論執筆を温かく見守って下さり、叱咤激励をして頂いたおかげで、なんとか書きあげることができた。

博士論文の副査を引き受けて頂いたトム・ガリー先生（東京大学）にも、数多くのご指摘・ご助言を頂いた。そればかりか、先生が主催するKLA（駒場言葉研究会）に呼んで下さり、研究発表の機会を与えて下さった。私の博士論文を出版社に紹介して頂いたのもガリー先生である。

同じく副査の山本史郎先生（東京大学）には、突然の審査のお願いにもかかわらず、決して短くもなく、明晰でもない拙稿を丁寧に読んで頂き、数多くの貴重なコメントを頂いた。

また、副査の有田伸先生（東京大学）は、韓国研究にはまったくの門外漢で、しかも比較社会学についてもかなり怪しかった私をゼミ等に受け入れて頂き、多数のご助言を頂いた。博論だけでなく、頻繁に私の研究状況・就職状況を気にかけて下さったり、公募書類等の推薦文を書いて下さったりと、多方面にわたってご迷惑をおかけした。

江利川春雄先生（和歌山大学）には、私のたっての希望で博論の審査に加わって頂いた。修士課程時に出席した江利川先生の集中講義から、英語教育史研究の意義を学んだ。その縁もあり、指導学生でないにもかかわらず、多くの資料・史料をお貸し頂き、また、私が英語教育史学会で発表するたびに数多くの貴重なコメントを下さった。

また、修士課程から博士課程の途中までご指導頂いた岡秀夫先生（目白大学）、研究会等で何度も私の研究に助言を下さった直井一博先生（武蔵大学）、片山晶子先生（東京大学）にも、たいへんお世話になった。

諸先生方には、研究上のアドバイスだけでなく、貴重な文献をお借りしたり、さらには、私の博論状況・就職状況の相談に乗って頂いたりと、精神的な面でもたいへんお世話になった。

また、亘理陽一さん（静岡大学）、榎本剛士さん（金沢大学）、青田庄真さん（東京大学大学院）には、本書の草稿段階に目を通して頂き、貴重なコメントを多数頂いた。

本書第4章では、日本版総合的社会調査（Japanese General Social Surveys, JGSS）[*4]のデータを利用させて頂いた。データ利用を快諾頂いたおかげで、

[*4] 日本版General Social Surveys (JGSS) は、大阪商業大学JGSS研究センター（文部科学大臣認定日本版総合的社会調査共同研究拠点）が、東京大学社会科学研究所の協力を受けて実施している研究プロジェクトである。

本書にとって重要なテーマを検討することができた。

　本書の誕生のきっかけとなった祐本寿男先生にも謝意をお伝えしなければならない。戦後初期の文献を渉猟しているなかで祐本先生の記事に出会ったが、その時の衝撃は今でも忘れられない。本書177ページで引用した、"Chiyokonobakasuke..."をめぐる回想記である。この出会いが、本書のサブテーマ——農漁村地域の英語教師たちの奮闘——を生む契機となった。さらに幸運なことに、書籍化に際し、当時の様子を伝える写真を祐本先生からお借りできることになった。あらためてお礼申し上げたい。

　出版にあたって、研究社の津田正さんにはたいへんお世話になった。とくに、2013年春に出版計画が白紙になった私の博士論文を拾って下さり、出版に向けて力強く後押しして頂いたことに感謝してもしきれない。編集段階でも、きわめて丁寧に草稿に目を通して頂き、温かいコメントを多数頂いた。津田さんの叱咤激励が、執筆作業のなかで何よりもの心の支えになった。あらためて謝意を表したい。

　最後に、母と祖母に感謝したい。ふたりは、私の研究状況にほとんど興味を示さなかったが、対照的に、常に私の健康を気づかってくれた。感謝とともに、この本を贈りたい——贈っても読まないと思うけれど、健康に暮らしている証として。

2014年1月吉日

寺　沢　拓　敬

文　　献

朝日新聞, 1946年6月9日,「新しき英語教育＿声」『朝日新聞』. 朝刊.
―――, 1975年7月8日,「なんで英語をやらせるの」『朝日新聞』. 朝刊.
―――, 2006年9月28日,「「小学校英語, 必修は不要」伊吹文部科学相」『朝日新聞』. 朝刊.
読売新聞, 1982年12月28日,「［エコー］英会話, 学校教育に」『読売新聞』. 朝刊.
ASA, 1964,「視聴覚教育コーナー」『英語教育』（10月）: 72–73.
Butler, Y. G., 2007, "Foreign Language Education at Elementary Schools in Japan: Searching for Solutions Amidst Growing Diversification," *Current Issues in Language Planning*, 8(2): 129–47.
Butler, Y. G. & M. Iino, 2005, "Current Japanese Reforms in English Language Education: The 2003 'Action Plan'," *Language Policy*, (4): 25–45.
Chckoo, 1963,「3年生最後の授業にて」『英語教育』（4月）: 72–73.
Howatt, A.P.R., 2004, *A History of English Language Teaching*, 2nd edition, Oxford University Press.
Kawai, Y., 2007, "Japanese Nationalism and the Global Spread of English: An Analysis of Japanese Governmental and Public Discourses on English," *Language and Intercultural Communication*, 7(1): 37–55.
K. I., 1953,「英語教育時評」『英語教育』（3月）: 21.
Krippendorff, K., 2004, *Content Analysis: An Introduction to Its Methodology*, 2nd edition, Sage.
Moore, W. L., 1958, "Mizushima on Cultural Emphasis,"『英語教育』（1月）: 9–11.
M生, 1960,「文部省の英語教育改革」『英語教育』（4月）: 68.
Pennycook, A., 2000, "The Social Politics and the Cultural Politics of Language Classrooms," J. K. Hall & W. G. Eggington eds., *The Sociopolitics of English Language Teaching*, Multilingual Matters, 89–103.
Q, 1948,「新刊書架」『英語　教育と教養』（10月）: 31.
Raymond, 1960,「最近思うこと」『英語教育』（1月）: 52.
S, 1950,「編集後記」『英語教育』（3月）: 64.
S. I., 1953,「編集後記」『英語教育』（2月）: 32.
S. T., 1953,「編集後記」『英語教育』（1月）: 32.
S.T.R., 1953,「編集後記」『英語教育』（6月）: 32.

―――, 1954,「編集後記」『英語教育』（3月）: 32.
T. K., 1946a,「雑録」『英語の研究と教授』（10月）: 31.
―――, 1946b,「雑録」『英語の研究と教授』（12月）: 47.
T生, 1963,「生徒よ許せ」『英語教育』（8月）: 65.
Y. I., 1947,「英語教授法の問題」『英語の研究と教授』（5月）: 123–24.
相澤真一, 2005,「戦後教育における学習可能性留保の構図――外国語教育を事例とした教育運動言説の分析」『教育社会学研究』（76）: 187–205.
青森県教職員組合編, 1958,『日教組第7次教育研究全国集会報告書　郡部高校入学者の英語学力――学区内中高の共同作業についての考察』. 未公刊.
赤川学, 1999,『セクシュアリティの歴史社会学』勁草書房.
朝日新聞社, 1995,『『日米会話手帳』はなぜ売れたか』朝日新聞社.
綾部保志, 2009,「戦後日本のマクロ社会的英語教育文化――学習指導要領と社会構造を中心に」綾部保志編『言語人類学から見た英語教育』ひつじ書房, 87–193.
新井廸之, 1955,「Juken-English――いわれなきおののき」『英語教育』（7月）: 7.
荒川博治, 1959,「"夏休み補習授業"について一言」『英語教育』（11月）: 51.
荒正人, 1958,「語学第一主義」『英語教育』（4月）: 6–8.
蘭由岐子, 1994,「地方人口の向都離村現象」松本通晴・丸木恵祐編『都市移住の社会学』世界思想社, 49–82.
有光成徳, 1957,「聞く力とラジオの利用」『英語教育』（9月）: 16–18.
安藤堯雄, 1958,「今後の英語教育のあり方」『英語教育』（5月）: 2–3.
飯野至誠, 1953,「A Second Languageとしての英語」『英語教育』（11月）: 1.
五十嵐新次郎, 1959a,「現場の英語教育」『英語教育』（7月）: 2–6.
―――, 1959b,「第二分科会外国語教育」『日本の教育第8集』国土社, 49–70.
―――, 1960,「第二分科会外国語教育」『日本の教育第9集』国土社, 43–57.
―――, 1961a,「西日サロン」『英語教育』（4月）: 6–8.
―――, 1961b,「第二分科会外国語教育」『日本の教育第10集』国土社, 59–81.
―――, 1962a,「英語教師志望のN君へ」『英語教育』（5月）: 8–9.
―――, 1962b,「第二分科会外国語教育」『日本の教育第11集』国土社, 45–61.
―――, 1963, "General Language Course,"『英語教育』（1月）: 2–6.
池谷敏雄, 1955,「東京都高校一年生英語学習調査及び学力テストの統計について」『英語教育』（8月）: 10–13.
―――, 1956,「高校一年生英語学力白書」『英語教育』（8月）: 12–16.
池永勝雅, 1960,「Hearing, Speakingの問題点」『英語教育』（9月）: 14–16.
―――, 1961,「Oral workとは」『英語教育』（4月）: 51.
勇康雄, 1958,「Oral Approachの要点」『英語教育』（3月）: 6–7, 43.
石井庄司, 1957,「なんのために英語を学ぶか」『英語教育』（5月）: 1.
―――, 1958,「岡倉先生の語学教育観」『英語教育』（6月）: 18.
石黒修, 1961,「国語問題と英語教育」『英語教育』（7月）: 6–9.

石黒魯敏，1954,「"Synthetic Reading"」『英語教育』（9月）: 6–9.
———，1956,「英語の教養」『英語教育』（5月）: 2.
石橋幸太郎，1946,「文の表現機能」『英語の研究と教授』（10月）: 22–24.
———，1947,「英語教授法のあり方」『英語の研究と教授』（6月）: 140–42.
———，1950,「生徒の個性を尊重せよ」『英語教育』（1月）: 10–13.
———，1952,「道化の心」『英語教育』（8月）: 1.
———，1954,「Achievement Test について」『英語教育』（4月）: 1.
———，1956,「わが国戦後英語教育の動向」『英語教育』（1月）: 4–6.
———，1957,「回顧と希望」『英語教育』（1月）: 1.
———，1958,「人の和」『英語教育』（8月）: 1.
———，1959,「英語研究の道程」『英語教育』（4月）: 2–11.
市川力，2006,「英語を「教えない」ことの意味について考える」大津由紀雄編『日本の英語教育に必要なこと』慶應義塾大学出版会，53–69.
一指導主事，1953,「英語教育私見」『英語教育』（5月）: 14.
一地方教師，1964,「真夏のつぶやき」『英語教育』（10月）: 78.
今井幸彦，1968,『日本の過疎地帯』岩波書店.
伊村元道，1997,『パーマーと日本の英語教育』大修館書店.
———，2003,『日本の英語教育200年』大修館書店.
入江勇起男，1952,「英語教育者の務め」『英語教育』（6月）: 1.
上田潤，1961,「田舎教師のつぶやき」『英語教育』（6月）: 61.
上野景福，1960,「役に立つ英語」『英語教育』（9月）: 1.
上野千鶴子，1999,「解説——「知性のシニシズム」を超えて」鷲巣力編『加藤周一セレクション5: 現代日本の文化と社会』平凡社，457–67.
上丸洋一，2011,『『諸君！』『正論』の研究——保守言論はどう変容してきたか』岩波書店.
卯城祐司，2002,「北の離島の英語教育」三浦孝・弘山貞夫・中嶋洋一編『だから英語は教育なんだ——心を育てる英語授業のアプローチ』研究社，212–14.
楳垣実，1962a,「おそるべき翻訳の害毒」『英語教育』（5月）: 24.
———，1962b,「英語教育改善は大学から」『英語教育』（6月）: 7.
『英語 教育と教養』編集部，1948,「座談会・新制中学校の英語科施設について」『英語 教育と教養』（11月）: 18–21.
———，1949,「コアカリキュラムと英語」『英語 教育と教養』（5月）: 39–43.
『英語教育』編集部，1950,「対談 英語教材問答」『英語教育』（2月）: 13–20.
———，1952a,「英語教育雑報」『英語教育』（11月）: 30–32.
———，1952b,「英語教育通信」『英語教育』（12月）: 32.
———，1952c,「座談会・新学期にそなえて」『英語教育』（4月）: 10–12.
———，1952d,「読者のページ」『英語教育』（8月）: 27–28.
———，1952e,「読者のページ」『英語教育』（7月）: 27–28.
———，1953a,「英語科アチーブメント・テストの動き」『英語教育』（8月）:

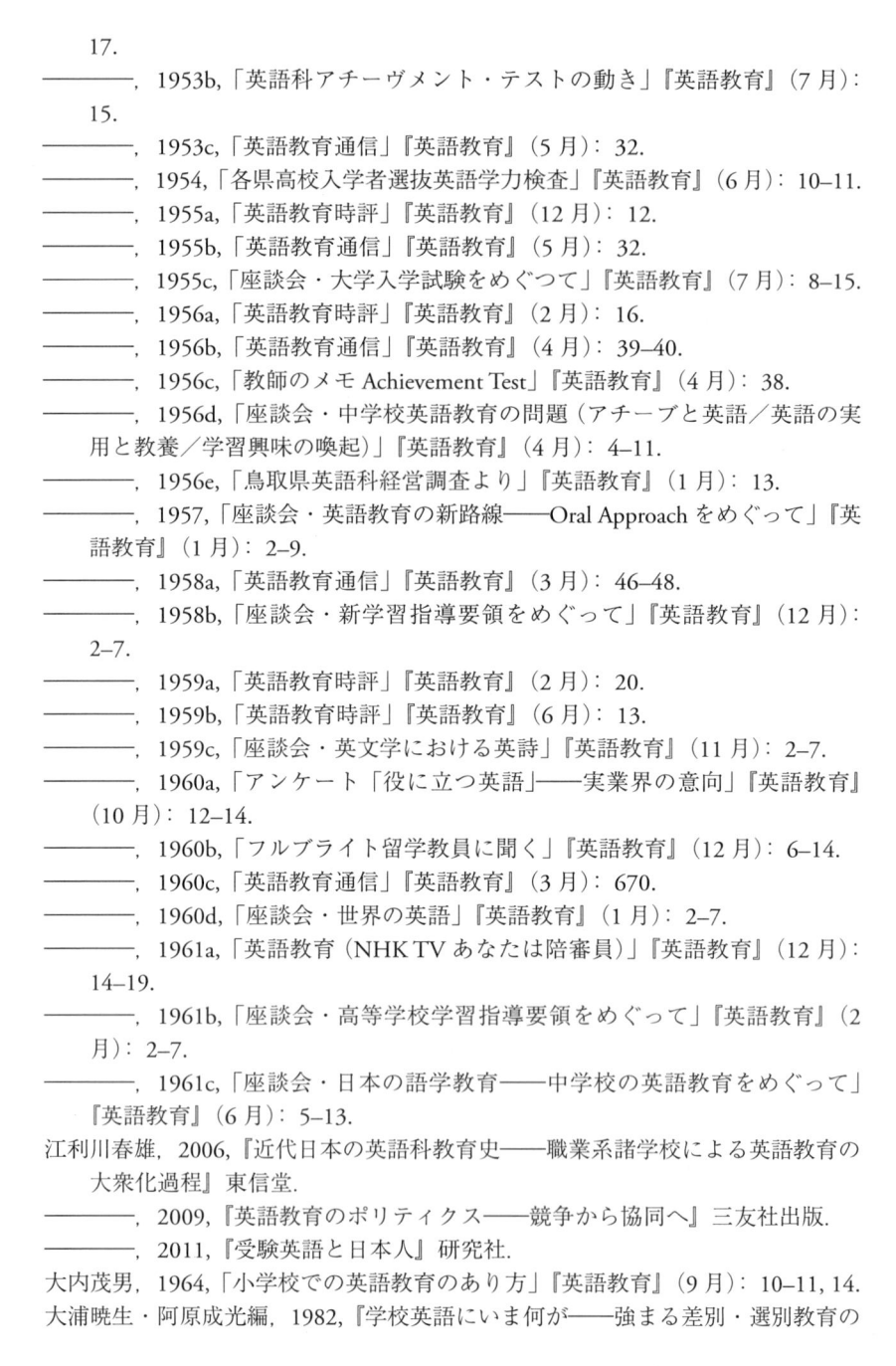

17.
―――, 1953b,「英語科アチーヴメント・テストの動き」『英語教育』(7月): 15.
―――, 1953c,「英語教育通信」『英語教育』(5月): 32.
―――, 1954,「各県高校入学者選抜英語学力検査」『英語教育』(6月): 10–11.
―――, 1955a,「英語教育時評」『英語教育』(12月): 12.
―――, 1955b,「英語教育通信」『英語教育』(5月): 32.
―――, 1955c,「座談会・大学入学試験をめぐつて」『英語教育』(7月): 8–15.
―――, 1956a,「英語教育時評」『英語教育』(2月): 16.
―――, 1956b,「英語教育通信」『英語教育』(4月): 39–40.
―――, 1956c,「教師のメモ Achievement Test」『英語教育』(4月): 38.
―――, 1956d,「座談会・中学校英語教育の問題（アチーブと英語／英語の実用と教養／学習興味の喚起)」『英語教育』(4月): 4–11.
―――, 1956e,「鳥取県英語科経営調査より」『英語教育』(1月): 13.
―――, 1957,「座談会・英語教育の新路線――Oral Approach をめぐって」『英語教育』(1月): 2–9.
―――, 1958a,「英語教育通信」『英語教育』(3月): 46–48.
―――, 1958b,「座談会・新学習指導要領をめぐって」『英語教育』(12月): 2–7.
―――, 1959a,「英語教育時評」『英語教育』(2月): 20.
―――, 1959b,「英語教育時評」『英語教育』(6月): 13.
―――, 1959c,「座談会・英文学における英詩」『英語教育』(11月): 2–7.
―――, 1960a,「アンケート「役に立つ英語」――実業界の意向」『英語教育』(10月): 12–14.
―――, 1960b,「フルブライト留学教員に聞く」『英語教育』(12月): 6–14.
―――, 1960c,「英語教育通信」『英語教育』(3月): 670.
―――, 1960d,「座談会・世界の英語」『英語教育』(1月): 2–7.
―――, 1961a,「英語教育（NHK TV あなたは陪審員)」『英語教育』(12月): 14–19.
―――, 1961b,「座談会・高等学校学習指導要領をめぐって」『英語教育』(2月): 2–7.
―――, 1961c,「座談会・日本の語学教育――中学校の英語教育をめぐって」『英語教育』(6月): 5–13.
江利川春雄, 2006,『近代日本の英語科教育史――職業系諸学校による英語教育の大衆化過程』東信堂.
―――, 2009,『英語教育のポリティクス――競争から協同へ』三友社出版.
―――, 2011,『受験英語と日本人』研究社.
大内茂男, 1964,「小学校での英語教育のあり方」『英語教育』(9月): 10–11, 14.
大浦暁生・阿原成光編, 1982,『学校英語にいま何が――強まる差別・選別教育の

中で』三友社出版.
大岡育造, 1916,「教育の独立（中学校より必修外国語科を除去すべし）」『教育時論』(1133).（川澄哲夫, 1978,『資料 日本英学史 第 2 巻 英語教育論争史』所収).
大喜多俊一, 1961,「「役に立つ英語」異説」『英語教育』(6 月): 61–62.
大里忠, 1950,「（高校側は中学の英語に何を望むか）三位一体の指導（水戸第一高校）」『英語教育』(1 月): 33–36.
太田静樹, 1965,「へき地学力の性格」『奈良学芸大学紀要（人文・社会科学）』13: 141–61.
大谷泰照, 1995,「「平泉・渡部論争」とは何であったのか」『現代英語教育』(11 月): 27–29.
―――, 2007,『日本人にとって英語とは何か――異文化理解のあり方を問う』大修館書店.
大津由紀雄, 2004,「公立小学校での英語教育――必要性なし，益なし，害あり，よって廃すべし」大津由紀雄編『小学校での英語教育は必要か』慶應義塾大学出版会, 45–78.
大津由紀雄・鳥飼玖美子, 2002,『小学校でなぜ英語？――学校英語教育を考える』岩波書店.
大中秀男, 1954,「中学英語教授の困難とその克服」『英語教育』(5 月): 20–22.
岡倉由三郎, 1911,『英語教育』博文館.
―――, 1936,『英語教育の目的と価値』研究社.（代筆・福原麟太郎. 川澄哲夫, 1978,『資料 日本英学史 第 2 巻 英語教育論争史』所収).
小笠原林樹, 1958,「母国語と外国語学習と」『英語教育』(9 月): 18–19.
小川正人, 1991,『戦後日本教育財政制度の研究』九州大学出版会.
小川泰夫, 1955,「入門指導雑感」『英語教育』(1 月): 19–20.
小川芳男, 1959,「教授法の問題点」『英語教育』(3 月): 2–5.
―――, 1964,「海外の英語教育と日本の英語教育」『英語教育』(6 月): 2–4.
―――, 1979,「教授法の先覚者 I. イギリス関係」『英語教育問題の変遷』研究社, 196–212.
奥野久, 2009,「『学習指導要領英語編（試案)』(1947) の研究――H. E. Palmer との関連性を中心に」『日本英語教育史研究』(24): 65–84.
小熊英二, 2002,『〈民主〉と〈愛国〉――戦後日本のナショナリズムと公共性』新曜社.
小野協一, 1964,「第二分科会外国語教育」『日本の教育第 13 集』国土社, 51–68.
オマタイクオ, 1956,「英語教育への「かけ橋」としてのエスペラント」『英語教育』(10 月): 31.
―――, 1957, "To the editor,"『英語教育』(4 月): 37.
垣田直巳, 1955,「遅進児の指導について」『英語教育』(9 月): 18.
梶木隆一, 1957a,「第二分科会外国語教育」『日本の教育第 6 集』国土社, 72–100.

―――, 1957b,「日教組教研集会の成果」『英語教育』(4月): 24.
―――, 1958a,「第二分科会外国語教育」『日本の教育第7集』国土社, 57–80.
―――, 1958b,「日教組教研集会の討議」『英語教育』(3月): 5.
片瀬一男, 2010,「集団就職者の高度経済成長」『人間情報学研究』15: 11–28.
片寄義久, 1956,「英語教育是非論の今昔」『英語教育』(4月): 30.
勝亦権十郎, 1953,「新学年にあたって英語科の課題」『英語教育』(4月): 14–15.
家庭科の男女共修をすすめる会編, 2005,『家庭科, なぜ女だけ！――男女共修をすすめる会の歩み』日本図書センター.
加藤市太郎・石川光泰, 1949,「英語教育ルポルタージュ（山形・足利）」『英語教育と教養』(2月): 29–30.
加藤茂, 1962,「再考すべきこと」『英語教育』(1月): 60–61.
加藤周一, 1955,「信州の旅から――英語の義務教育化に対する疑問」『世界』12月: 141–46.
―――, 1956,「再び英語教育の問題について」『世界』2月: 142–46.
―――, 1974,『雑種文化――日本の小さな希望』講談社.
金谷憲, 2008,『英語教育熱――過熱心理を常識で冷ます』研究社.
苅谷剛彦, 2001,『階層化日本と教育危機――不平等再生産から意欲格差社会へ』有信堂高文社.
―――, 2009,『教育と平等――大衆教育社会はいかに生成したか』中央公論新社.
川澄哲夫, 1978,『資料 日本英学史 第2巻 英語教育論争史』大修館書店.
―――, 1979,「英語教育存廃論の系譜」『英語教育問題の変遷』研究社, 91–136.
河村和也, 2010,「新制高等学校の入試への英語の導入 (1) その経緯と背景に関する基本問題」『日本英語教育史研究』(25): 49–67.
―――, 2011,「新制高等学校の入試への英語の導入 (2) 1952年度の入試をめぐって」『日本英語教育史研究』(26): 55–78.
北詰栄太郎, 1948,「新制高校と英語」『英語 教育と教養』(11月): 14–15.
木村武雄, 1963,「全英連の記（その1）」『全英連会誌』1: 11–16.（『全英連会誌・復刻版』より引用）.
―――, 1964,「全英連の記（その2）」『全英連会誌』2: 15–20.（『全英連会誌・復刻版』より引用）.
―――, 1965,「全英連の記（その3）」『全英連会誌』3: 12–18.（『全英連会誌・復刻版』より引用）.
―――, 1966,「全英連の記（その4）」『全英連会誌』4: 8–13.（『全英連会誌・復刻版』より引用）.
―――, 1967,「全英連の記（その5）」『全英連会誌』5: 12–17.（『全英連会誌・復刻版』より引用）.
―――, 1968,「全英連の記（その6）」『全英連会誌』6: 8–14.（『全英連会誌・復刻版』より引用）.

―――,1969,「全英連の記（その7）」『全英連会誌』7: 10–19.（『全英連会誌・復刻版』より引用）.

―――,1970,「全英連の記（その8）」『全英連会誌』8: 11–21.（『全英連会誌・復刻版』より引用）.

―――,1971a,「ひとつの思い出」『全英連会誌』9: 9.（『全英連会誌・復刻版』より引用）.

―――,1971b,「全英連の記（その9）」『全英連会誌』9: 11–18.（『全英連会誌・復刻版』より引用）.

―――,1972,「全英連の記（その10）」『全英連会誌』10: 13–24.（『全英連会誌・復刻版』より引用）.

―――,1973,「全英連の記（最終回）」『全英連会誌』11: 11–18.（『全英連会誌・復刻版』より引用）.

倉長真,1953,「キリスト教的要素――初級英語に見る」『英語教育』（6月）: 4–5.

黒田巍,1949,「新制中学英語科への希望」『英語　教育と教養』（7月）: 24–26.

―――,1952,「英語教育の現状」『英語教育』（9月）: 1.

桑原武夫,1961,「外国語を学ぶ意義と心構え」『英語教育』（4月）: 2–5.

グレイザー,B.・A. ストラウス,1996,『データ対話型理論の発見――調査からいかに理論をうみだすか』新曜社.大出春江・水野節夫・後藤隆訳.

群馬県教職員組合編,1958,『日教組第7次教育研究全国集会報告書　英語教育の悩み』.未公刊.

高師附中座談会,1948,「Let's Learn English 研究（3）」『英語　教育と教養』（10月）: 21–23.

国立教育研究所日本近代教育史料研究会,1996,『教育刷新委員会総会』教育刷新委員会教育刷新審議会会議録 / 日本近代教育史料研究会編,第4巻,岩波書店.

―――,1998,『第九特別委員会,第十特別委員会,第十一特別委員会』教育刷新委員会教育刷新審議会会議録 / 日本近代教育史料研究会編,第10巻,岩波書店.

小平清,1954,「牛の歩みのよしおそくとも」『英語教育』（6月）: 7.

小林清一,1953,「英語の Achievement Test について」『英語教育』（7月）: 21–23.

小林敏宏・音在謙介,2007,「「英語教育史学」原論のすすめ――英語教育史研究の現状分析と今後の展開への提言」『拓殖大学論集　人文・自然・人間科学研究』17: 34–67.

小林正直,1954,「英語アチーヴメントテストの方針と結果――新潟県」『英語教育』（6月）: 9–10.

五島忠久,1955,「教えたくない学校文法の規則」『英語教育』（6月）: 6–7.

今野鉄男,1998,「昭和22年度学習指導要領英語編再考」『日本英語教育史研究』(13): 109–22.

斎藤美洲,1952,「英語科当面の問題」『英語教育』（4月）: 4–5.

斎藤兆史, 2005,「小学校英語必修化の議論にひそむ落し穴」大津由紀雄編『小学校での英語教育は必要ない！』慶應義塾大学出版会. 19–36.
坂口京子, 2009,『戦後新教育における経験主義国語教育の研究——経験主義教育観の摂取と実践的理解の過程』風間書房.
坂西志保, 1955,「英語の学び方について」『英語教育』（11月）: 2–4.
———, 1958,「英語教育の盲点」『英語教育』（7月）: 2–4.
坂原武士, 1960,「実業高校の英語は必須」『英語教育』（9月）: 45.
坂本喬, 1949,「英語教育ルポルタージュ——東京における米国児童の教育」『英語教育』（10月）: 54–56.
桜井役, 1936,『日本英語教育史稿』敞文館.
櫻庭信之, 1947,「初等英語教育の将来」『英語の研究と教授』（4月）: 108.
———, 1952,「英語教育の原動力」『英語教育』（12月）: 1.
佐々木益男, 1958,「中学英語の十年」『英語教育』（4月）: 35.
佐藤郁哉, 2008,『質的データ分析法——原理・方法・実践』新曜社.
佐藤博, 1959,「英語学力差の要因の心理学的研究」『英語教育』（12月）: 21–23.
沢正雄, 1960,「高校最後の授業に」『英語教育』（3月）: 2–3.
塩見和一郎, 1958,「僻地における英語指導」『英語教育』（10月）: 42–44.
宍戸良平, 1954a,「高等学校入学者選抜学力検査と英語」『英語教育』（3月）: 12.
———, 1954b,「指導主事研究協議会の問題点」『英語教育』（5月）: 19.
———, 1958a,「学習指導要領の改訂について　1 改訂の経過」山内太郎編『中学校英語の新教育課程』国土社. 6–22.
———, 1958b,「中学校　外国語の改訂」文部省調査局編『学習指導要領解説　中学校』帝国地方行政学会. 67–74.
靜哲人, 2009,『英語授業の心・技・体』研究社.
篠田錦策, 1954,「憮然として嘆息する」『英語教育』（9月）: 1.
柴崎武夫, 1958,「英語放送」『英語教育』（3月）: 1.
柴沼晋, 1957,「教育人口の将来と教育計画」『文部時報』（12月）: 43–47.
渋川玄耳, 1924,「何を恐るゝか日本」『中央公論』（7月）.（川澄哲夫, 1978,『資料 日本英学史 第2巻 英語教育論争史』所収）.
新英研関西ブロック公刊書編集委員会編, 1968,『新しい英語教育の研究——その実践と理論』三友社.
進藤咲子, 1973,「「教養」の語史」『言語生活』265: 66–74.
寿岳文章, 1961,「How と Why」『英語教育』（1月）: 1.
杉江清, 1957,「中等教育の基本問題」『文部時報』（12月）: 2–8.
杉安太郎, 1964,「石橋幸太郎『英語教育——主張と独語』」『英語教育』（3月）: 63.
杉山篤三・堀亨, 1958,「特殊地域における英語学習」『英語教育』（7月）: 16–17.
祐本寿男, 1954,「理想と現実」『英語教育』（6月）: 6.
鈴木孝夫, 2005,「小学校教育に求められる基本的な知識とは」大津由紀雄編『小

学校での英語教育は必要ない！』慶應義塾大学出版会，185–96.
鈴木保昭，1956，「学習興味を基にした英語指導」『英語教育』（10月）：20–21.
関口和夫，1964，「山間地の英語授業の一例」『英語教育』（11月）：10–12.
全英連，1956，「公立高校入学選抜英語科の調査」『英語教育』（8月）：31.
総理府統計局，1969，『就業構造基本調査報告　昭和43年全国編』総理府統計局.
高田里惠子，2005，『グロテスクな教養』筑摩書房.
高梨健吉・大村喜吉，1991，『日本の英語教育史』大修館書店，第6版.
高梨健吉・出来成訓，1993，『英語教科書の歴史と解題』大空社.
高橋克己，1997，「学級は"生活共同体"である――クラス集団の成立とゆらぎ」今津孝次郎・樋田大二編『教育言説をどう読むか――教育を語ることばのしくみとはたらき』新曜社，105–30.
高橋源次，1955，「英語教育の方向」『英語教育』（7月）：1.
高橋文雄，1963，「第二分科会外国語教育」『日本の教育第12集』国土社，47–60.
竹内洋，2003，『教養主義の没落――変わりゆくエリート学生文化』中央公論新社.
―――，2011，『革新幻想の戦後史』中央公論新社.
竹中龍範，1982，「英語教育・英語学習における目的意識の変遷について」『英学史研究』15: 171–84.
橘正観，1955，「オーラルメソッドと受験英語」『英語教育』（6月）：8–9.
田淵芳一，1954，「英語アチーヴメントテストの方針と結果――長崎県」『英語教育』（6月）：8.
中等教育課外国語係，1958，「改訂の方向外国語」『文部時報』（4月）：59–61.
筒井清忠，2009，『日本型「教養」の運命――歴史社会学的考察』岩波書店.
鶴田克昭，1960a，「課外指導と反省」『英語教育』（8月）：17.
―――，1960b，「僻地と英語」『英語教育』（10月）：46–47.
出来成訓，1994，『日本英語教育史考』東京法令出版.
寺沢拓敬，2008，「小学校への英語教育導入に関する論争の分析」『言語情報科学』(6): 207–25.
―――，2009，「『ことばのちから』というイデオロギー――言語現象を『能力化』するまなざしを問う」『社会言語学』9: 43–61.
―――，2010，「戦後日本における「英語の教育機会」をめぐる認識の変容過程――新聞記事の分析を通して」『日本英語教育史研究』(25): 135–55.
―――，2013a，「「日本人の9割に英語はいらない」は本当か？――仕事における英語の必要性の計量分析」『関東甲信越英語教育学会誌』27: 71–83.
―――，2013b，「戦後日本社会における英語志向とジェンダー――世論調査の検討から」『言語情報科学』11: 159–75.
―――，2014，「日本社会における英語使用の必要性――社会統計に基づく英語教育政策／目的論の検討」吉島茂編『外国語教育V――一般教育における外国語教育の役割と課題』朝日出版社，231–50.

寺島隆吉, 2005,「小学校「英語活動」の何が問題なのか」大津由紀雄編『小学校での英語教育は必要ない！』慶應義塾大学出版会, 55–74.
東京教育大学, 1952,『教育指導者講習研究集録——英語科教育』東京教育大学.
東京都文京区第六中学校, 1960,「書き方指導の問題点」『英語教育』（9月）: 20–28.
唐須教光, 2004, "Who's afraid of teaching English to kids?,"大津由紀雄編『小学校での英語教育は必要か』慶應義塾大学出版会, 81–111.
富井寂, 1964,「教案の画一性と生徒の予習」『英語教育』（2月）: 64–65.
冨田祐一, 2004,「国際理解教育の一環としての外国語会話肯定論——競争原理から共生原理へ」大津由紀雄編『小学校での英語教育は必要か』慶應義塾大学出版会, 149–86.
豊田實, 1939,『日本英學史の研究』岩波書店.
仲新, 1955,「愛知県における中学校卒業者の就職とその移動状況」『教育社会学研究』7: 18–30.
中川龍一, 1960,「2つの提言」『英語教育』（11月）: 1.
中島治人, 1960,「英語を生徒の手に渡そう」『英語教育』（9月）: 59–60.
中島文雄, 1958,「英語教育を考える」『英語教育』（6月）: 2–5.
中津燎子, 1974,『なんで英語やるの？』午夢館.
―――, 1978,『なんで英語やるの？』文藝春秋社.（文庫版）.
中村敬, 1980,『私説英語教育論』研究社.
―――, 2004,『なぜ、「英語」が問題なのか』三元社.
中村敬・峯村勝, 2004,『幻の英語教材——英語教科書、その政治性と題材論』三元社.
長沢英一郎, 1953,「英語を学ぶ目標」『英語教育』（7月）: 1.
名越覚次郎, 1953,「中学校英語教育の諸問題」『英語教育』（2月）: 10–12.
成田成寿, 1950a,「英語時論」『英語教育』（1月）: 5.
―――, 1950b,「英語時論」『英語教育』（4月）: 16.
―――, 1961,「英語教育」『英語教育』（12月）: 2–4.
成毛眞, 2011,『日本人の9割に英語はいらない——英語業界のカモになるな！』祥伝社.
新里真世, 2002,「英語教育における「教育的価値」について——岡倉由三郎の英語教育論を中心にして」『関西教育学会紀要』: 61–65.
西川利行, 1954,「山村に於ける英語教育の実情」『英語教育』（6月）: 5.
庭野吉弘, 1993,「『英語教育』（研究社刊）について（1）——その前身から発刊までの系譜」『日本英語教育史研究』（8）: 41–58.
―――, 1997,「『英語教育』（研究社刊）について（2）——その巻頭言の内容分析から見えてくるもの」『日本英語教育史研究』（12）: 17–35.
禰津義範, 1950,『英語カリキュラム』開隆堂.
野津文雄, 1953,「高校英語の問題点」『英語教育』（4月）: 4–6.
橋本健二, 2009,『「格差」の戦後史——階級社会日本の履歴書』河出書房新社.

橋本哲，1960，「Oral Approach を——農村地区より」『英語教育』（4月）：29.
波多野誼余夫，2005，「「必要ない」か「やめたほうがよい」か」大津由紀雄編『小学校での英語教育は必要ない！』慶應義塾大学出版会，197–212.
羽鳥博愛，1983，「英語科教育の課題」『講座・現代の教育——言語と認識の教育』雄山閣出版．羽鳥博愛（1996）『国際化の中の英語教育』（三省堂）より引用（pp. 76–95）．
林野滋樹・大西克彦，1970，『中学校の英語教育』三友社．
原幹夫，1959，「教研外国語部会をめぐって」『英語教育』（2月）：44–45.
原沢正喜，1957，「抽象的英語への反省」『英語教育』（3月）：2–3, 15.
————，1958，「学校文法の回顧と現状」『英語教育』（9月）：4–7.
平泉渉，1978，「今の英語教育はこれでいいか」『Voice』5月：189–97.
平泉渉・渡部昇一，1975，『英語教育大論争』文藝春秋．
平川洌，1995，『カムカムエヴリバディ——平川唯一と「カムカム英語」の時代』日本放送出版協会．
平馬鉄雄，1952，「現行制度の英語科教育」『英語教育』（7月）：16–18.
広瀬泰三，1952，「英語教師の反省」『英語教育』（7月）：1.
広田照幸，1999，『日本人のしつけは衰退したか——「教育する家族」のゆくえ』講談社．
————，2001，『教育言説の歴史社会学』名古屋大学出版会．
福井保，1950，「（高校側は中学の英語に何を望むか）基礎知識の徹底（東京都立第十一高校）」『英語教育』（1月）：36–39.
————，1979，「戦後学制改革と英語教育」『英語教育問題の変遷』研究社，65–90.
福島達雄，1964，「英語 A の指導（1）」『英語教育』（4月）：48–49.
福田昇八，1991，『語学開国——英語教員再教育事業の二十年』大修館書店．
福富茂木，1963，「田舎教師のムード破り」『英語教育』（3月）：60.
福永恭助，1924，「米国語を追い払へ」『東京朝日新聞』（6月18日）．（川澄哲夫，1978，『資料 日本英学史 第2巻 英語教育論争史』所収）．
福原麟太郎，1946，「本の話（再刊の辞を兼ねて）」『英語の研究と教授』（6月）：2.
————，1948，『英語教育論』研究社．
————，1949，「英語の世界」『英語 教育と教養』（1月）：2–6.
————，1950，「英語教授法以前の問題」『英語教育』（2月）：2–4.
————，1952a，「英語教師論」『英語教育』（6月）：2–3.
————，1952b，「刊行のことば」『英語教育』（4月）：1.
————，1957，「日本の英語」『英語教育』（1月）：8–7.
————，1961，「外国語教育論に寄せて」『英語教育』（8月）：42.
福間良明，2009，『「戦争体験」の戦後史——世代・教養・イデオロギー』中央公論新社．

藤井一五郎, 1954,「教授法雑感」『英語教育』(1月): 14–15.
藤村作, 1927,「英語科廃止の急務」『現代』(5月).（川澄哲夫, 1978,『資料 日本英学史 第2巻 英語教育論争史』所収）.
———, 1938,「中学英語科全廃論」『文藝春秋』(3月).（川澄哲夫, 1978,『資料 日本英学史 第2巻 英語教育論争史』所収）.
船橋洋一, 2000,『あえて英語公用語論』文藝春秋社.
ベフ, ハルミ, 1987,『増補イデオロギーとしての日本文化論』思想の科学社.
帆足理一郎, 1927,「廃止には反対である」『現代』(7月).（川澄哲夫, 1978,『資料 日本英学史 第2巻 英語教育論争史』所収）.
星山三郎, 1947a,「新しい教育の諸問題」『英語の研究と教授』(9月): 189–91.
———, 1947b,「新制中学のローマ字 (2)」『英語の研究と教授』(8月): 164–66.
———, 1955,「学力向上の方法」『英語教育』(2月): 3.
本郷良訓, 1955,「定時制を忘れないで下さい」『英語教育』(6月): 19–20.
本田実浄, 1958,「Oral Approach の適用について」『英語教育』(7月): 12–14.
本田由紀・内藤朝雄・後藤和智, 2006,『「ニート」って言うな！』光文社.
松川昇太郎, 1947,「新制中学における英語科の諸問題」『英語の研究と教授』(8月): 168–70.
———, 1948,「新制中学と英語」『英語 教育と教養』(11月): 11–13.
———, 1953,「発音はどの位の正確さで」『英語教育』(5月): 8–10.
松本守, 1961,「「外国語を学ぶ意義と心構え」を読んで」『英語教育』(6月): 60–61.
松本亨, 1956,「英語を教えるということ」『英語教育』(3月): 2–4.
三浦孝・弘山貞夫・中嶋洋一, 2002,『だから英語は教育なんだ——心を育てる英語授業のアプローチ』研究社.
水村美苗, 2008,『日本語が亡びるとき——英語の世紀の中で』筑摩書房.
宮下理恵子, 2010,「高等学校家庭科の男女共修実現までの議論——1974〜1989」『日本家庭科教育学会誌』53(3): 185–93.
宮寺晃夫, 2000,『リベラリズムの教育哲学——多様性と選択』勁草書房.
宮本憲二, 2010,「中等科音楽における和楽器指導のこれから——授業構築へのアプローチ」『尚美学園大学芸術情報研究』18: 107–24.
宮本正雄, 1950,「選択科目としての英語科指導（東京一橋中）」『英語教育』(1月): 16–19.
村井実, 1976,『教育学入門』講談社.
村上要人, 1955,「アチーヴメント・テストに対する中学校側の要望」『英語教育』(10月): 6–8.
村木正武, 1958,「School Grammar を追放しよう」『英語教育』(10月): 53.
———, 1959,「英語教育の目的をはっきりさせよう」『英語教育』(9月): 51–52.
茂木弘道, 2005,「小学校英語などとたわごとを言っているときか」大津由紀雄編

『小学校での英語教育は必要ない！』慶應義塾大学出版会，37–54.
森常治，1979，「「平泉試案」の社会的背景」『英語教育問題の変遷』研究社，138–61.
森礼次，1957，「一田舎教師の思い」『英語教育』（10月）：37.
文部科学省，2006，「小学校における英語教育について　外国語専門部会における審議の状況（案）」．
―――，2008，『小学校学習指導要領解説　外国語活動編』文部科学省．
文部省，1961，『高等学校学習指導要領解説外国語編』開隆堂出版．
―――，1972，『高等学校学習指導要領解説外国語編』東京書籍．
―――，1999，『中学校学習指導要領（平成10年12月）解説』東京書籍．
文部省調査局調査課編，1959，『昭和33年度全国中学校学力調査報告書』文部省．
―――，1963，『昭和36年度全国中学校学力調査報告書』文部省．
―――，1964，『昭和37年度全国中学校学力調査報告書』文部省．
―――，1965，『昭和38年度全国中学校学力調査報告書』文部省．
―――，1966，『昭和39年度全国中学校学力調査報告書』文部省．
文部省初等中等教育局編，1985，『教育課程実施状況に関する総合的調査研究調査報告書――中学校――・外国語（昭和58年度）』文部省．
安田敏朗，2006，『「国語」の近代史――帝国日本と国語学者たち』中央公論新社．
柳沢民雄，2012，「1960年代の日本における外国語教育運動と外国語教育の四目的」一橋大学大学院社会学研究科修士論文．
山口誠，2001，『英語講座の誕生――メディアと教養が出会う近代日本』講談社．
山下穆，1964，「高校入試問題の歴史的変遷」『英語教育』（7月）：15–17.
山住正己，1987，『日本教育小史――近・現代』岩波書店．
山田耕作，1962，「テープレコーダーと私」『英語教育』（9月）：46–49.
山田豪，1996，「英語教育縮廃論とは何か」『日本英語教育史研究』（11）：111–29.
山田浩之，2002，『教師の歴史社会学――戦前における中等教員の階層構造』晃洋書房．
山田雄一郎，2005a，『英語教育はなぜ間違うのか』筑摩書房．
―――，2005b，『日本の英語教育』岩波書店．
山内太郎，1958，「義務教育における外国語教育」山内太郎編『中学校英語の新教育課程』国土社，100–11.
山家保先生記念論集刊行委員会，2005，『あえて問う英語教育の原点とは――オーラル・アプローチと山家保』開拓社．
横田弘之，1953，「英語教育よ何処へ行く」『英語教育』（5月）：18.
―――，1955，「へき地中学校の英語教育の問題点」『英語教育』（8月）：14–16.
吉川美夫，1955，「英文法教授上の材料の扱い方」『英語教育』（8月）：5–7.
吉見俊哉，2007，『親米と反米――戦後日本の政治的無意識』岩波書店．
若林俊輔，1979，「学習指導要領――その変遷史が示唆するもの」『学校英語の展望（現代の英語教育・第4巻）』研究社，21–49.

若林俊輔・隈部直光編, 1982,『亡国への学校英語――いま, この国民的課題を, 中学生をもつ父母とともに考える』英潮社新社.
和田忠蔵, 1953,「中学校英語の将来」『英語教育』（1月）: 10–11.
渡部昇一, 1976,『知的生活の方法』講談社.
―――, 1977,『正義の時代』文藝春秋.
―――, 1983,『レトリックの時代』講談社.
―――, 2001,『国民の教育』産経新聞ニュースサービス.
渡辺武達, 1983,『ジャパリッシュのすすめ――日本人の国際英語』朝日新聞社.

索　　引

〈あ行〉

相澤真一　161, 174, 205
青木常雄　201
赤川学　13
『朝日新聞』　14, 15, 143
アチーブメントテスト　126, 127
阿原成光　91, 92

飯野至誠　211, 212
五十嵐新次郎　18
石黒魯敏（石黒魯平）　214, 215
石橋幸太郎　128, 201, 206, 207, 208, 214, 226, 227, 228
市川力　249
伊吹文明　58, 103
異文化理解　82, 95
伊村元道　184
医療のアナロジー　98, 101

卯城祐司　247, 248

英語が使える日本人育成のための行動計画　56
『英語教育』　14, 15, 122, 123, 140, 156, 188, 224, 233
　〜系統の雑誌　14, 123, 146, 147, 148, 152, 156, 162, 166, 176, 178, 181, 194, 201, 209, 226, 236
英語教育廃止論［英語存廃論・英語排撃論・英語廃止論・英語全廃論］　6, 55–57, 150, 181, 185–86
英語教授研究所（語学教育研究所の前身）　193
英語専攻出身の英語教員　48
英語第二公用語論　72
英語（への）特別視［英語崇拝・英語優越主義］　103, 104, 105, 107
「英語と日本人」史　8–12
『英語の研究と教授』　188, 191
英語の授業時数削減に対する反対運動　→
　週3反対運動
『英語ノート』　97
英語の必要性　115, 132–45, 239, 242
「英語は役に立つ」論　142
英語履修率　→　履修率
英文学　26, 185, 186, 187, 203–4, 213, 225, 229n, 243
江利川春雄　23, 24, 129, 186, 191, 220
エリートコース　24, 182, 184, 185, 191, 203
エリート主義　90–91, 152, 153

大浦暁生　90, 94, 95
大岡育造　185
大谷泰照　9–10, 12
岡倉由三郎　25, 26, 134, 181, 183, 184, 185, 186
　『英語教育』　25, 183, 184
オーラルアプローチ　17n, 224, 226, 231, 232, 234, 246
オーラルメソッド　193, 194, 201n, 224, 228, 234
音楽科　1

〈か行〉

外国語活動　1, 51, 96, 97, 102n, 115, 243
外国語教育［英語教育］の四目的　18, 205, 255, 256
科学的正しさ　230, 231, 233, 234
科学的に正しい英語教育　234, 237, 243, 256　→　cf. 正しい英語学習
垣田直巳　217
格差　→　地域（間）格差・地域差；学力差
学習可能性　218
学習指導要領　11, 22, 51–53, 96, 234
　1958年版　43–45, 219, 220, 235
　1977年版　88, 91
　1989年版　96
　1998年版　1
『学習指導要領解説』［『解説』］　43, 51, 52,

[281]

100, 115, 219
学習指導要領試案　31, 43, 53, 57, 60, 131, 146, 147, 153, 164, 172, 183, 184, 192, 193, 194, 195, 200, 201, 202, 204, 205, 209, 211, 212, 224, 235, 240, 242
　　1947年版　2, 24, 26–29, 193–95
　　1951年版　2, 26, 29–31, 173n, 182, 183, 193, 194–203, 205, 209, 213, 219
学力差　42, 48, 50, 158
梶木隆一　161
学級　244
学校英語教育批判　142
『学校基本調査』　141, 165, 166, 168
学校教育法　51
『学校教員需給調査報告書』　220
『学校教員統計調査』　168
学校選択　32, 33, 35
家庭科　115, 116
家庭学習　41, 42, 90, 179
家庭の教養　40–41
加藤周一　6, 37, 45, 57–67, 78, 81, 82, 85, 94, 95, 106, 107, 109, 110, 132, 148, 150, 154, 201, 209, 240, 247
　　「信州の旅から――英語の義務教育化に関する疑問」　58, 59–62
　　「再び英語教育の問題について」　58, 62–65
　　「松山の印象――民主教育の問題」　63
金谷憲　5, 245n
カムカム英語　→　平川唯一
苅谷剛彦　40, 41, 117, 167, 236, 237
川澄哲夫　62n, 133, 181, 184, 185, 186, 187
河村和也　119, 120, 121, 122, 128
漢文　77, 82

機会均等　→　教育の機会均等
基礎技能の育成　250, 251, 252, 255
基礎教育　4, 107, 108, 248, 249, 250, 252, 253
基礎力　73, 107, 141, 249, 252
機能上の目標　198, 199, 200, 214, 217, 219
木村武雄　157, 158, 159
逆コース　160, 162, 234
旧制高校　24, 76, 77, 78, 79, 80, 82, 184, 186, 187, 213, 221
旧制中学　23, 24, 27, 159, 181, 182, 183, 184, 185, 186, 191, 203, 215
教育課程審議会　44, 45
教育課程調査　53
教育基本法　192, 196, 209
教育刷新委員会　28, 29, 146, 164
教育サービスの均一化　101
教育指導者講習会　31
教育社会学　116, 244
教育的価値　26n, 153n, 183, 184, 195
教育の機会均等［教育機会の均等/平等；機会均等論］　62, 63, 64, 66, 74, 75, 82, 84
教員不足　117, 163–65, 178, 201n
教研集会　→　日本教職員組合教育研究全国集会
教材等調査研究会外国語小委員会　44
教養　193, 199, 205, 214, 217, 243
　　～の「拡大解釈」　182
　　～の下方拡張　215–19
　　～のための英語教育　95, 117
教養主義　68, 187, 190, 211, 212, 218, 220, 221, 229n, 253
　　大正～　184, 185, 213, 215, 220
教養上の目標　183, 184, 195, 198, 199, 200, 202, 203, 204, 209, 211, 213, 214, 217, 219
教養的価値　26, 77, 186

グラウンデッド・セオリー　12–13
倉長真　201, 213
黒田巍　122, 152, 153, 155, 189, 194, 206
グローバル化　115, 136

経験主義的カリキュラム　172, 173n
言語の相対性　82, 184
言語の本質　223, 229, 230, 231, 232, 234, 243

コアカリキュラム　173n, 206, 207
高校英語［外国語］の必修　52–53
高校進学率　19, 35, 36, 78, 114, 120–21, 129–31, 156, 175, 239, 241, 245, 246, 248, 252, 253, 256
高校入試　17, 53, 114, 119–31, 157, 158,

159, 171, 239, 241, 243, 246, 256
高等学校学習指導要領　52
高等小学校　23, 24, 28
高等女学校　23, 24, 181, 184, 191
語学教育研究所　187
語学の本質　143, 144, 223, 228, 229, 230, 231, 232, 234, 243
国語　106
国語（科）　2n, 25, 27, 42, 49, 50, 60, 117, 168, 170, 172, 201, 221
国語ナショナリズム　58
国語力（低下）　103, 104, 105
国際化　51, 90, 92, 93, 136, 137, 144, 211
国際（的）交流　52, 62, 64, 65, 95, 98, 99, 102n, 145, 146, 209
国際理解　52, 65, 77, 84, 94, 95, 97, 189, 190, 206, 209, 242, 243, 250, 253
　～に関する学習の一環としての外国語会話等　97
　～のための英語教育　189
「国民教育」運動［「国民教育」論］　18, 174, 254
国民教育としての外国語教育の四目的　→　外国語教育の四目的
個人選択　31, 32, 35
誇大理論（grand theory）　12, 13, 19
子ども言説・若者言説　100n

〔さ行〕

斎藤美洲　126
斎藤兆史　106
櫻庭信之　191, 192, 206
佐藤郁哉　13
沢正雄　230
沢田節蔵　28–29, 164

宍戸良平　43, 126, 127, 128, 206, 207, 208
自主編成運動　18
靜哲人　253n
実業学校　23, 24, 186
実用英語　71, 76n, 143, 144, 145, 229, 247
実用主義　68, 183
実用的価値　26n, 65–67, 77, 183, 184, 217
指導要領　→　学習指導要領
師範学校　23, 24, 25, 220
渋川玄耳　185

社会科　60, 61, 65, 172, 201
社会の要求　4, 24, 27, 28, 29, 117, 172–73, 205, 206, 207, 208, 221, 222, 223, 234, 235, 239, 240, 242, 243
『ジャック＆ベティ』　64
就業構造　235, 236, 237, 240, 243, 256
週3時間　54, 83, 88–96
週3反対運動［（英語の）授業時数削減に対する反対運動］　88–96, 110, 241
授業時数　37–39
　（中学校の）～削減　54, 83
　～と教科平均点　49
　～の地域差　39–42
授業時数削減に対する反対運動　→　週3反対運動
受験英語　69, 71, 180, 225, 227, 247
小学校英語
　～の必修化　57, 98
　～必修化賛成論　98–101
　～（必修化）反対論　25, 101–3
　～論争　96–111, 241, 249
小学校外国語活動　→　外国語活動
小学校学習指導要領　96
『小学校学習指導要領解説　外国語活動編』　100n, 115
将来的な必要性　152
『諸君！』　67, 68, 69, 83
女子に対するあらゆる形態の差別の撤廃に関する条約　115–16
人格育成［修養、陶冶］　26, 204, 209, 242, 243, 250, 253
進学率　→　高校進学率；大学進学率
人口動態　116–17, 163–71, 239, 242, 243, 246, 247
進路・適性に応ずる［応じた］教育　44, 45, 60, 109, 240

数学　79, 80
祐本寿男　177
鈴木孝夫　68, 74, 78, 79, 105

生活単元学習　206
生徒の興味　27, 29, 235
青年学校　23, 24, 186, 220
『世界』　57, 58, 62
「世界市民」論　189

「世界の言語と文化」 70, 81
世界平和 77, 190, 197, 212
世論調査 93, 135, 138, 139, 146
全国英語教育研究団体連合会［全英連］ 121, 146, 156, 157–59, 162
全国（中学校）学力調査 36, 42, 46, 48, 49, 166

総合的な学習の時間 97

〔た行〕
対外貿易額 137
大学進学率 141, 156, 175, 248
大正教養主義 → 教養主義
竹中龍範 183
正しい英語学習 117, 223, 225, 228, 231, 232, 234, 235, 240 → cf. 科学的に正しい英語教育
団塊の世代 116, 165

地域（間）格差・地域差 39, 40, 41, 42, 48–50, 63, 116, 109, 130, 167, 178, 234
知的訓練 74, 75, 76, 77, 78, 79, 80, 82, 84, 95, 108
知能指数（IQ） 218
地方の困難 178, 179
中央教育審議会 96
中学校英語週三時間に反対する会 89, 93, 94
中等教育課程分科審議会 44

データ対話型理論 12–13

東京都高等学校英語教育研究会［都英研］ 37, 39, 157
都立高入試 38
トワデル 224

〔な行〕
内閣府世論調査 138
内容分析 15, 143
仲新 42
長沢英一郎 217
中島文雄 225
中津燎子 iii, 6, 54, 84–88, 241

中村敬 3, 119, 130, 132, 133
成田成寿 122, 150, 151, 155
成毛眞 v, 6
『なんで英語やるの？』 → 中津燎子

『日米会話手帳』 9, 229
日教組 → 日本教職員組合
日経連 → 日本経営者団体連盟
日本英語教育改善懇談会 89, 94
日本教職員組合［日教組］ 146, 148
日本教職員組合教育研究全国集会［教研集会］ 156, 159–62, 177, 205
　〜外国語教育分科会 6, 10, 18, 162, 174, 175, 205, 206, 218, 220, 254, 255
日本経営者団体連盟［日経連］ 133, 134, 140, 142
日本語 60, 61, 65, 106, 107
『日本語が亡びるとき』 → 水村美苗
日本語ナショナリズム論 60
日本語力 58, 103, 105, 106
『日本人の9割に英語はいらない』 → 成毛眞
『日本の教育』 160
日本版総合的社会調査（JGSS） 64, 135

農漁村［農山村・農村］ 9, 10, 16–19, 40, 46, 48, 50, 109, 117, 130, 131, 174, 175, 176, 230, 231, 232, 233, 234, 240, 241, 242, 247, 256
農耕モデル 152

〔は行〕
発達段階論 106, 107
バトラー後藤裕子（Butler, Goto Yuko） 100, 114, 119
羽鳥博愛 95
パーマー、ハロルド・E 193, 224, 225
原沢正喜 231
必修化（推進）運動 115–16, 146–62, 239, 242
平泉渉 6, 54, 56, 57, 67–84, 107, 241, 247
平泉試案 56, 67, 69, 70–72
平泉・渡部論争 54, 57, 67–84, 85, 88, 95, 110, 150
平川唯一 229

福井保　128
福田陸太郎　206
福永恭助　185
福原麟太郎　181, 182, 187, 188, 189, 190, 194, 201, 212, 216, 219
　『英語教育の目的と価値』　181
藤井一五郎　201
藤村作　57, 185, 186
普通教育　150, 151
船橋洋一　72
フリーズ　224, 225
文化吸収　28n, 77, 187, 209, 242, 243
文化教養説　184, 185, 186–89, 191, 194, 203, 204, 208, 209, 211, 213, 215, 219, 220, 243, 256
　戦後型～　214, 215, 217, 218
　戦前型～　214, 215, 216, 219, 220, 221
文化批評の訓練　182

へき地　16, 48, 50, 177, 178, 232, 233
ベビーブーマー、ベビーブーム　116, 163, 165, 166, 167, 168, 169, 170, 239, 242, 246

邦楽　1
星山三郎　146, 147, 192, 194
帆足理一郎　186

〔ま行〕
松川昇太郎　33, 34, 116, 150, 163, 164

水村美苗　6, 56, 72
民主的　2, 30, 31, 42, 60, 77, 96, 131, 160, 162, 197, 198, 200

村井実　152
村木正武　251

茂木弘道　107, 249, 252
『文部時報』　43, 44

〔や・ら・わ行〕
「役に立つ英語」論　132–34, 140–45, 241–42
山田雄一郎　4, 249, 252
山家保　17n, 232

有用性
　英語の～　66, 133–42, 144, 145, 185, 241
　個人レベルの～　134, 135
　集団レベルの～　134

『読売新聞』　14, 15, 143
四目的　→　外国語教育の四目的

履修率　17, 22, 23, 24, 36, 45, 53, 109, 129, 163, 169, 235
　地域別～　47
離農　236, 237, 239, 240, 243, 256

若林俊輔　91–92, 94
渡部昇一　67–84, 95, 107, 108, 241
　「義務教育を廃止せよ」　75
わら人形論法　101

● 著者紹介

寺沢拓敬（てらさわ・たくのり）
1982 年、長野県塩尻市に生まれる。2004 年、東京都立大学人文学部卒業。2013 年、東京大学大学院総合文化研究科博士課程単位取得退学。博士（学術）。千葉商科大学非常勤講師、国立音楽大学非常勤講師を経て、現在、日本学術振興会特別研究員 PD、および、オックスフォード大学ニッサン日本問題研究所客員研究員。

専門
言語社会学、応用言語学、外国語教育史

主著
『外国語教育〈5〉 一般教育における外国語教育の役割と課題』（朝日出版社、2014, 共著）
『「日本人と英語」の社会学――なぜ英語教育論は誤解だらけなのか』（研究社、2015, 単著）

受賞
日本版総合的社会調査（JGSS）優秀論文賞、2008 年
東京大学社会科学研究所 SSJDA 優秀論文賞、2013 年
日本教育社会学会国際活動奨励賞、2013 年

「なんで英語やるの？」の戦後史
――《国民教育》としての英語、その伝統の成立過程

2014 年 2 月 28 日　初版発行	2015 年 6 月 12 日　2 刷発行

著　　者　寺沢拓敬
発 行 者　関戸雅男
印 刷 所　研究社印刷株式会社

発 行 所　株式会社　研究社
　　　　　http://www.kenkyusha.co.jp

KENKYUSHA
〈検印省略〉

〒102-8152
東京都千代田区富士見 2-11-3
電話（編集）03(3288)7711(代)
　　（営業）03(3288)7777(代)
振替　00150-9-26710

© Takunori Terasawa, 2014

装丁：常松靖史 [TUNE]

ISBN 978-4-327-41088-9　C 3037　　Printed in Japan